時空を超えたメッセージ

龍谷の至宝

龍谷大学創立380周年記念書籍編集委員会 編

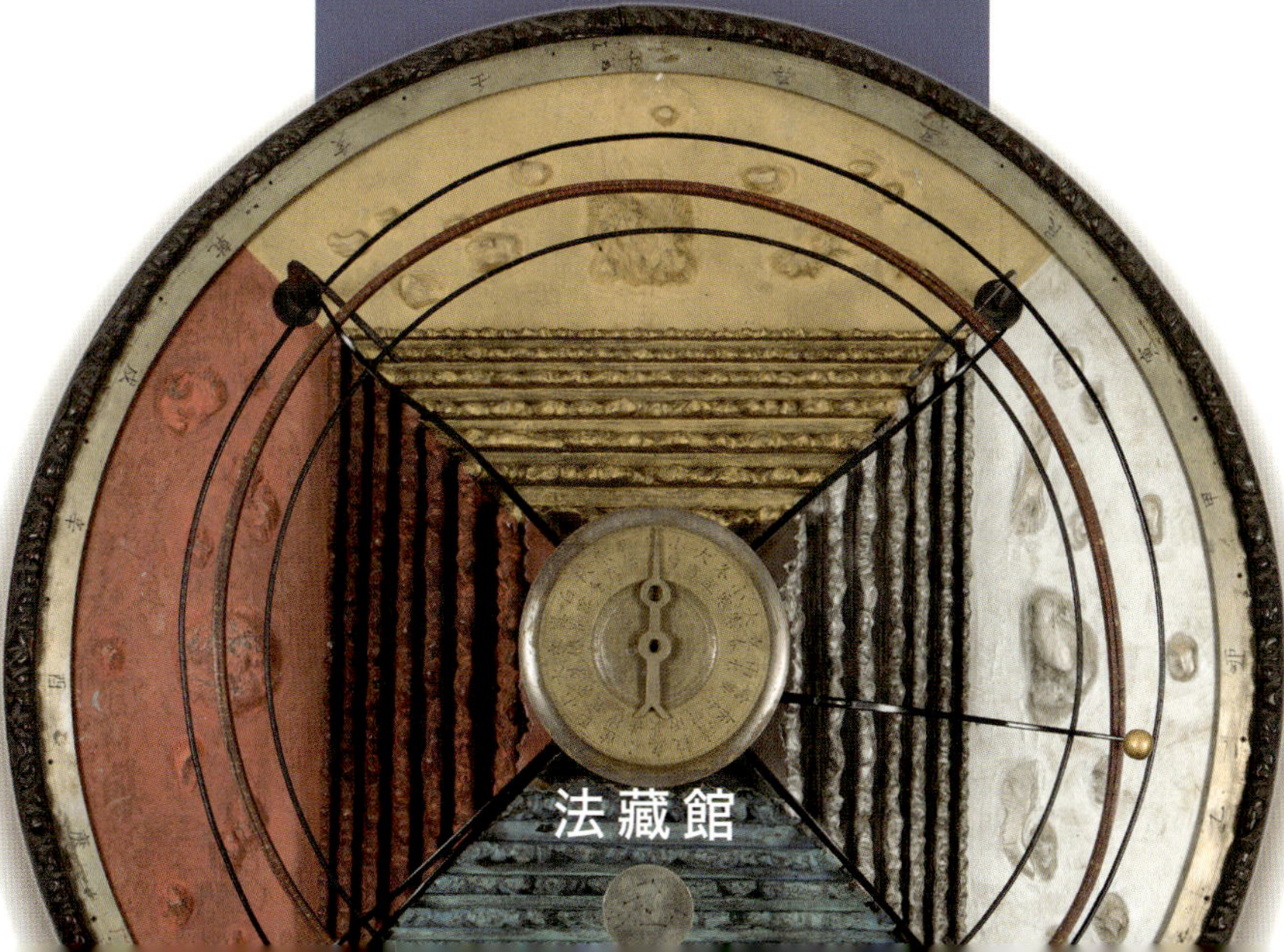

法藏館

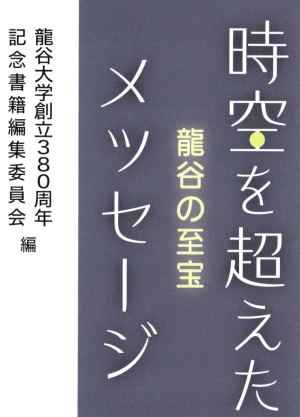

巻頭言

時空を超えたメッセージ

龍谷大学学長　入澤　崇

人間とは何か。

私たちは日常それを知らないままに、人間として生きています。

生きるうえで本質的なことは何か。

私たちは本質的なことは何も知らないのに、本質的でないことに振り回されて生きています。

人間とは何か、生きるとはどういうことか。

中学生高校生、その多くは少しばかりそのような問いが頭をよぎっても、日常の勉強やゲームで問いはかき消されてしまいます。

そうした問いはやがて自己中心的な見方の中に閉ざされてしまうのです。自己中心的な見方が染みついてしまうと、「人間の真実」は見えてきません。そして、自己中心的なあり方は自ら苦しみをつくり出してしまうのです。

龍谷大学はそうしたことに光りをあてる特異な大学です。「本質を問う力」を養います。深い学びへと導きます。「本質を問う力」が未来を切り拓くのです。

龍谷大学には長い歴史と伝統があります。これまで時代の変化に対応しながら変革を遂げてきました。多くの先人たちが長い時間をかけ、「知の宝庫」を創りあげてきたのです。

「知の宝庫」の扉を開けたいと思います。

昨年（2018年）8月末、龍谷大学大宮キャンパスで私立大学図書館協会総会がおこなわれた際、私は「龍谷の至宝」と題し記念講演をおこないました。龍谷大学図書館が所蔵するものを紹介するとともに、大谷探検隊の話をしました。

思わぬ反響があり、驚きました。多くの方々が本願寺の歴代宗主が収集した「写字台文庫」や大谷探検隊がもたらした学術資料をご存じなかったのです。「大学が所蔵する宝物を見てみたい」との多くの声が私の背中を押しました。

龍谷大学は本年（2019年）創立380周年を迎えました。それを記念して、龍谷ミュージアムで企画展「龍谷の至宝—時空を超えたメッセージ—」を開催することにしました。

多くの方々にご覧いただき、知の波動を感じとっていただければ幸いです。とりわけ、未来社会を担う若い方々に「時空を超えたメッセージ」を受けとってもらいたいと思っています。

本年9月初めには京都で国際博物館会議が開催されます。世界の博物館関係者が多数京都に集います。本展覧会を通じて、「時空を超えたメッセージ」が少しでも世界に伝わることを願ってやみません。

急な要請にもかかわらず、展覧会の準備及び本書の作成に尽力してくださいました関係各位に深く感謝申しあげます。

学びに向かう力が起動するとき、何かが始まる……

2019年6月

目次

巻頭言　2
凡例　12

第1章　仏教東漸　インドから日本へ　13

釈迦御一代記図会　「卍老人」葛飾北斎が描く釈迦の生涯！　戦記の迫力と遊び心にふれる　14
涅槃図　釈迦の涅槃を皆で嘆く、精緻な描写に引き込まれる　16
舎利容器　重要な歴史情報が満載！　制作技法にも注目　18
菩薩立像　古代は想像以上にグローバルだった!?　ギリシャ彫刻のような菩薩像　20
仏頭部　等身大超え！　ストゥッコ（漆喰）の仏像　22
ネパール梵本 無量寿経（光寿会本・榊本）　インドの仏教を紐解くサンスクリット仏典　24
龍蔵本 大蔵経（清蔵）　7168巻の仏教聖典を収めた国家プロジェクト　26
対根起行法　滅亡した異端の宗派・三階教の教えをあきらかにする写本　28

興福寺奏達状　法然浄土教弾劾書の草稿本から判明した、秘められた改変　30
顕揚大戒論序　学問の神様、その早熟ぶりを遺憾なく発揮！ 名文成立の感動を伝える貴重資料　32
八宗伝　日本仏教とはなにか？ 各宗派についてよくわかる仏教入門書　34
愚迷発心集　世の無常を嫌って笠置へ入山後、心から仏道修行に励む貞慶の書　36
清衆規式　800年前の留学僧が日本に紹介した、最先端の寺院生活　38
叡尊文書／叡尊関係資料　叡尊によって書き残された、密教の儀礼・修法マニュアル　40
往生要集　比叡山の横川で著された、念仏実践の手引き　42
念仏式　5つの修行方法・五念門を説いた浄土教の重要文化財　44
地獄・極楽図絵幅　語り継がれる地獄と極楽　46
阿弥陀如来坐像　和様の継承と新時代の息吹　48
デジタルアーカイブコラム❶ Chotscho　50

第2章　浄土真宗のおしえ　51

親鸞聖人御書写 涅槃経文　親鸞の息遣いまで伝わってくる、自筆の『涅槃経』　52

しんらんき　出版時代の夜明け　親鸞伝と大衆娯楽　54

浄土文類聚鈔　『教行信証』のダイジェスト版！　浄土真宗で初出版された漢語聖教　56

黒谷上人語燈録（和語）　収集量はこれがダントツ！　門弟が編んだ法然語録　58

口伝鈔　親鸞の曽孫による自筆本。子孫へ脈々と受け継がれた教えの真髄　60

破邪顕正抄　専修念仏に対する間違った批判に真っ向から立ち向かう！　62

蓮如上人御自筆消息　本願寺を巨大な教団へ発展させた蓮如が息子に宛てた手紙　64

大谷本願寺通紀稿本　15巻におよぶ玄智の大仕事　これが本願寺史の決定版！　66

鷺森含毫　異安心事件を論破した痛快な記録、後世へ残した大きな影響　68

［底本］真宗法要　命を賭して挑んだ学僧たち。聖典の編纂という大事業　70

方便法身尊形　四十八条の光明をいだく真理から顕現した仏　72

九字尊号　龍谷大学創設者・良如自筆の九文字で書かれた本尊　74

阿弥陀如来立像（厨子入）　本願寺造仏工房・渡辺康雲作の安定感。豪華な宮殿型の厨子は必見！　76

デジタルアーカイブコラム❷滴翠園十勝　78

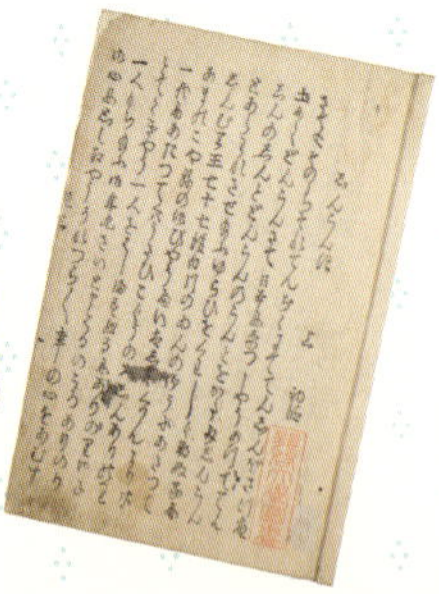

第3章　本願寺学寮から龍谷大学へ　79

良如上人御影　龍谷大学380年の歴史は、この人の学問に対する情熱から始まった！　80

良如宗主自筆かな消息（良純消息其他）　「変わりないか？　こちらは元気でやっている」妻へ宛てた優しい手紙　82

学寮造立事　付以後法論次第　大騒ぎした本願寺派の内輪もめの件……と、学寮草創期の大切な記録　84

能化法霖絵像　忘れても、頭頂のくぼみに指を置けばたちどころに思い出す！　86

広如上人御影　財政危機からのV字回復！　見事な手腕の第20代宗主・広如　88

明如上人御影　より開けた教団へ、もっと多くの人に教育を！　龍谷大学近代化の父・明如　90

本願寺大教校　慶讃会四箇法要之図　洋風建築と未曾有の大典に新しい時代を感じる　92

大宮学舎本館　明治初期のキャンパスデザインを今に伝える　94

樹心館（旧図書館）　3度の移築にも耐え、瀟洒な姿をとどめる元警察署庁舎　96

反省会雑誌　The Hansei Zasshi　“進取”の学風から生まれた機関誌がのちの『中央公論』へと発展　98

デジタルアーカイブコラム❸奈良絵本竹取物語　100

第4章 写字台文庫の至宝

第4章 写字台文庫の至宝 101

算用記 江戸の実用数学に興味津々！ 現存する日本最古の算用記 102

類証弁異全九集 僧侶は医学も学んでいた!? 2人の名医によって伝えられた中国の医学書 104

全体新論 西洋医学がやってきた！ 精微な解剖図と新たな医療、そしてキリスト教 106

解体新書 暗号解読のような翻訳作業 「ターヘル・アナトミア」から『解体新書』へ 108

舎密開宗 日本で初めて「化学」を体系的に紹介した幕末の書 110

薬性記 「治療に肝心なのは胃の機能」松岡玄達が学んだ『薬性記』の講義ノート 112

本草摘要講義 『本草綱目』の講義ノート 浅井周伯に学んだ生薬のいろは 114

詞源要略 多才な辞書マニアによる未完の歌ことば辞書 116

和歌会席 多様な人々と心を交わすために！ 和歌の場のルール・マナーブック 118

古今游名山記 中国へ里帰りして印だらけ！ 明時代にまとめられた古今の名山探訪記 120

デジタルアーカイブコラム❹大谷探検隊撮影ガラス乾板 122

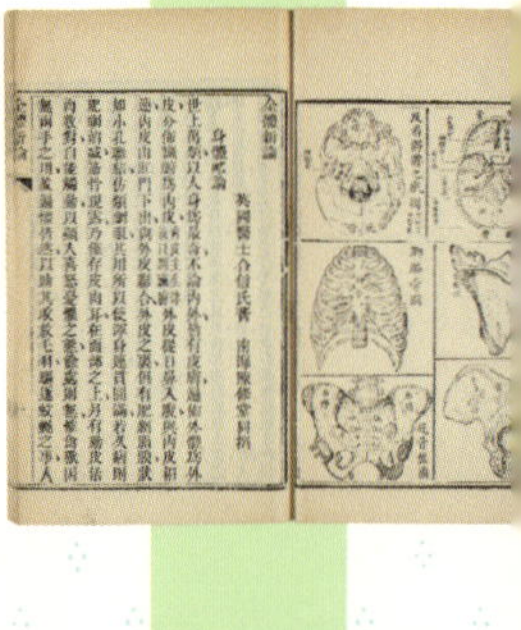

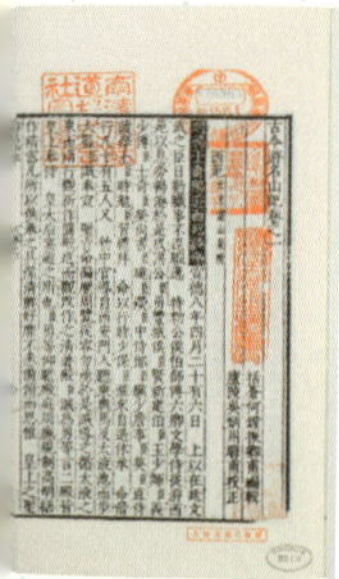

第5章 大谷探検隊の精華

第5章 大谷探検隊の精華 123

コータン語 ザンバスタの書
幻の言語で編まれた、古代仏教王国の書 124

ウイグル語訳 天地八陽神呪経
さまざまな宗教が混交し成立した仏教経典 126

カローシュティー文字木簡
形で内容が大体わかる!? 泥粘土で封印して送った文書 128

朱地連珠天馬文錦
東西の文化が融合された、シルクロードらしい「死者の顔を覆う布《シルク》」 130

朱地連珠鳥形文錦・白地連珠闘羊文錦
縫い合わされた上下逆さの絹織物と、切り取られた三角形の謎 132

紺地文字入三日月文錦
アラビア文字が仏教経典の表紙に!? 134

伏羲女媧図D
上半身は日本に、下半身は中国に! 国をまたいで所蔵される男女神 136

トカラ文寺院出納文書（亀茲語寺院小麦支出文書）
シルクロード天山南路で栄えた亀茲の華やかな文化と経済 138

ラサ鳥瞰図
シルクロードだけじゃない! チベットへも向かっていた大谷探検隊 140

西夏文 六祖壇経
忘れ去られた西夏語に翻訳された、禅の教えを広める説法集 142

青龍（給田文書）
リサイクル紙が織りなす豊かな墓葬文化 144

李柏尺牘稿
1700年前の〝紙〟に書かれた文書をほぼ完全な状態で発見! 146

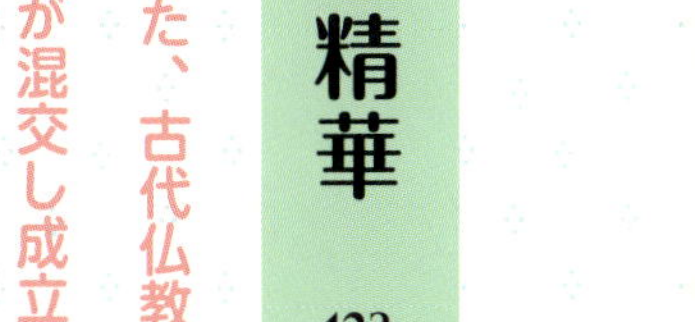

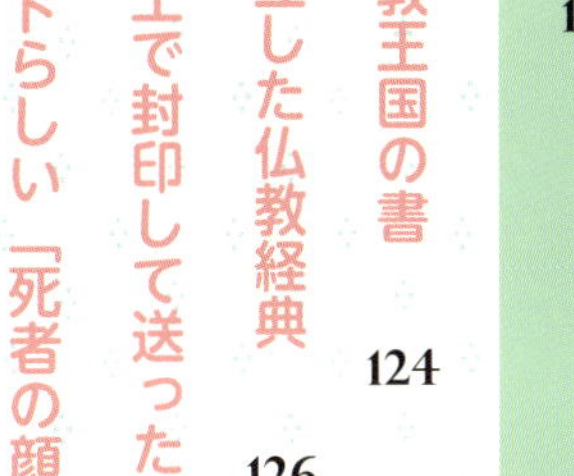

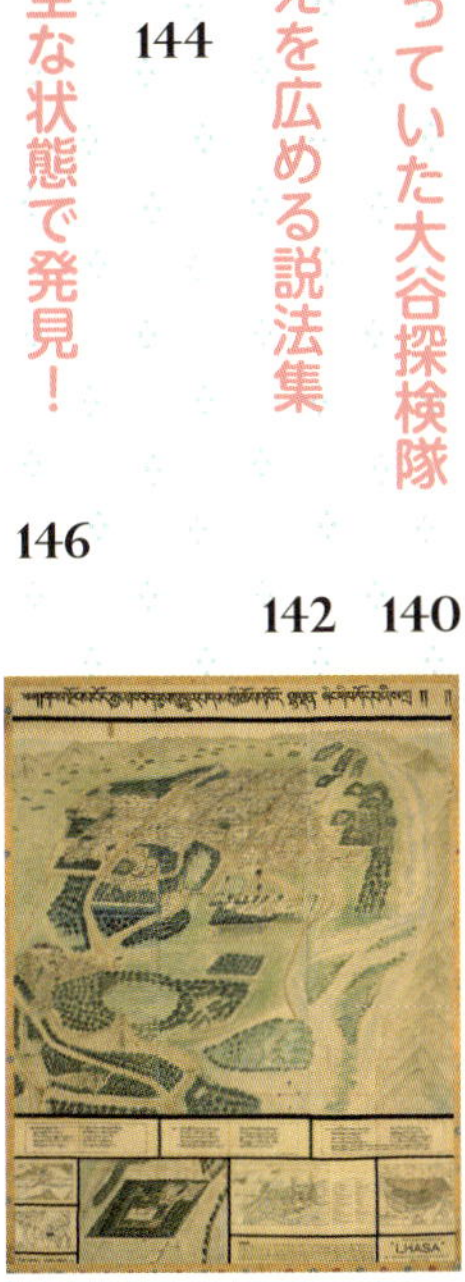

敦煌本 本草集注　裏紙が現存最古の資料だった！ 歴史的な大量発掘「敦煌本」 148
デルゲ版チベット大蔵経　チベット語に翻訳・再編集された細長～い大経典 150
菩薩頭部　豊かな表情に、ガンダーラの面影を見る 152
デジタルアーカイブコラム❺天山植物標本 154

第6章 人間・科学・宗教 155

公卿補任　戦国公家の人生をかけた書写事業により守られた日本史研究のビッグデータ！ 156
類聚古集　どのように『万葉集』を読むか。万葉歌を学び活かすために 158
平家物語　琵琶法師のプロデュース！ 魅力的な物語はこうして生まれた 160
三条西公条自筆稿本 源氏物語細流抄　ほとばしる熱意と使命感！ ５００年前の『源氏物語』研究 162
信長公消息　本願寺と信長、和解までのスリリングな駆け引き 164
混一疆理歴代国都之図　奇妙な日本の姿は、邪馬台国畿内説の根拠の一つになった 166
地震考　不安でパニックにならぬよう無料配布された地震対策本 168
引き札（日本最大級の社史コレクション 長尾文庫）　日本の近代化に貢献「引き札」に見る文明開化 170

仏国暦象編 時代に逆行してでも、梵暦の素晴らしさを伝えたい 172
須弥山儀 須弥山を中心とした仏教の宇宙観。なんとも精緻なからくり装置 174
縮象儀 須弥山儀の一部をクローズアップ！日本を中心とした天球儀 176
デジタルアーカイブコラム❻暦象新書 178
参考文献 179
執筆者・編集委員 188

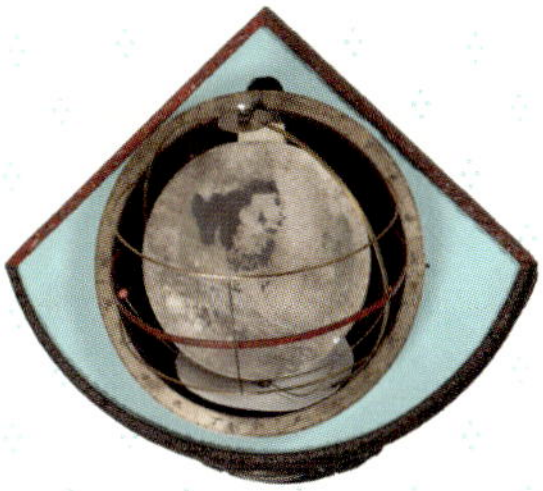

凡例

◇本文での年号は、西暦・元号の順に表記しています。ただし、人物の生没年など、元号を省略した場合もあります。
◇資料などからの引用文は原文を尊重しつつ、読みやすさを考慮して、漢字を常用字体に改めるなどの処理をしています。
◇引用文中の執筆者による注記は、〔　〕でくくっています。
◇掲載写真は基本的に龍谷大学所蔵の資料です。ただし、説明のために学外資料も紹介している場合があります。その場合は、資料の所蔵先を個別に明記しました。

第1章

仏教東漸《とうぜん》 インドから日本へ

Eastward

仏教は、前5世紀頃にインド北部で誕生してアジア各地に広がり、後6世紀には日本にまで到達しました。東へと伝わる過程で、仏教は地域ごとにさまざまな変容を遂げ、日本においても、独自の展開をしていくことになります。龍谷大学は、こうした仏教の思想や歴史について、最先端の研究を続けてきました。本章では、仏教全般にかかわる資料の中から、開祖である釈尊の伝記や、多様な仏像・経典、日本仏教の展開に重要な役割を果たした著作など、多彩な所蔵品をご紹介します。

「卍老人《まんじ》」葛飾北斎《かつしかほくさい》が描く釈迦の生涯！戦記の迫力と遊び心にふれる

釈迦の生涯をまとめた「図会もの」

『釈迦御一代記図会』は江戸時代後期、軍記や戦記を基にした「図会もの」の作者として知られた山田意齋《いさい》（別名・好花堂野亭《こうかどうやてい》）の文に、当時「卍《まんじ》」を名乗った80代の葛飾北斎が挿絵を入れ、１８４５（弘化２）年に江戸や京、大坂で刊行されました。

「巻之一」から「巻之六」まで全六冊から成る和装《わそう》の読本《よみほん》であるこの作品は、釈迦の生母《せいぼ》「摩耶夫人《まやぶにん》」の懐胎や「四維上下唯我最尊《しいじょうげゆいがさいそん》」の発言を伴う「誕生」から、釈迦の遺骨（仏舎利《ぶっしゃり》）が諸国の王によって分配されるまでの生涯を全55話にまとめています。そのうち27話に対応する挿絵35図がほどこされています。

ドロドロした「負の感情」を描く

『釈迦御一代記図会』の魅力の一つは、その挿絵です。１８４９（嘉永２）年、90歳で亡くなったとされる葛飾北斎は、その最晩年期には、動物や植物、宗教的な題材を描くことが多く、本作品の制作もその頃にあたります。

仏画の伝統から解き放たれたような挿絵の自由さは、北斎の個性なのでしょうか。仏画に描かれることが少ない、嫉妬《しっと》や憎悪《ぞうお》、怨恨《えんこん》などの「負の感情」を描く点もこの作品の特徴とされます。釈迦の暗殺を企て、その悪業《あくごう》により、生きながら地獄へと墜落していく仏弟子提婆《だいば》を描く、「提婆、世尊を害せんとして生きながら地獄へおつる図」（巻之五）や、仏教寺院「祇園精舎《ぎおんしょうじゃ》」の建立《こんりゅう》に反対し、神通力《じんつうりき》による勝負を挑んだ異教徒の指導者たち

「前北斎卍老人（ぜんほくさい まんじ ろうじん）繍像（しゅうぞう）」との署名を有する版もあります。

（六師《ろくし》）が、仏弟子舎利弗《しゃりほつ》に敗北する様を描く「舎利弗、六神通を現して六師等と闘ふ図」（巻之五）などには特にドロドロとした迫力があります。

１８０度回転して見てみよう

ここに挙げた挿絵は、六師が舎利弗に対して挑んだ最後の勝負です。夜叉神《やしゃじん》に姿を変えた相手を、毘沙門天《びしゃもんてん》に姿を変えた舎利弗が三叉戟《さんさげき》で撃退しています。見開きページの左右に対立関係にある登場人物たちを描くことで、その相反する心情を表現しているといわれます。さらに想像をたくましくして、この読本を上下１８０度回転させてみましょう。すると、敗者（仏教教義に反する者）から見た世界が現出します。夜叉神の表情は恨みの色を帯び、「おれの立場からすれば、おまえこそが反逆者なのだ」とでもいいたげです。

（岡本健資）

釈迦の涅槃を皆で嘆く、精緻な描写に引き込まれる

全員が哀《かな》しみだしたのは、鎌倉時代から

沙羅双樹《さらそうじゅ》の樹《き》の下で、いままさに涅槃に入ろうとする釈迦の姿を描く涅槃図は、釈迦の生涯を描く仏伝図の一環として、小乗『涅槃経《ねはんきょう》』にもとづきガンダーラ（21ページ「菩薩立像」を参照）で成立し、やがては大乗『涅槃経』に登場する人物を加えつつ東アジア諸国に広まっていきました。

本来、涅槃とは輪廻《りんね》世界からの解脱《げだつ》を意味し、涅槃図では、その真意を知る菩薩《ぼさつ》や僧侶たちは哀しみの表情をみせず、認識のない在俗者や動物が哀しむ構図をとりますが、鎌倉時代に入ると会衆《えしゅ》（法会や説法に集まった人々）全員が悲哀する姿になっていきます。これは、本来的な涅槃理解とともに「釈迦の死」、つまり「忌日《きにち》（亡くなった日）」という認識が受け入れられたためでしょう。

紙本版画彩色　縦 66.1 ×横 38.7cm
作者不詳

俗説を取り込んだ珍しい造形も描く

本作もその系譜に連なる図像で、上方に沙羅双樹と天上から飛来する摩耶夫人《まやぶにん》（釈迦の母）、中央には台上に横臥《おうが》する釈迦を中心に、周囲に涙する菩薩・神々・仏弟子・在家信者、下方には昆虫や動物を描きます。『平家物語』の冒頭で有名な沙羅双樹の四枯四栄《しこしえい》や釈迦の金色《こんじき》の身体表現などは教説に忠実です。一方で、朱衣の達磨《だるま》をはじめ、本来描かれるはずの天龍八部衆ではなく頭部に十二支をいただく十二神将を描く点が特徴で、他の類例は知られていません。

また、会衆の動的な姿、トンボ・チョウ・カタツムリ・

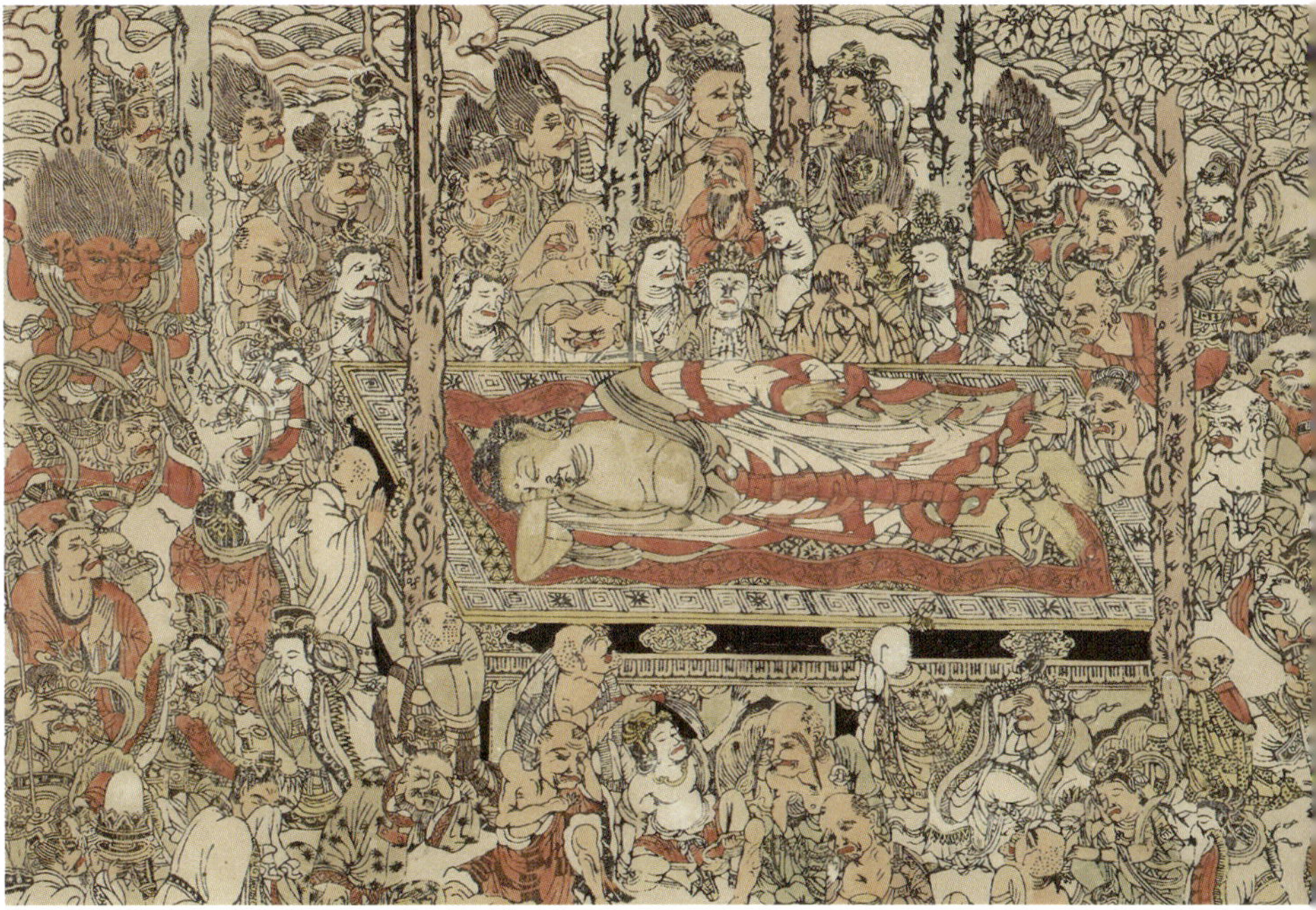

（中央部の拡大図）涅槃に入ろうとする釈迦のまわりを、哀しみにあふれた人々や神々が囲んでいます。

ネズミなどの昆虫や小動物の細部の仕上げ、さらには墨線に隈取《くまど》りをつけて立体感を出す雲の表現など、一見しただけでは版画による紙本とは思えないほどの丁寧な仕上がりです。

このような涅槃図を用いて釈迦に報恩を述べる涅槃会《ねはんえ》は、江戸時代には各宗派や諸寺院で盛況となり、釈迦一代記を記す書籍が多数出版されました。そこには涅槃場面の本義ではない俗説（摩耶夫人が投げた薬袋）や寓話《ぐうわ》（ネコが描かれない理由）も語られ、多様な涅槃図説話が成立していきます。その一つに、病となった釈迦を見舞いにきた動物が十二支となった寓話もあったようです。本図中の十二神将の存在は、こうした多様な涅槃図解釈にもとづき、新たに造形化されたとも考えられます。

本作は、一般的に知られる道益《どうえき》作の版画涅槃図（17世紀）とは系統を異にし、その精緻な筆致は版画涅槃図の優品といえます。制作年代は、達磨・十二神将などの新しい図像が認められることから、涅槃図の多様な説話が流布《るふ》する18世紀頃の制作と考えられます。小品であるため、涅槃講などの小規模な儀式空間で使用されたと思われます。

（西谷功）

舎利容器《しゃりようき》

重要な歴史情報が満載！制作技法にも注目

釈迦の遺灰を入れるための容器

舎利とは、釈迦の遺骨・遺灰のことです。石で造られたこの容器は、その舎利と装飾品などを入れて、ガンダーラ地域（21ページ「菩薩立像」を参照）の仏塔《ぶっとう》の中に奉納されていたと考えられます。中に入っている骨片や灰が、本当に釈迦の遺灰であったはずはありません。しかし、ガンダーラからはこのような舎利容器がたくさん出土しており、仏教徒たちが本当の舎利と信じて篤《あつ》く仏教を信仰していたことを示しています。

ガンダーラの王家による奉納

容器の蓋《ふた》に、何か刻まれている点に注目してください。これはカローシュティー文字といって、古代の言語であるガンダーラ語を表記するための文字です（128ページ「カローシュティー文字木簡」も参照）。解読されたその内容を簡単に紹介すると、「この舎利は、アプラチャ（またはアヴァチャ）の王・ヴィイダミトラの宮女であるプラホーディアによって、32年に奉納された」とな

石製の容器は正確に削り出され、身と蓋はしっかりと合わさっています。
後１世紀前半　スワート（ガンダーラ）　直径 9.0cm

ります。つまり、ヴィイダミトラ王が即位して32年目に、この舎利容器が奉納されたのです。ちなみに、この年は西暦の31年または32年に当たります（西暦とほぼ一致するのは偶然です）。この時代、有名なクシャーン朝はまだ興っておらず、このアヴァチャ王家がガンダーラの一部で王を名乗っていたことがわかります。

不思議な凹《くぼ》みは何のため？

さらに本体を裏返すと、中央に長方形の凹みがうっすらと残っています。同じような凹みは、別の舎利容器や、もう少し古くから造られていた石製の小皿（前2―後1世紀頃）にも認められます。そのいずれにも美しい回転成形の痕跡が残っていることから、この凹みは、一種の旋盤に石材を固定するための穴の痕跡だと考えることが可能です。つまり、ガンダーラで古くから旋盤加工技術を保持していた工人集団が、仏教の舎利容器を制作する集団と融合しているのです。

ごく小さな石の容器に、これだけたくさんの情報が含まれているというのは驚きです。そのためか、最近ではこの古代のガンダーラの歴史に携わる多くの研究者が、この舎利容器を論文で取り上げ、盛んに議論が交わされているのです。

（岩井俊平）

底部の中央に、長方形の凹みがうっすらと残っているのがわかります。

蓋をはずすと、中には装飾品などが納められています。

菩薩立像《ぼさつりゅうぞう》

古代は想像以上にグローバルだった⁉ ギリシャ彫刻のような菩薩像

筋骨隆々、ガンダーラの菩薩像

彫りの深い顔立ち、たくましい肉体、写実的な衣の表現。この彫刻を見て、皆さんはどのように感じますか？古代ギリシャやローマの彫刻を思い浮かべるのではないでしょうか。しかし、本像はガンダーラで2～3世紀頃に制作された仏教彫刻で、菩薩の姿を表したものです。ガンダーラで造られた菩薩像のほとんどは、仏（ブッダ）とは異なり、多くの装飾品を身に着け、上半身裸でサンダルを履《は》いた姿に表現されています。また、この地域では、髪の毛を結い上げて左手に水瓶《すいびょう》を持つのは弥勒《みろく》菩薩

やや小振りで、人体のバランスが巧みに整えられています。素材は片岩と呼ばれる石で、ガンダーラ盛期の彫刻技術の高さをうかがわせます。
2－3世紀　ガンダーラ　高さ73.1cm

と考えられていました。本作も腕は破損しているものの、弥勒菩薩を表した可能性が高いでしょう。

ガンダーラとシルクロード交易

ガンダーラとは、もともとはパキスタン北西部にあるペシャーワル盆地周辺を指す古い地名でした。現在、この地名は残っていませんが、周辺の広い範囲を含めた地域を表す歴史的な用語として研究者たちが使用しています。紀元前3世紀頃にこの地に伝播した仏教は、1～3世紀頃にはクシャーン朝の支配による経済的な発展に支えられて、大いに繁栄しました。多くの寺院が建立され、そこに安置する仏像が大量に制作されたのです。クシャーン朝は、西方に位置するローマ帝国と直接に海上交易を行っていたので、多くの商人たちが行き交い、ローマの人々とその文化も実際にガンダーラまで到達していたと考えられます。

確かなギリシャ・ローマ文化の影響

ここで注目していただきたいのは、本像の膝《ひざ》です。左膝だけ、少し出っ張っているのがわかりますか？　これは、左足を曲げてやや浮かせている状態を表しているのです。片方の足をまっすぐにし、もう片方の足を浮かせた表現は、実は古代ギリシャ・ローマの彫刻で頻繁《ひんぱん》に使用される「コントラ・ポスト」という技法です。単に直立しているだけに見えますが、このようなところに西方の文化の影響がしっかりと現れているのがガンダーラ彫刻の特徴といえるでしょう。当時（日本はまだ弥生時代です！）のユーラシアは、我々が思っているよりもずっとグローバルな世界だったのかもしれません。

（岩井俊平）

コントラ・ポスト

左膝が丸く出ています。この浮かせた足を「遊脚」、真っすぐの足を「支脚」と呼びます。

等身大超《とうしんだいご》え！ ストゥッコ（漆喰《しっくい》）の仏像

半眼に閉じた目が穏やかな印象を与えます。３段に重ねられた肉髻（にっけい／頭頂の盛り上がり）の表現も特徴のひとつ。
４－５世紀　タルベラ（ガンダーラ）　高さ 39.6cm

石から大量生産可能なストゥッコ製へ

白い地肌が印象的な、仏像の頭部です。当初は、体の部分も存在していたはずですが、現在は頭だけが残されています。素材は石ではなく、ストゥッコあるいはスタッコと呼ばれていて、日本風に言えば「漆喰《しっくい》」です。古代のガンダーラ地域（21ページ「菩薩立像」を参照）では、片岩と呼ばれる石で多くの彫刻が造られていましたが、3世紀の後半以降は、こうしたストゥッコ製の仏像が増えていきます。おそらくは石よりも安価で扱いやすく、しかも型を使用することで大量生産も可能になることから、ガンダーラの仏像は次第にストゥッコ製のものに置き換わっていきました。

日本人好み（?）の穏やかな雰囲気

ストゥッコで造られた本像の表面には、きめの細かい化粧漆喰が塗られ、さらに瞳や眉を黒色で、目元や唇を朱色で彩色して美しく仕上げています。髪の毛には色が残っていませんが、他の出土例から考えると、青色に塗られていた可能性があります。彫りの深い切れ長の目は、瞑想《めいそう》中であることを示す半眼の状態に表現され、理知的で穏やかな雰囲気を醸《かも》し出しています。

この表情が日本の仏像に似ているせいか、ガンダーラのストゥッコ製の仏像は日本人の間でも非常に人気があります。ガンダーラで栄えた仏教が、中国を経て日本にまで到達したことを考えれば、両地域の仏像に共通点があるのは当たり前のことなのかもしれません。

ナゾは尽きない、研究は終わらない

本像のもうひとつの特徴は、その大きさにあります。頭部だけでほぼ40センチですから、等身大よりも大きいことは確実でしょう。このような大型の仏像は、ガンダーラ地域ではやや遅れて出現するので、今のところは4—5世紀頃に制作されたのだろうと推定しています。しかし、本像が出土したと伝えられているタルベラという場所の近くには、ずっと古くからストゥッコ像を造っていたタキシラという有名な都市遺跡があることから、この仏像ももっと古い時代に造られたのではないかと考える人もいます。このように、大学の所蔵品といえどもまだまだ多くのナゾが残されており、研究が終わることはありません。

（岩井俊平）

ネパール梵本《ぼんぽん》　無量寿経《むりょうじゅきょう》（光寿会本《こうじゅかい》・榊本《さかき》）

インドの仏教を紐解《ひもと》く　サンスクリット仏典

仏教を伝えることば、サンスクリット語

約2500年前、インドでゴータマブッダが仏教を説いて以降、その教えは各地の方言で口伝えされてきました。その後、仏教は文字で書写され伝承されることになります。その際に用いられたことばが、サンスクリット語（梵語《ぼんご》）です。教えが書き写されたことは、仏教がインドの外に広がっていくなかで大きな役割を果たし、梵語で書写された書物（梵本）がチベットなどアジア各地で見つかっています。植物の葉を加工したもの（貝葉《ばいよう》）や樹木の皮などで残された梵本は、インドの仏教がどのような教えだったのかを私たちに伝えてくれます。

龍谷大学とネパール梵本

龍谷大学には、ネパールで見つかった梵本が収められており、「光寿会本」・「榊本」と呼ばれています。光寿会は、本願寺派の大谷光瑞《こうずい》（1876—1948）が、梵本によって深く仏教を探求するために作った組織で、光瑞がインドで購入したと思われる梵本が「光寿会本」と呼ばれています。光寿会本はさまざまな仏典を含み、その内

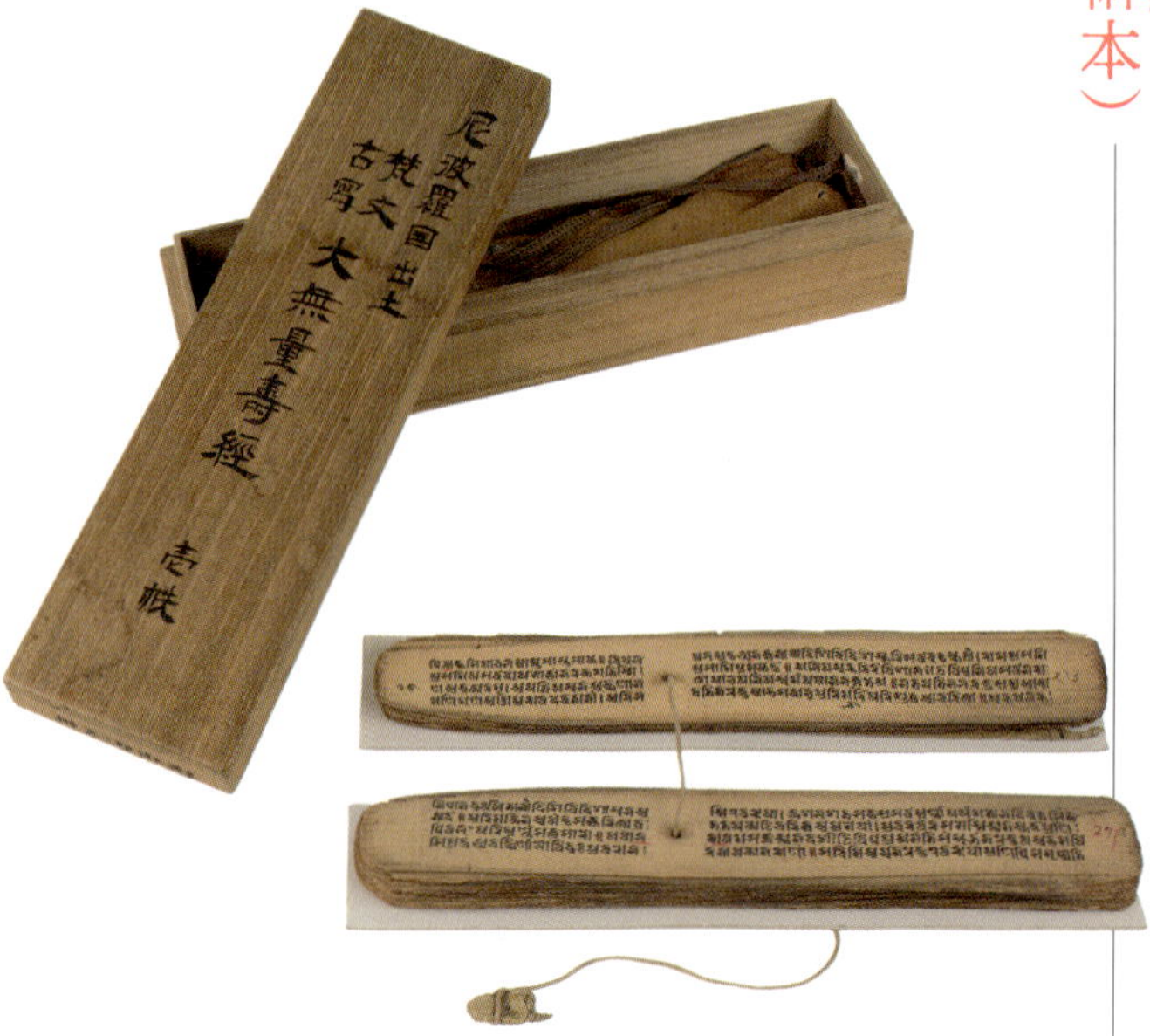

梵本『無量寿経』（榊本）　貝葉　縦5.5×横29.0cm

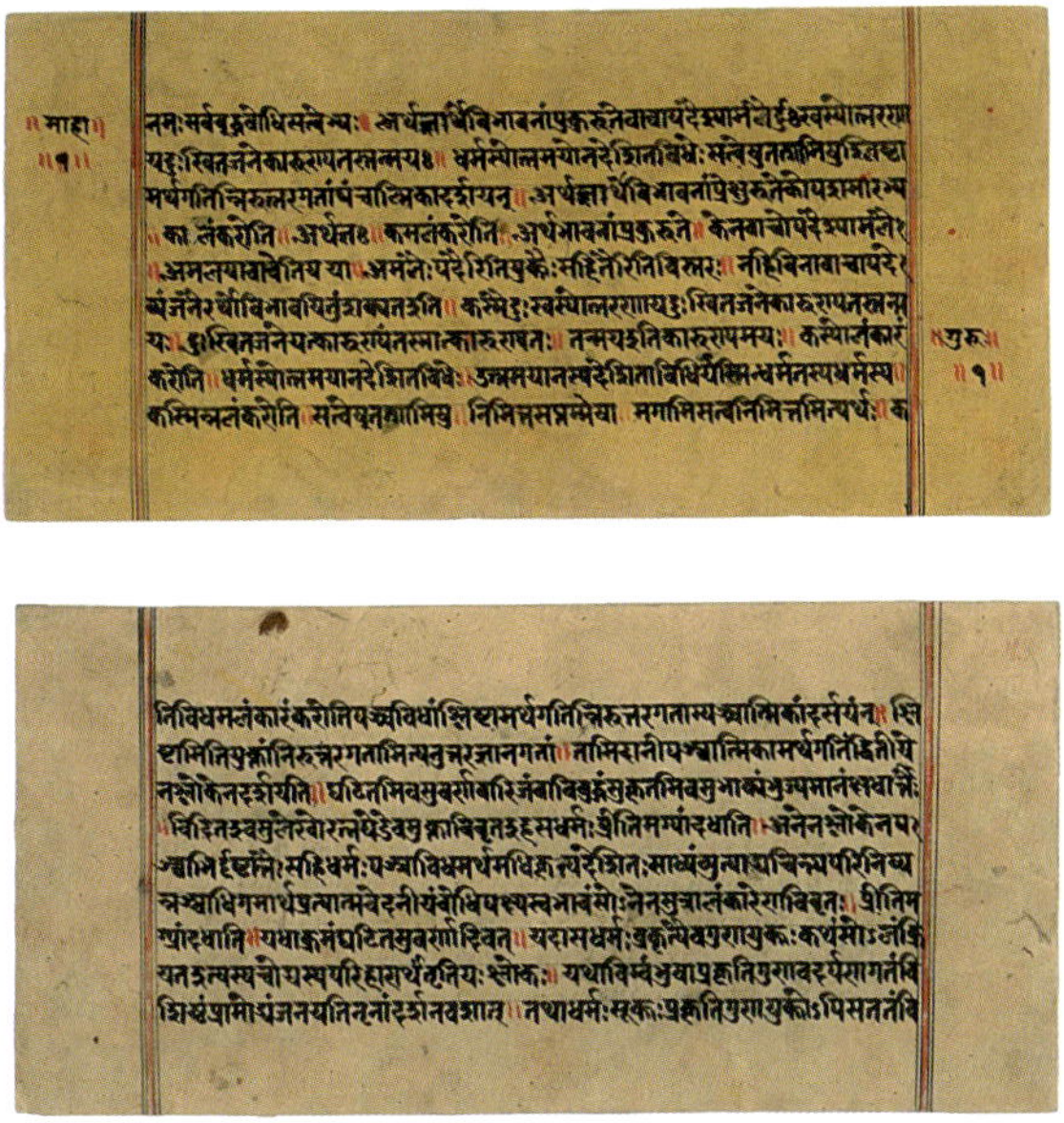

梵本『大乗荘厳経論』（光寿会本）　ネパール紙　縦 12.2 ×横 26.2cm

容を記したリストには24部の名前が挙げられていますが、現在はそのうちの18部が図書館に所蔵されています。

一方、「榊本」は光瑞の依頼によって、京都大学の榊亮三郎博士がネパールから持ち帰ったので、このように呼ばれます。榊本は長く博士が保管していましたが、博士の没後に本願寺の大谷光照《こうしょう》に寄贈され、その後に龍谷大学図書館へと移されました。

仏教の源流をたどる

これらのネパール梵本の中には『無量寿経《むりょうじゅきょう》』が含まれます。『無量寿経』は親鸞《しんらん》が重んじた経典であり、浄土真宗のおしえを学ぶにあたっても重要な書物です。ただ、日本では中国で翻訳されたものを通じて読まれてきました。梵本の発見によって、この経典がインドでどのように書かれていたのかがわかるようになったのです。

また、この他にも『大乗荘厳経論《だいじょうしょうごんきょうろん》』という書物も残されています。『大乗荘厳経論』は、瑜伽行派《ゆがぎょうは》というグループの書物です。この瑜伽行派の教えをインドに勉強しに行った人物が、『西遊記』の三蔵法師のモデルとして有名な玄奘《げんじょう》です。『大乗荘厳経論』の梵本を研究することは、玄奘がインドで何を学んでいたのかを知ることにもなります。

梵本の研究は、インドの仏教がどのような教えなのかを明らかにすると同時に、中国人僧侶がインドへ向かった目的、そして日本仏教の源流を紐解く大きなヒントを与えてくれるのです。

（早島慧）

龍蔵本《りゅうぞうぼん》 大蔵経《だいぞうきょう》（清蔵）

7168巻の仏教聖典を収めた国家プロジェクト

清朝《しんちょう》・西太后《せいたいごう》から贈られた大蔵経シリーズ

大蔵経とは、三種類の仏教聖典（三蔵／経蔵・律蔵・論蔵）を集成したシリーズのこと。歴代、中国では国家プロジェクトとして、漢訳された大蔵経がまとめられていて、その歴史は8世紀頃まで遡ります。墨などで書き写した経典写本が主流でしたが、北宋時代（10世紀）には刊本（経文や経意絵などを木製の板に刻《ほ》り込んだものを版木《はんぎ》といい、これに墨を塗りそこに紙をあてて摺った、いわゆる手作業で印刷したもの）の大蔵経が登場しました。ここに紹介するのは、清朝で唯一の勅版《ちょくはん》（皇帝による命令で出版した）大蔵経です。

この龍蔵本 大蔵経（清蔵）は、清朝の雍正帝《ようぜい》（在位1722―35）の治世で編纂がはじまり、乾隆帝《けんりゅう》（在位1735―96）のもとで刊行されたことから、「乾

現在の収蔵状況

玄奘三蔵（602-664）が漢訳した『大般若波羅蜜多経』（通称、大般若経）で、この「清蔵」シリーズの最初に分類されています。大般若経は全部で600巻もあり、漢訳大蔵経の中で一番大部なことで知られています。

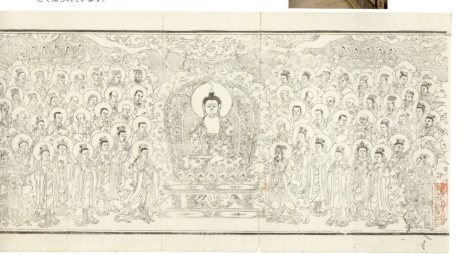

隆大蔵経」「大清三蔵」「清蔵」「龍蔵」とも呼ばれます。

なぜ龍谷大学に所蔵されているのか

1899（明治32）年4月、清国巡行中の本願寺・大谷光瑞《こうずい》が、当時の駐清国全権大使の矢野文雄を通じて、雍和宮《ようわぐう》を訪問しました。このことがきっかけとなり、およそ4か月で摺り上がった「清蔵」が、清朝の西太后（慈禧《じき》太后）から本願寺へと贈られました。

この後、1904（明治37）年11月から宗主となっていた大谷光瑞が、歴代宗主の蔵書（写字台文庫《しゃじだいぶんこ》）を龍谷大学（当時の名は仏教大学）の図書館に寄贈した際、「清蔵」も含まれていたという記録が残っています。また、もとの版木が中国国内で保管されていることも知られていて、初期の版本との比較が可能な貴重資料です。このように、「清蔵」が日本の本願寺に贈られた経緯だけをみても、近代の日中交流の歴史を知る一つの手掛かりになるといえます。

黄色の装丁が印象的な龍蔵

さて、いずれの経典も第1巻の巻頭の見返しに「仏説法図」と「大清雍正十三年四月初八日」の日付をもつ龍碑《りゅうひ》が配されていて、巻末に「韋駄天像《いだてん》」もみられます。折本《おりほん》の装丁で1行17文字、千字文に従って分類配列され「天」から「機」までの724函があり、1函10帖ずつで収められています。目録を除いて計1669種、7168巻の仏教聖典が収録されています。（岩田朋子）

すべての巻が黄色の布地で表装されています。

大般若波羅蜜多経　巻第一（巻頭）
中国　清・雍正13年－乾隆3年（1735－38）開版
紙本墨摺

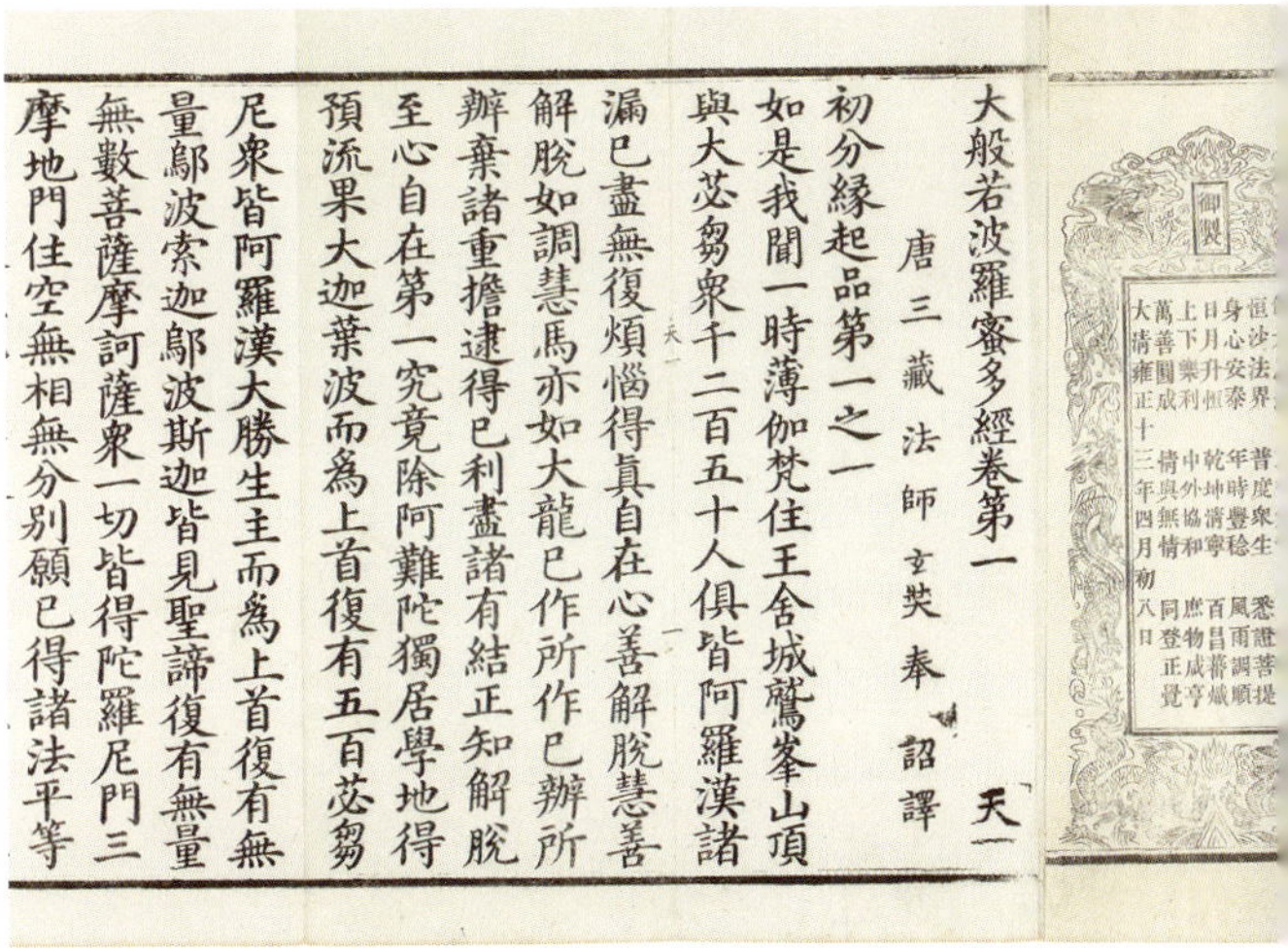

大般若波羅蜜多經卷第一　天一
唐三藏法師玄奘奉　詔譯
初分縁起品第一之一
如是我聞一時薄伽梵住王舍城鷲峯山頂
與大苾芻衆千二百五十人倶皆阿羅漢諸
漏已盡無復煩惱得眞自在心善解脫慧善
解脫如調慧馬亦如大龍已作所作已辦所
辦棄諸重擔逮得已利盡諸有結正知解脫
至心自在第一究竟除阿難陀獨居學地得
預流果大迦葉波而為上首復有五百苾芻
尼衆皆阿羅漢大勝生主而為上首復有無
量鄔波索迦鄔波斯迦皆見聖諦復有無量
無數菩薩摩訶薩衆一切皆得陀羅尼門三
摩地門住空無相無分別願已得諸法平等

滅亡した異端の宗派・三階教《さんがいきょう》の教えをあきらかにする写本

敦煌《とんこう》で発見された大量の古写本

近代以降の仏教研究の進展に大きく寄与した出来事として、20世紀初頭に中国・敦煌の石窟《せっくつ》から仏典を含む大量の古写本が発見されたことが挙げられます。

「敦煌写本」は漢字で記された漢文写本が大半を占め、その内容は仏教に関するものが9割以上を占めています。

現在、これらの敦煌写本は、大英図書館・フランス国立図書館・中国国家図書館を中心とした世界中の図書館などに所蔵されていますが、龍谷大学の図書館にも大谷探検隊蒐集《しゅうしゅう》の写本などが収蔵されています。

弾圧によって滅んだ三階教とは

敦煌から発見された仏教に関する漢文写本の中には、現在は宗派として滅亡してしまった三階教についての貴重な文献が含まれていました。

三階教とは信行《しんぎょう》（540―594）を開祖とする中国仏教の一宗派で、隋から唐の時代にかけて広く民衆からの支持を集めましたが、異端の教えであるとの烙印《らくいん》を

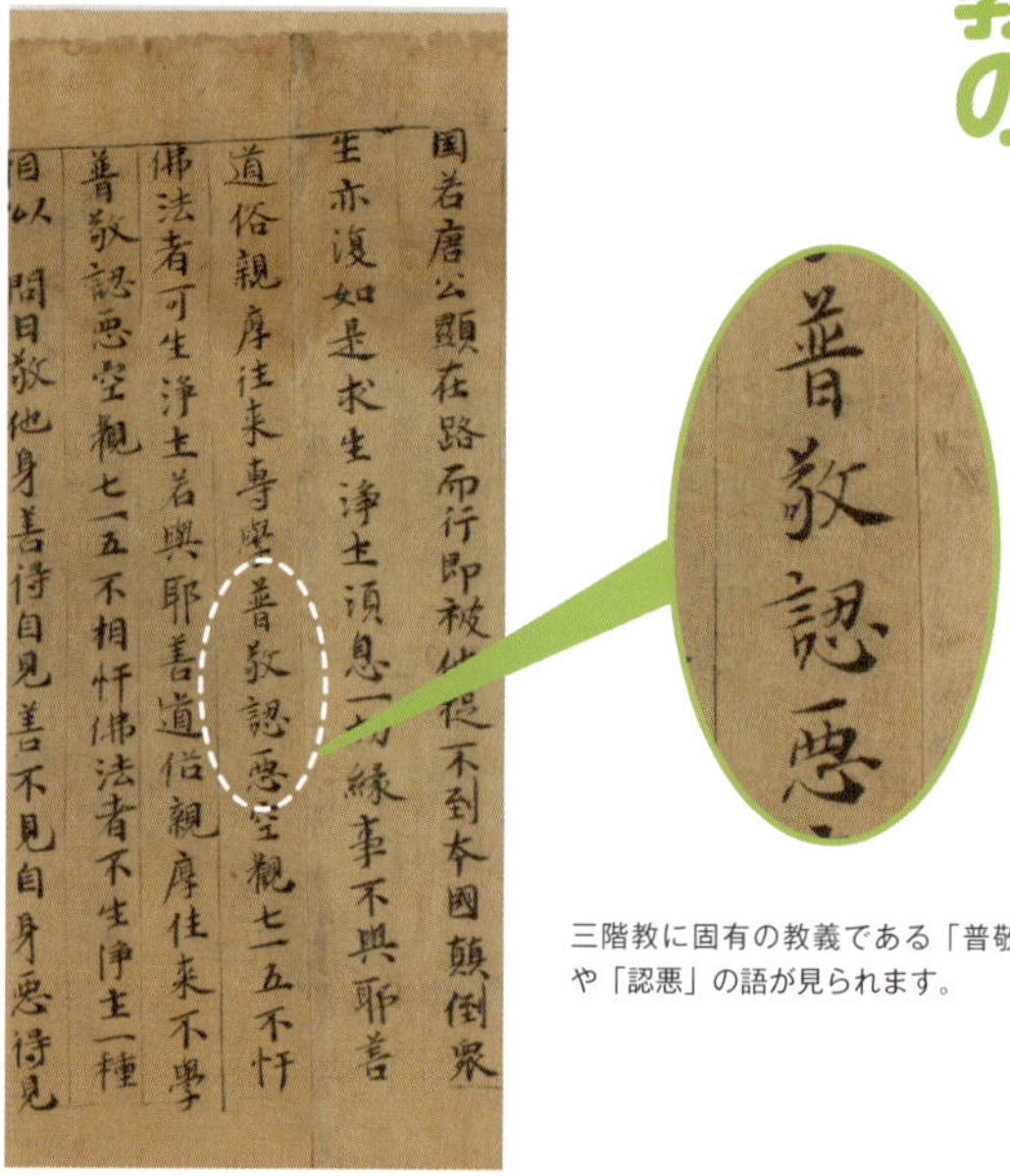

三階教に固有の教義である「普敬」や「認悪」の語が見られます。

押され、度《たび》重なる国家からの弾圧によって滅んでしまいました。三階教では、仏教の教えを第一階《だいいっかい》から第三階《だいさんかい》までの三段階の枠組みで捉え、現在を生きている人々は煩《ぼん》悩《のう》にまみれた第三階の人々であると認識します。そして、徹底して自身の悪を認めて懺悔《さんげ》する「認悪《にんあく》」と、すべての生きとし生けるものは未来に仏になる存在であるとして普《あまね》く礼拝《らいはい》する「普敬《ふきょう》」とを実践するところに特色があったとされています。

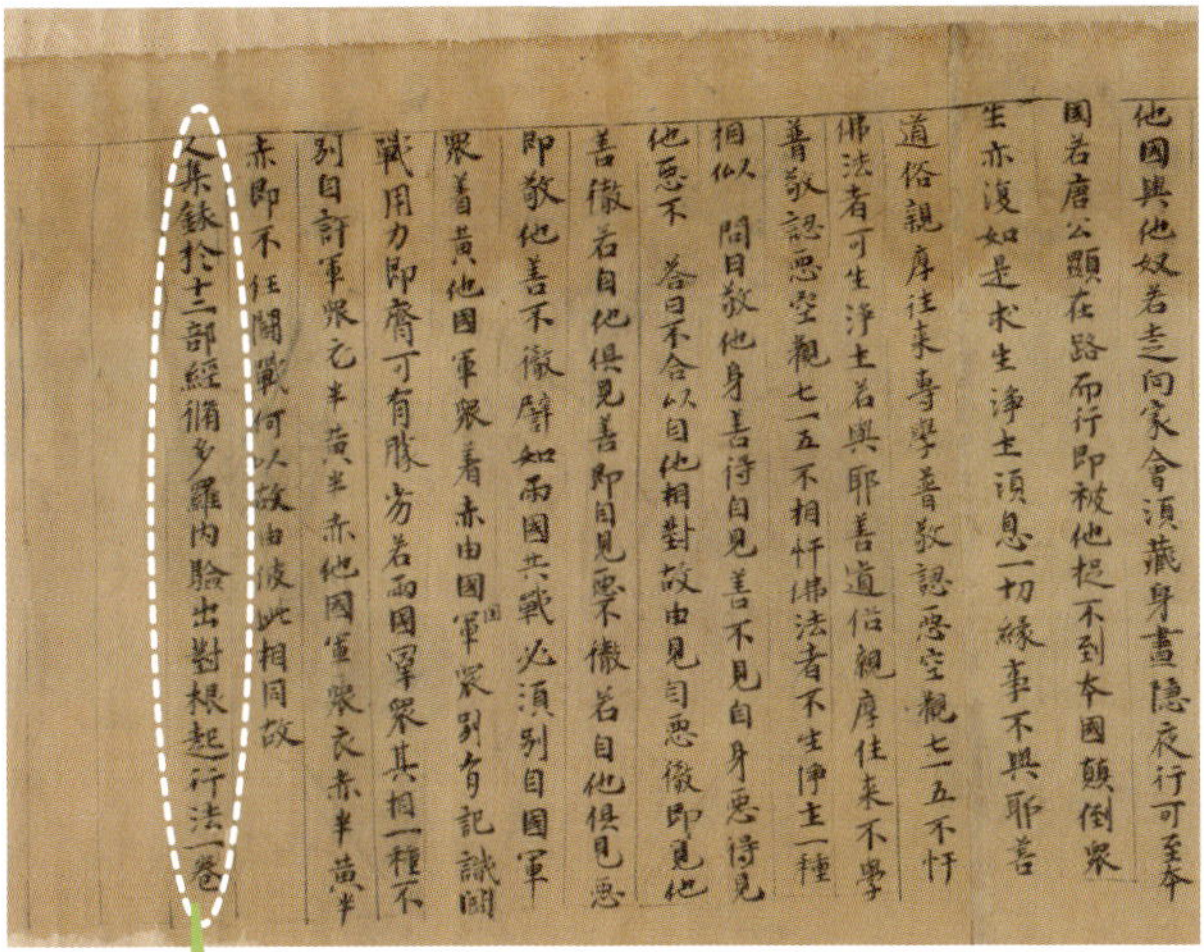

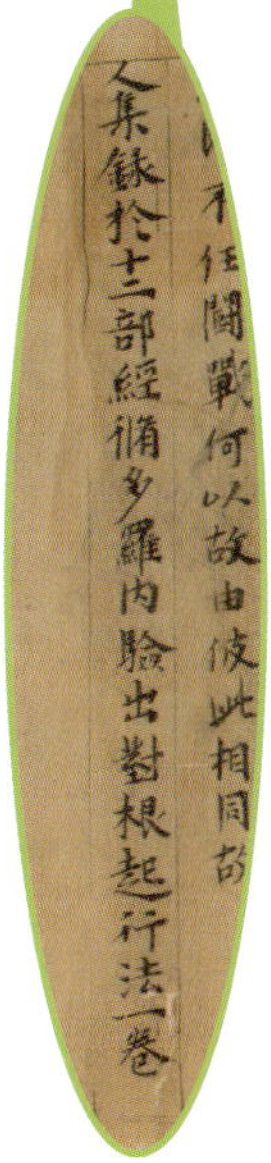

写本の末尾に「人集録於十二部経修多羅内験出対根起行法」との尾題があります。

龍谷大学所蔵、唯一の「尾題《びだい》」に注目

敦煌から発見された写本の中に、三階教の開祖である信行が著した『対根起行法』があり、大英図書館に3本、龍谷大学図書館に1本が所蔵されています。

大英図書館所蔵の写本はいずれも題名を欠いていて、龍谷大学所蔵の写本にのみ尾題《びだい》が記されています。尾題とは本文の最後に記されている題名のことをいいます。この情報によって、これら一連の写本の題名が『対根起行法』であることが明らかとなるのです。このことから、龍谷大学所蔵の写本は、信行の思想を伝えるとともに、書名を確定するための貴重な情報を提供する写本とされています。

（小野嶋祥雄）

法然《ほうねん》浄土教弾劾書《だんがいしょ》の草稿本から判明した、秘められた改変

あまりにもチグハグな弾劾書の内容

1205（元久2年）10月、平穏な京の都を揺るがす大事件が勃発しました。興福寺を初めとする八宗（すべての大乗仏教の宗派）の人々によって、法然の専修念仏《せんじゅねんぶつ》義の停止《ちょうじ》を求める九箇条からなる弾劾書が朝廷に上奏《じょうそう》されたのです。世にいう『興福寺奏状《こうふくじそうじょう》』でした。これを受けて朝廷では同年12月29日付で「宣旨《せんじ》」を下し、「すべての不届きな行状は門弟の浅智より起こったもので法然の本意ではない」という判定を下しました。この宣旨に不満を抱いた興福寺はさっそく、「すべての大元は法然にある。罪がないとは何ごとか」と再度の糾弾《きゅうだん》をしました。しかし、実は宣旨と同じ内容が『興福寺奏状』の第四条にも記されていたのです。ではなぜ、このようなチグハグが生じたのでしょうか。その謎を紐解《ひもと》くものが『興

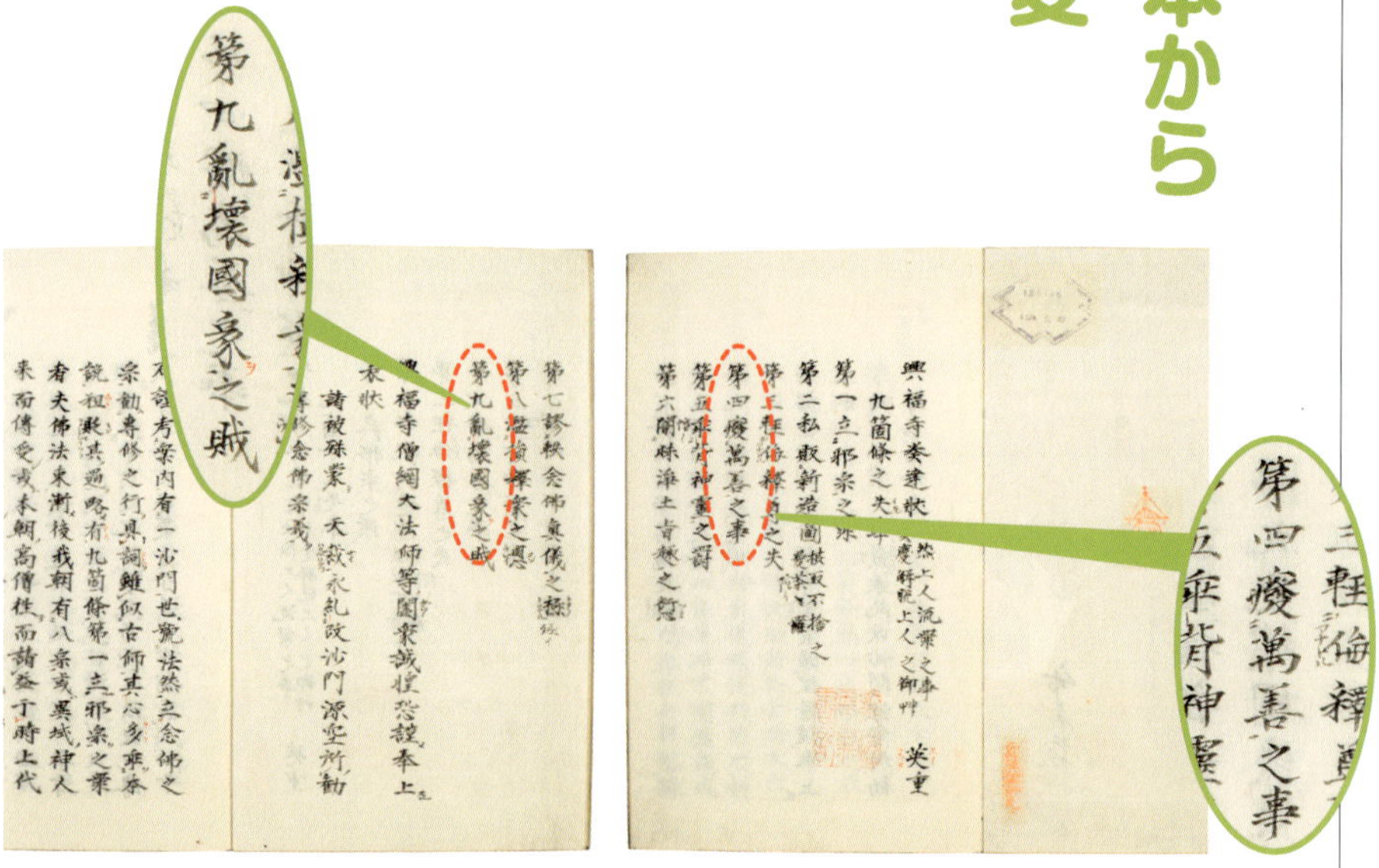

『興福寺奏状』の九箇条（第一立新宗失、第二図新像、第三軽釈尊失、第四妨万善失、第五背霊神失、第六暗浄土失、第七誤念仏失、第八損釈衆失、第九乱国土失）とは異なる過失名が列挙されています。したがって、『奏達状』は明らかに『奏状』の草稿本です。

福寺奏状』の草稿本と考えられる『興福寺奏達状《こうふくじそうたつじょう》』でした。

現存する五書中、四書が龍谷大学図書館の所蔵本

龍谷大学図書館禿氏《とくし》文庫には『興福寺奏達状』という名の書物が収蔵されており、さらにもう１本、同名の書写本が存在します。いずれも墨付13葉（枚）、各ページ8行17文字の書で、ルビや朱書きに至るまでそっくりですが、後者には朱書きが3箇所欠落している等の相違があるので、明らかに禿氏文庫本の書写であったことがわかります。奥書（巻末に記載された書誌情報）によれば、禿氏文庫本は新潟県の浄興寺《じょうこうじ》より流出した書を１７６６（明和３）年に臨全《りんぜん》が書写したもので、大谷大学図書館所蔵本１７６５（明和２）年写とは姉妹本になります。

その他、龍谷大学図書館には「洛西《らくさい》松尾華厳寺《まつおけごんじ》の宝蔵」より流出した書も２本、収蔵されています。これら五書のうち、「奏達状」の名を正伝するのは禿氏文庫本とその複写本のみであり、他の三書は『興福寺奏状』の名で伝えられています。

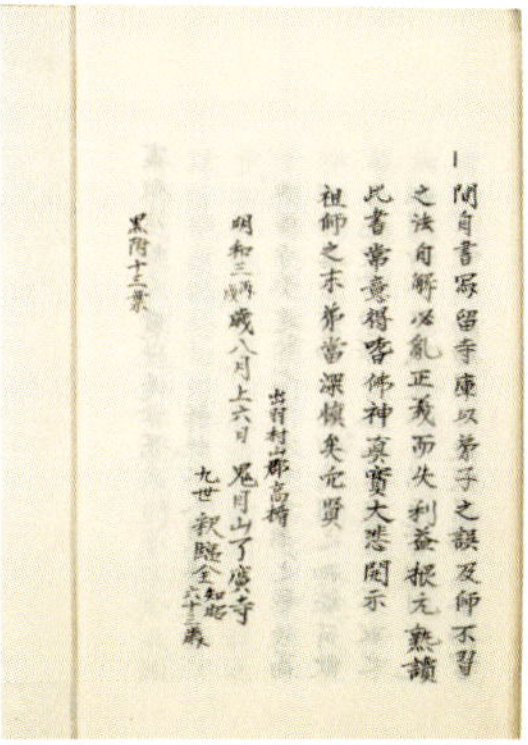
「興福寺奏達状の写しは世にこれなし」
「明和三年　釈臨全」の奥書。

挿入された法然擁護の一文

『奏達状』と『奏状』の大きな相違は、法然擁護の文があるか否かです。『奏達状』は全体を通して法然浄土教を弾劾する流れになっていますが、同じ流れで書かれたはずの『奏状』には法然を擁護する文が一部挿入されているのです。たとえば、『奏達状』の第九条では「王化中興《おうけちゅうこう》を妨げる専修念仏《せんじゅねんぶつ》」となっていたものが、『奏状』の第九条では「王化中興をもたらした専修念仏」という文に変えられ、前後の糾弾内容との齟齬《そご》をきたしています。また、『奏状』の第四条には『奏達状』にはない、宣旨と同内容の「上人《しょうにん》は智者《ちしゃ》であり自らは謗法《ほうぼう》の心がない」という法然擁護の文が加えられています。しかし、その後に起草者である貞慶《じょうけい》は、「根本枝末《こんぽんしまつ》、恐らくは皆な同類なり」の文を書き入れてひそかな抵抗を試みていますので、朝廷の圧力によって改変させられたのだということがわかります。このような秘められた歴史の真実をうかがわせる興味深い資料が、龍谷大学図書館には収蔵されているのです。

（楠淳證）

顕揚大戒論序《けんようだいかいろんじょ》

学問の神様、その早熟ぶりを遺憾《いかん》なく発揮！名文成立の感動を伝える貴重資料

大乗《だいじょう》戒《かい》独立運動と『顕揚大戒論』

平安時代のはじめ、日本天台宗《てんだいしゅう》の開祖《かいそ》・伝教大師《でんぎょうだいし》最澄《さいちょう》（７６７―８２２年）は、当時の僧侶養成のルールを巡って南都《なんと》の僧綱《そうごう》らとの間で「大乗戒独立運動」と呼ばれる大論争を繰り広げました。結果的に、最澄が提案したルールは国の公認を得ることになるのですが、それ以降も南都からの批判の声は止《や》むことがありませんでした。そのような中、最澄の滅後《めつご》、弟子の慈覚大師《じかくだいし》円仁《えんにん》（７９４―８６４年）は、師の遺志を明らかにするため、ある書物の制作に取りかかります。その書物の名は『顕揚大戒論』。円仁が志《こころざし》半ばで亡くなってしまったため、弟子の安慧《あんね》（?―８６８年）へと引き継がれ、８６６（貞観８）年に完成します。

『顕揚大戒論』には、漢文で書かれた序文が付されており、古来、日本人が作った漢文として、この時代を代表するものと高く評価されてきました。それもそのはず、実はこの序文、「学問の神様」として知られる菅原道真《すがわらのみちざね》（８４５―９０３年）が作ったものなのです。

道真22歳、大任を果たす

円仁の遺志を引き継ぎ、ついに『顕揚大戒論』を完成させた安慧は、その序文の執筆を当代随一の文化人であった道真の父、菅原是善《すがわらのこれよし》（８１２―８８０年）に依頼しました。この依頼を受けた是善は、その大任を息子の道真に委嘱《いしょく》します。当時、道真は22歳、博識を駆使して希代の名文を作り上げ、見事にその大任をまっとうしてみせます。

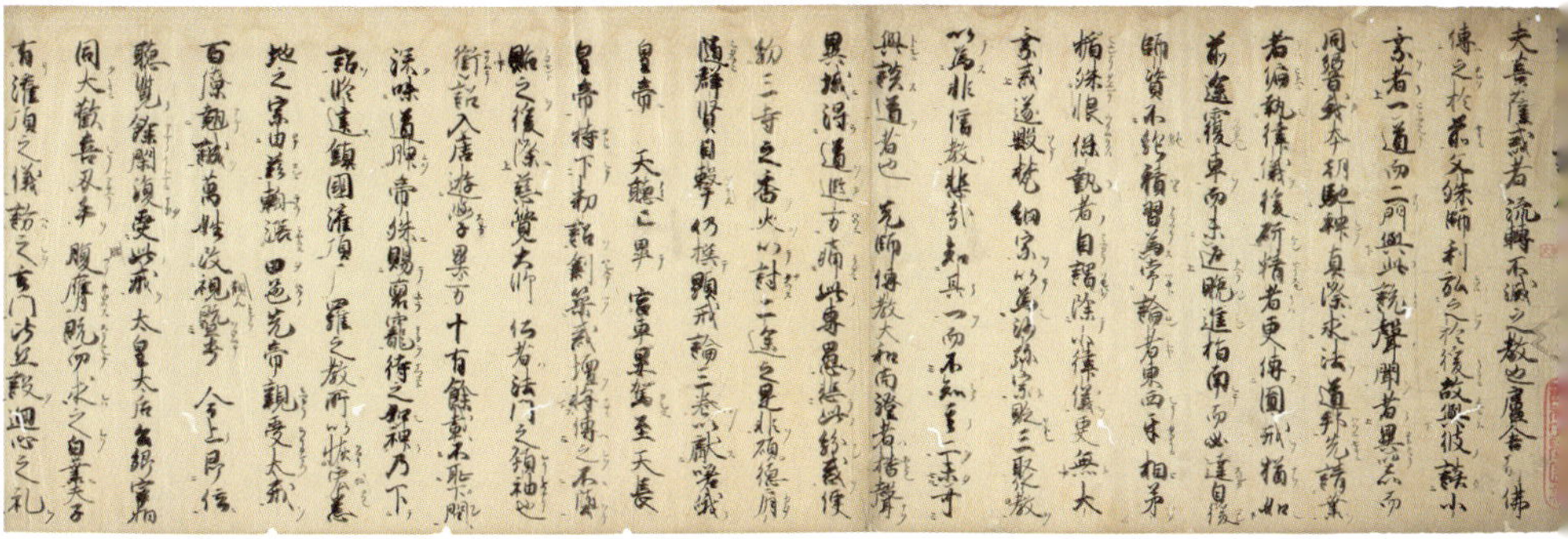

菅原道真による序文

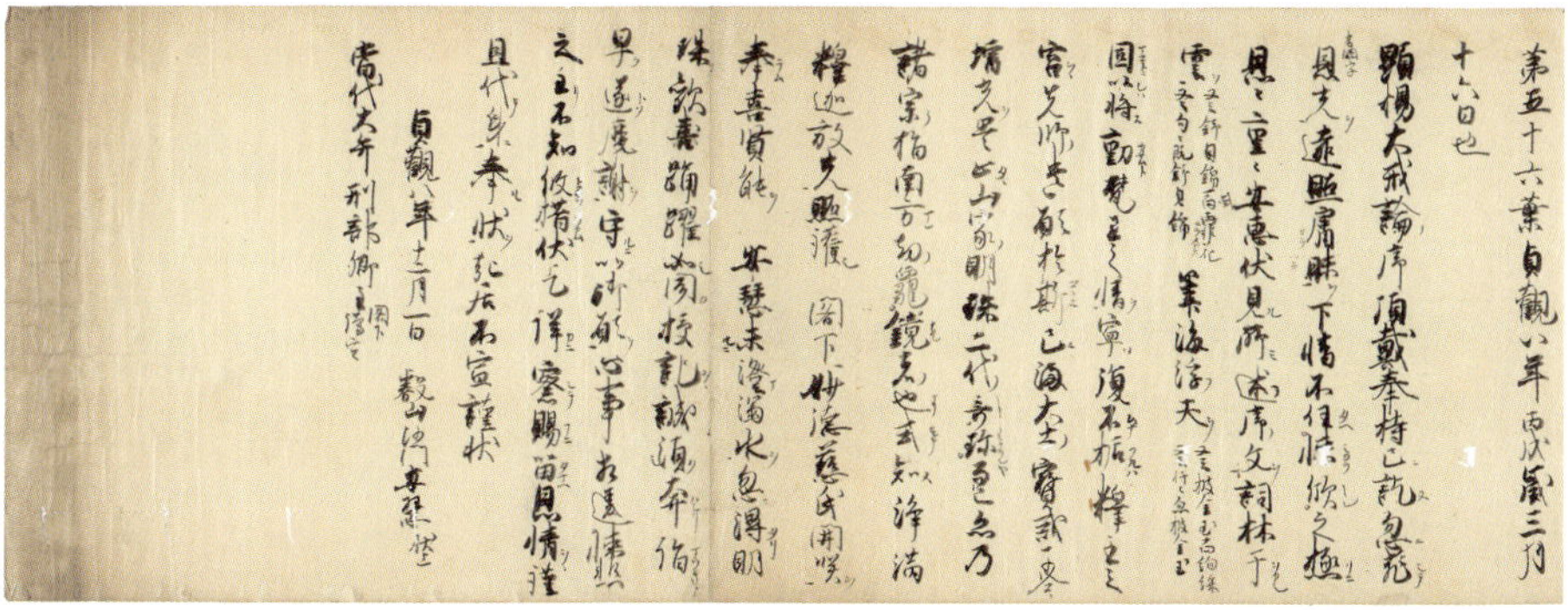

安慧の謝辞

『顕揚大戒論』の序文は、漢文として優れているだけではなく、道真の仏教に対する深い素養が遺憾なく発揮されており、きわめて格式高い文章になっています。このような名文を22歳で作り上げたというのですから、さすがは学問の神様といったところでしょう。

感動した安慧、道真を絶賛

安慧はこの序文を受け取ると大いに感動し、道真を絶賛する感謝状を是善宛てに贈りました。22歳の青年が書いた文章に対する評価とは思えないほどの大讃辞です。

龍谷大学所蔵『顕揚大戒論序』は、道真が制作した序文と安慧の感謝状を一書に記載する他に類例のない資料です。とりわけ、安慧の感謝状は、『顕揚大戒論序』の他には江戸時代中期の『天台霞標《てんだいかひょう》』のみに収録されるもので、日本文学史上においてもきわめて貴重な資料といえるでしょう。

（吉田慈順）

八宗伝《はっしゅうでん》

日本仏教とはなにか？ 各宗派についてよくわかる仏教入門書

室町時代の8つの仏教思想を解説

『八宗伝』は日本に伝わった8つの仏教思想（八宗）について解説した、室町時代の仏教入門書です。現在のところ龍谷大学所蔵の写本のみが知られており、資料的にきわめて貴重な文献です。本書で取り上げられる八宗とは、律宗《りっしゅう》、倶舎宗《くしゃしゅう》、成実宗《じょうじつしゅう》、法相宗《ほっそうしゅう》、三論宗《さんろんしゅう》、天台《てんだい》宗《しゅう》、華厳宗《けごんしゅう》、真言宗《しんごんしゅう》です。ただし末尾では浄土宗《じょうどしゅう》・禅《ぜん》宗《しゅう》についても詳しい解説がなされています。また、釈尊の伝記についても挿入されているなどユニークな構成をとっており、この時期の仏教理解の枠組みを知ることのできる重要な文献の一つといえるでしょう。

諸宗の歴史を通して自己を知る

本書が著されたのは、奥書（巻末に記載された書誌情報）の記述から1456（康正2）年。室町時代中期、ちょうど足利義政《あしかがよしまさ》将軍の時代です。鎌倉時代の中後期から室町時代にかけては、禅宗が大きな力を持つとともに、浄土宗や浄土真宗など浄土系の宗派が勢力を拡大していました。また、平安時代からつづく天台宗や真言宗、それに奈良の仏教についても、その教えが少しずつアップデートされ、新たな装いをまといつつ展開していった時代です。古代から続く伝統的な宗と新たな宗、その両方への関心が高まっていった時期といえるでしょう。

本書のような諸宗の思想と歴史を記した文献は、この時期に多くの寺院で生み出されました。たとえば、東《とう》大寺《だいじ》では凝然《ぎょうねん》（1240―1321）『八宗綱要《はっしゅうこうよう》』、東《とう》福寺《ふくじ》では円爾《えんに》（1202―80）『十宗要道記《じっしゅうようどうき》』、真言密教（根来寺《ねごろじ》）では頼瑜《らいゆ》（1226―1304）

『諸宗教理同異釈《しょしゅうきょうりどういしゃく》』などが著名です。
実は浄土真宗も同様です。親鸞（1173―1263）の曾孫《ひまご》である本願寺第3代宗主覚如《かくにょ》（1270―1351）の長子であった存覚《ぞんかく》（1290―1373）は、やはり諸宗の歴史を網羅的にまとめた書物『歩船抄《ぶせんしょう》』を執筆しています。

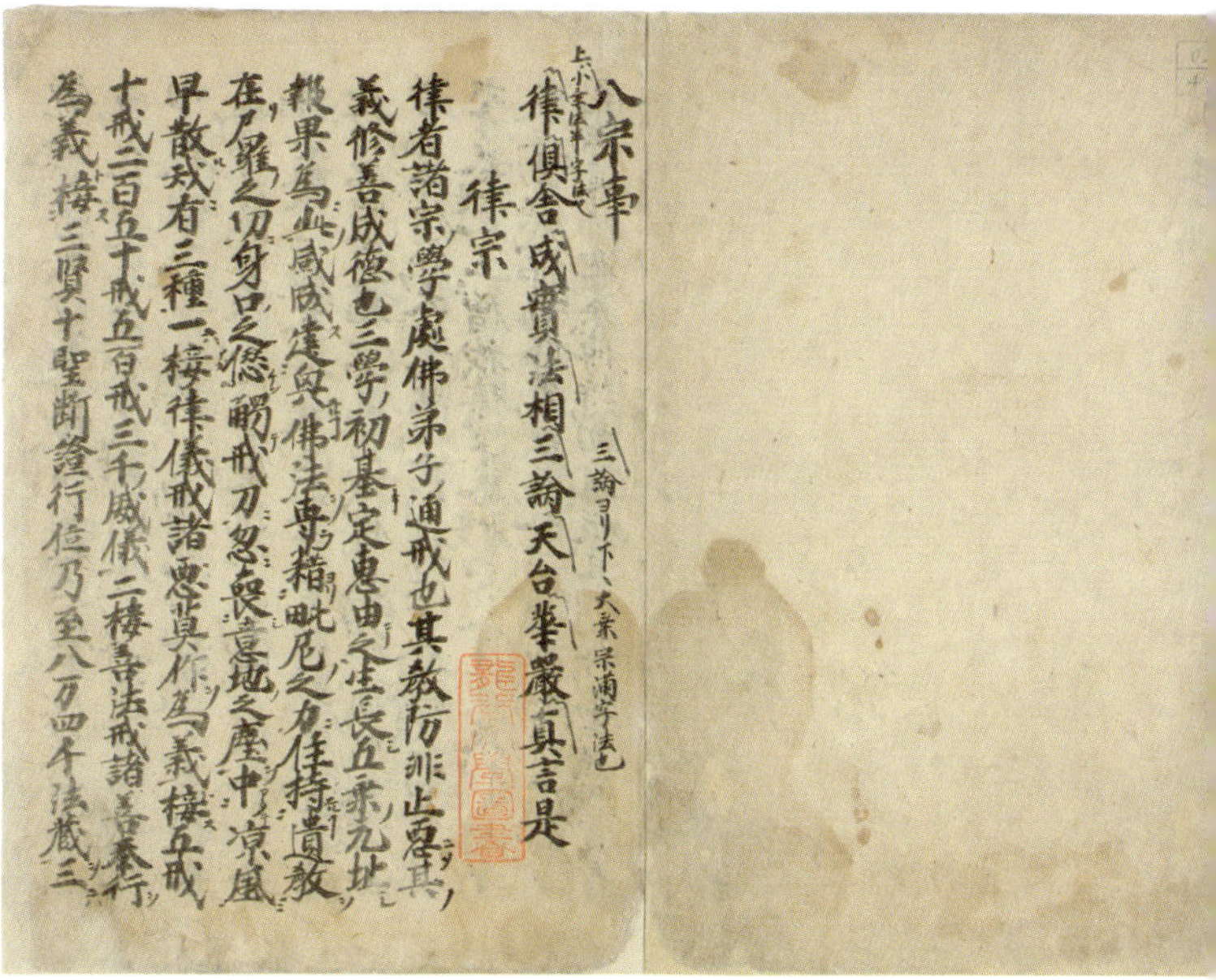

1帖　縦28.1×横19.5cm

諸宗について整理するという営みは、仏教思想上に自宗の位置づけを明らかにすることに他なりません。自己と他者への認識を再度確認する行為、それが本書のような宗の思想と歴史を記述する文献を生み出したのです。

まだまだ謎の多い室町時代の仏教

なお本書の著者については奥書に「任舜《にんしゅん》」という名が記されており、時代状況などから、真福寺《しんぷくじ》（現・愛知県名古屋市）の第8代住持《じゅうじ》をつとめた祐乗房任舜《ゆうじょうぼうにんしゅん》の可能性が推測されます。真福寺は鎌倉時代に創建された真言寺院であり、1万点以上の貴重な古典籍を有する日本有数の知の集積地です。任舜は東大寺など多くの寺院の文献をはばひろく集め、諸宗の教義について熱心に勉学していた僧でした。日本に伝わった仏教を網羅的に解説するにふさわしい人物といえるでしょう。

室町時代の仏教については近年、注目が集まりつつありますが、まだまだその実態はわかっていません。こうした文献の解読を通じて、今後明らかになってくることが期待されます。

（野呂靖）

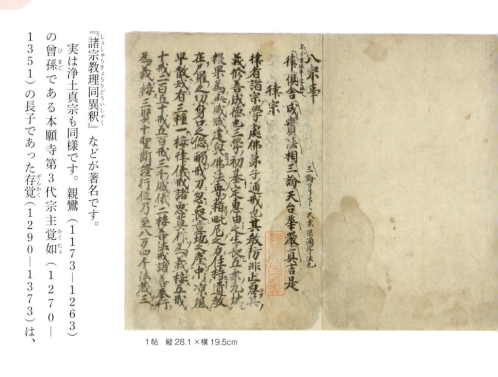

愚迷発心集《ぐめいほっしんしゅう》

世の無常を嫌って笠置《かさぎ》へ入山後、心から仏道修行に励む貞慶《じょうけい》の書

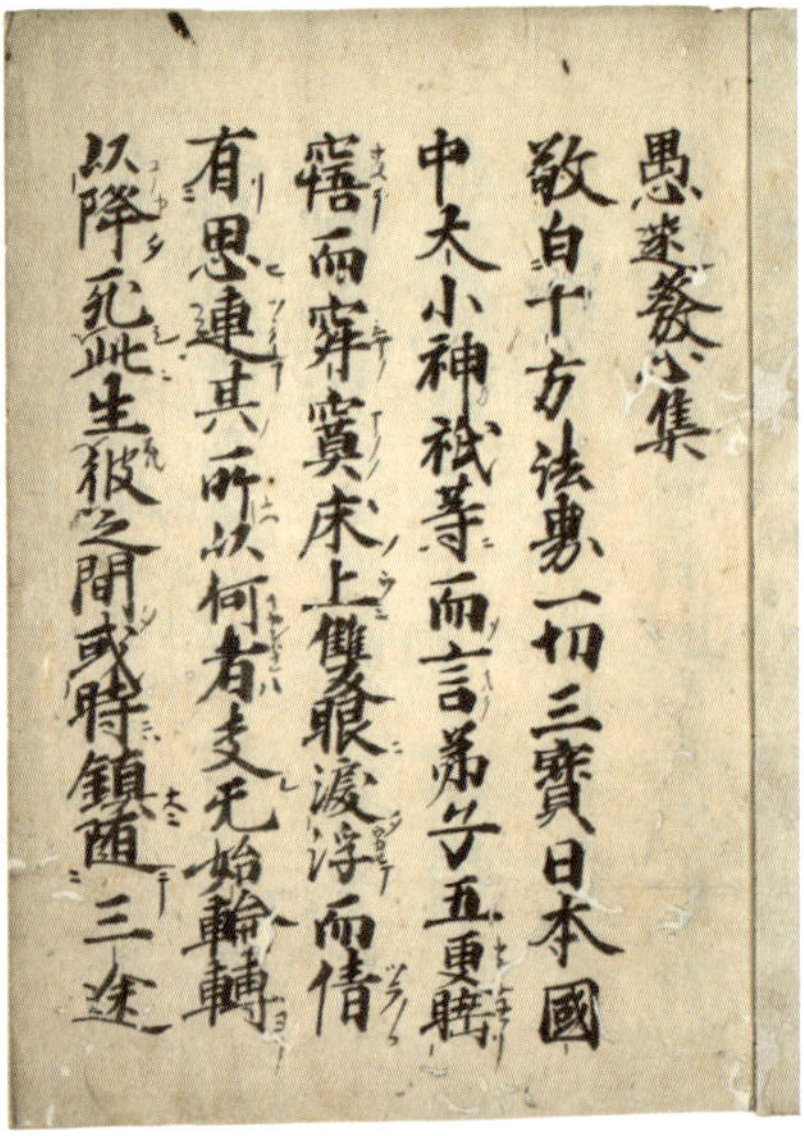
愚迷發心集
敬白十方法界一切三寳日本國
中大小神祇等而言弟子五更眠
寤而寂寞床上雙眼浮涙而倩
有思連其所以何有始无輪轉
以降死此生彼之間或時鎮堕三途

禿子（とくし）文庫。袋綴 30 丁　縦 24.5 × 横 18.0cm
1 面（半丁）6 行　1 行 13 字前後

仲間と真摯《しんし》に歩む、仏の道

解脱房《げだつぼう》貞慶（１１５５―１２１３）が、１１９３（建久４）年笠置へ遁世《とんせい》後、修行仲間と一緒に自己凝視《ぎょうし》と堅固なさとりを求める心を発《おこ》し、修行することを記した書物です。同書は短期間ではなく、ある程度時間をかけて作成されました。先行書として、神仏にさとりを求めることを誓う書『解脱上人起請表白《げだつしょうにんきしょうひょうびゃく》』、遁世の際に興福寺別当覚憲《べっとうかくけん》（貞慶の叔父）へ送った手紙『故解脱房、坂《さか》僧正《そうじょう》の許《もと》へ遣《つか》わす消息《しょうそこ》の状』等を材料として発展させています。修行仲間に寄り添い、ともに仏の道を歩む点では『琰魔講式《えんまこうしき》』（１１９３〈建久《けんきゅう》４〉年以降）『因明二《いんみょうに》巻指示抄《かんしじしょう》 子島記注《こじまきちゅう》』（１１９５〈同６〉年）『霊山《りょうざん》講式』『誓願舎利《せいがんしゃり》講式』（１１９６年〈同７〉年）『欣求《ごんぐ》霊山講式』（１１９６〈同７〉年）の各講式・註釈書と共通性があります。

巻末文を欠いている理由

本写本は巻末に「是《ここ》に於《おい》て同心の芳《ほう》友、相《あい》議して曰《いわ》く」

で始まる263文字を欠いていて、奥書はなく末尾に「愚迷発心集 解脱上人之御草《げだつしょうにんのおんそう》云云」とあります。これは他写本等の東大寺蔵祐成《ゆうじょう》本・1574（天正2）年本、法隆寺蔵英俊《えいしゅん》本、江戸期版本（漢文本・書下し本）と異なっています。祐成本は、祐成が1432（永享4）年「大仏殿幸芸得業大般若経転読衆請定《だいぶつでんこうげいとくごうだいはんにゃきょうてんどくしゅうしょうじょう》」に出る「祐成法師」のこととすれば同時期頃書写の可能性があり、英俊本は末尾に「写本云」として「1341（暦応4）年写・1448（文安5）年校合・1459（長禄3）年写、1587（天正15）年英俊の修補（『多《た》聞院日記《もんいんにっき》』同年10月13日にも修補記載）」と記され、16世紀以前の書写と考えられます。本書のみ末尾文が存在しないことは、単なる欠如ではありません。ここはともに修行に励み互いに往生（版本では「菩《ぼ》提心《だいしん》」）へ導き合うことを誓う箇所が中心となっています。本書は修行仲間を意識している点では『欣求霊山講式』等が仲間の勧めで成立していることと同様に、貞慶一人のためではなく仲間と共に歩むために記しています。そのため仲間に語りかけ堅固な契約を誓い合った後に、貞慶により末尾文が付加されたと考えられます。したがって本写本は付加前の古い形態を残す書の転写本系統と思われます。

（後藤康夫）

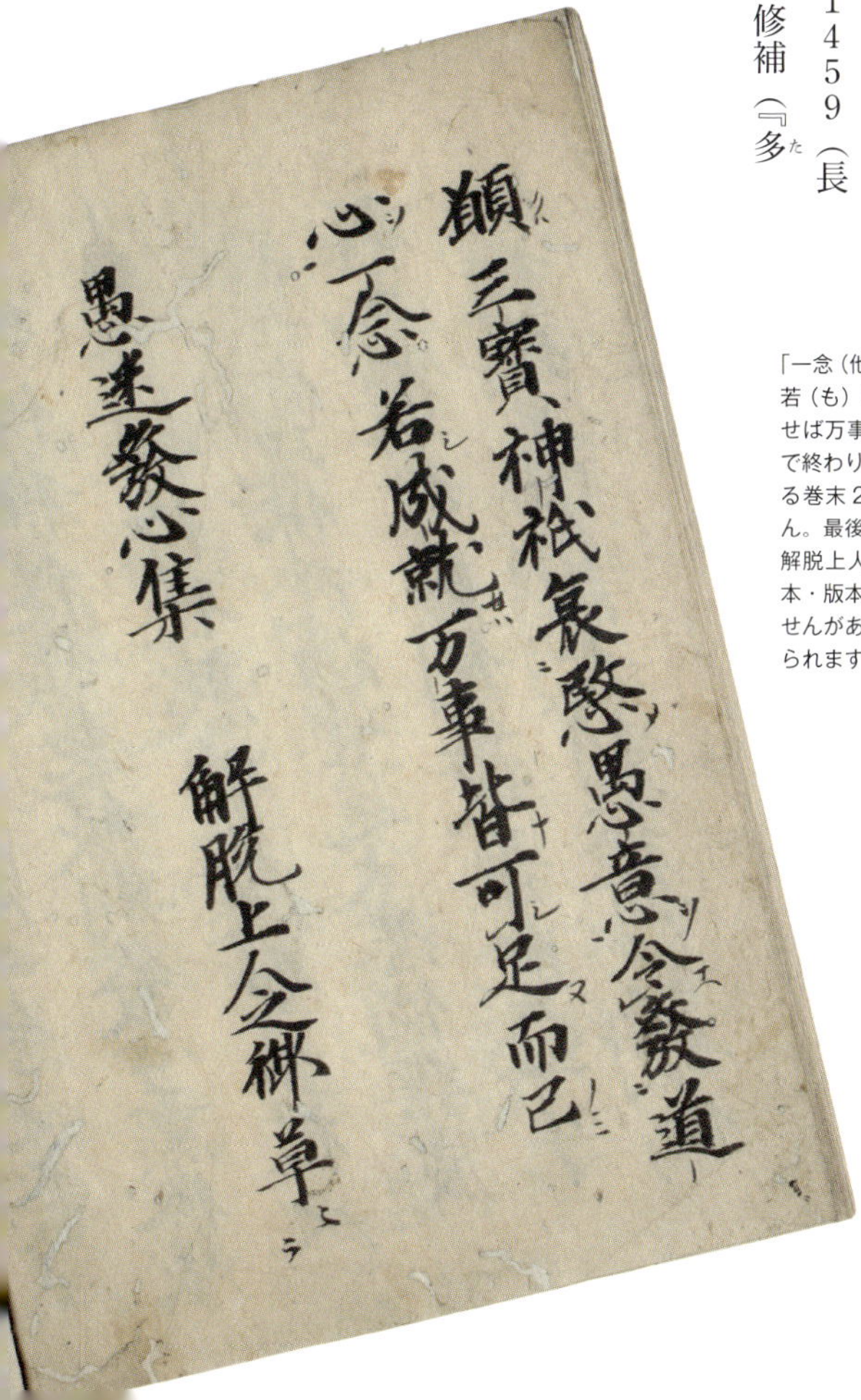

「一念（他写本・版本は「要」）若（も）し成就（じょうじゅ）せば万事皆足りぬべしのみ」で終わり、他写本・版本にある巻末263文字はありません。最後の行は「愚迷發心集解脱上人之御草云云」（他写本・版本にも巻末とは限りませんがあります）の文字が見られます。

清衆規式《せいしゅうきしき》

800年前の留学僧が日本に紹介した、最先端の寺院生活

鎌倉時代に12年間の中国留学を遂げた僧、俊芿《しゅんじょう》

鎌倉時代初頭、日中間を往来する貿易船に乗り込み、中国留学を果たした僧がいました。彼の名は俊芿（1166―1227）。1199年、彼は34歳でした。中国は当時南宋朝、首都は臨安府《りんあんふ》（現在の浙江省杭州《せっこうしょうこうしゅう》市）で、貿易港だった明州《みんしゅう》（現在の浙江省寧波《ねいは》市）とは目と鼻の先。日本人にとっては寺院が集中する首都への留学がしやすい環境でした。

俊芿は12年間もの間、労を惜しまず、さまざまな師に就《つ》き、中国僧と同じ生活をして、南宋の仏教界のすべてを吸収します。1211年に帰国した俊芿は、施入《せにゅう》された京都東山の仙遊寺《せんゆうじ》を泉涌寺《せんにゅうじ》と改称し、新たに寺院を建築して、自身が中国で学び得た当地の仏教界の体現を図りました。

俊芿律師像（泉涌寺蔵）
重文　鎌倉時代

京都に現れた中国風寺院、泉涌寺での生活

ここに紹介する『清衆規式』は、彼が建立した泉涌寺の建築物やそこでの生活の規則、中国の師から得た仏教の真髄などが集められた資料集で、これまで同じものが泉涌寺・野中寺《やちゅうじ》・高野山真別処《こうやさんしんべっしょ》などでみつかっています。『清衆規式』は類集された最初の資料のタイトルで、実際には俊芿の辞世頌《じせいじゅ》（死に臨んで残した詩歌）など、全部で16もの資料が集められています。

実は俊芿は帰国後のわずか16年後、62歳で亡くなっており、まとまった著作は遺っていません。この『清衆規式』は、鎌倉時代の日本人が体験した最先端の中国仏教

の教学や文化がどのようなものであったかを知ることができる数少ない資料なのです。

俊芿は中国当地の寺院生活をそのまま日本に紹介しようとしました。たとえば「泉涌寺行事次第」には、皆で食事をとる時の合図として鳴らす太鼓の打ち方が細かく指定されていますし、泉涌寺の堂宇《どうう》とその使用意図について書かれた「泉涌寺殿堂房寮色目《でんどうぼうりょうしきもく》」には、南宋寺院で使用された施設名が採用されています。また「東林《とうりん》十六観堂勧進疏《じゅうろくかんどうかんじんしょ》」には、これまで日本の寺院設備としては登場していなかった十六観堂をぜひ泉涌寺内に建立したい旨が述べられています。十六観堂は『観無量寿経』にもとづく修行を行うための瞑想《めいそう》道場で、宋国江南地域の寺院内には当然設置されていたようです。「観堂長期《かんどうちょうき》修懺規式《しゅせんきしき》」には、この十六観堂での3年にも及ぶ修行に際しての心得が述べられています。建物もその呼び名も、そこで行われる修行内容も、すべて当時の中国仏教のそのままを日本にスライドさせようという俊芿の気概を感じることができます。まさに泉涌寺は、突如京都に現れた「中国」そのものだったのです。

（大谷由香）

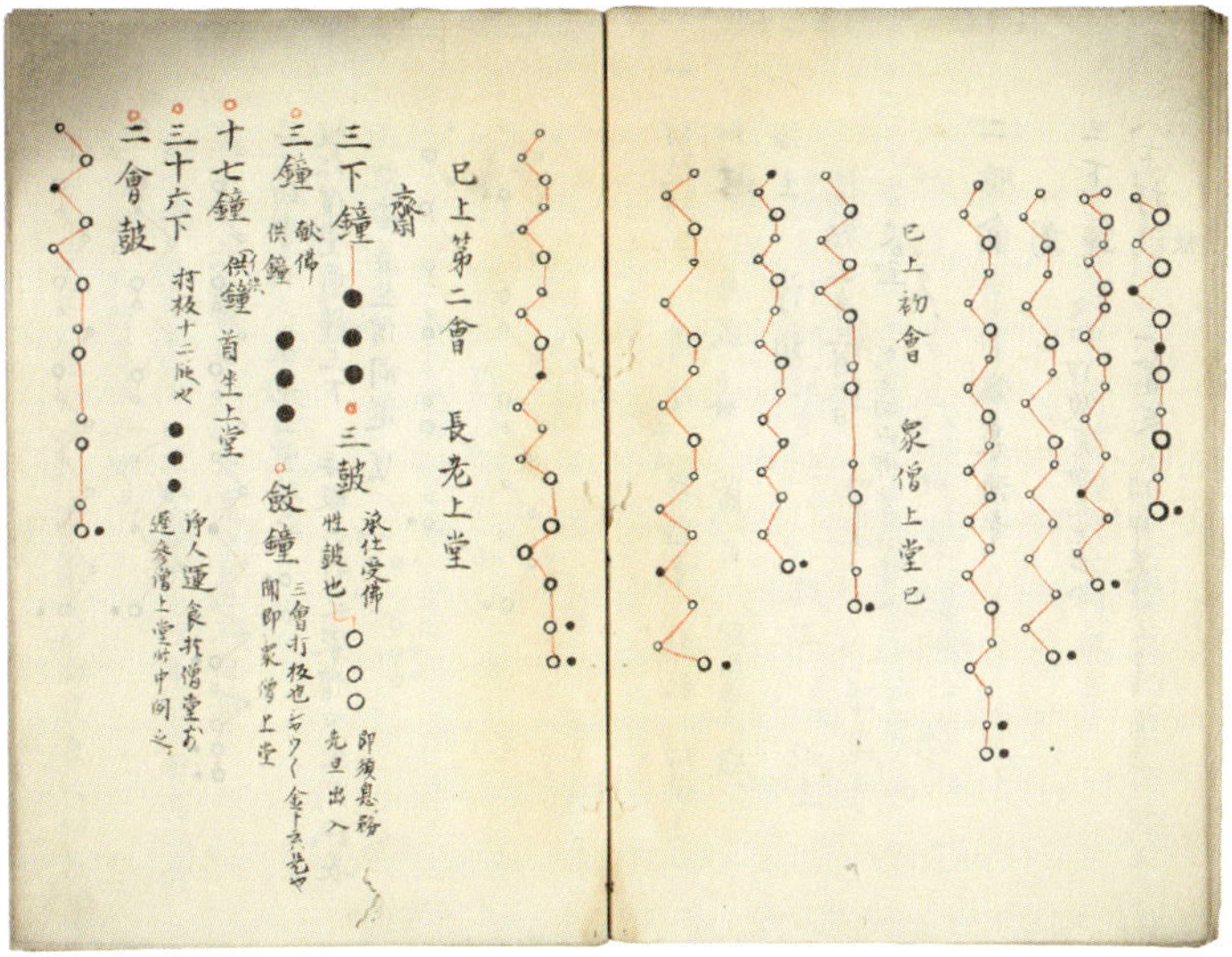

「泉涌寺行事次第」部分。食事を知らせる太鼓の叩き方が指示されています。

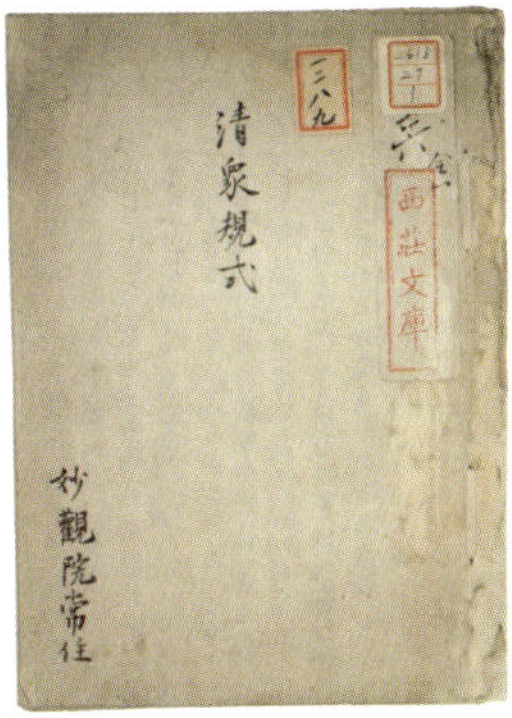

表紙には「西荘文庫」の印があります。これは江戸時代後期の蔵書家、小津久足（1804―58）のコレクションだったことを示します。

叡尊文書《えいぞんもんじょ》／叡尊関係資料《えいぞんかんけいしりょう》

叡尊によって書き残された、密教の儀礼・修法《しゅほう》マニュアル

鎌倉時代に活躍した僧・叡尊とは

叡尊（１２０１—９０）は、親鸞《しんらん》（１１７３—１２６３）や道元《どうげん》（１２００—５３）、日蓮《にちれん》（１２２２—８２）と同じ、鎌倉時代の中期から末期に活躍した仏教僧です。この頃に起こった「戒律復興運動」の中心人物の一人で、弟子の忍性《にんしょう》（１２１７—１３０３）と共に、ハンセン病患者の救済を含む、さまざまな社会救済事業を展開したことでも知られます。

ここに紹介する「叡尊文書／叡尊関係資料」（以下、文書）は、その叡尊が書き残した密教の各種儀礼・修法の次第（マニュアル）を集めたものです。「律僧」「遁世《とんせい》僧《そう》」の側面が注目されがちな叡尊ですが、伝記によると、元は醍醐寺《だいごじ》に所属する真言宗の僧侶で、１２２８（安貞《あんてい》２）年には、伝法灌頂《でんぽうかんじょう》を受けて阿闍梨《あじゃり》になるなど、密教の教えにも深く通じていました。そうした、叡尊自身の密教の知識がどういうものだったかを詳しく知る上で、文書は貴重な資料といえるでしょう。

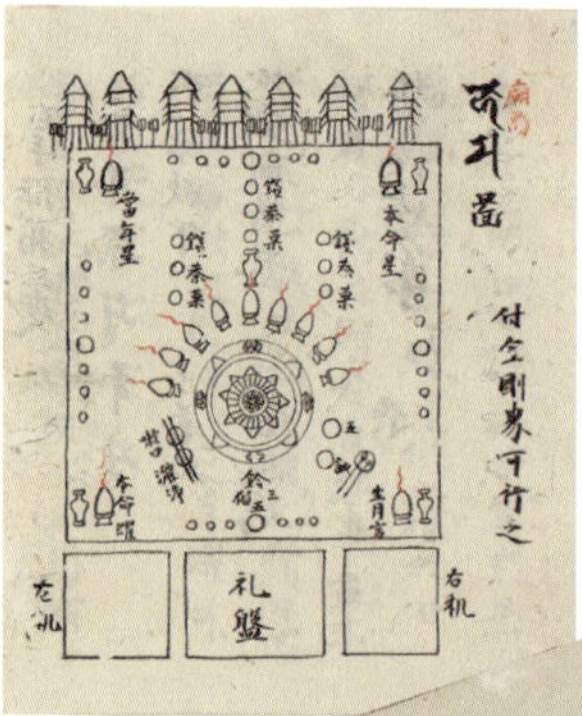

儀礼で使用する壇の図

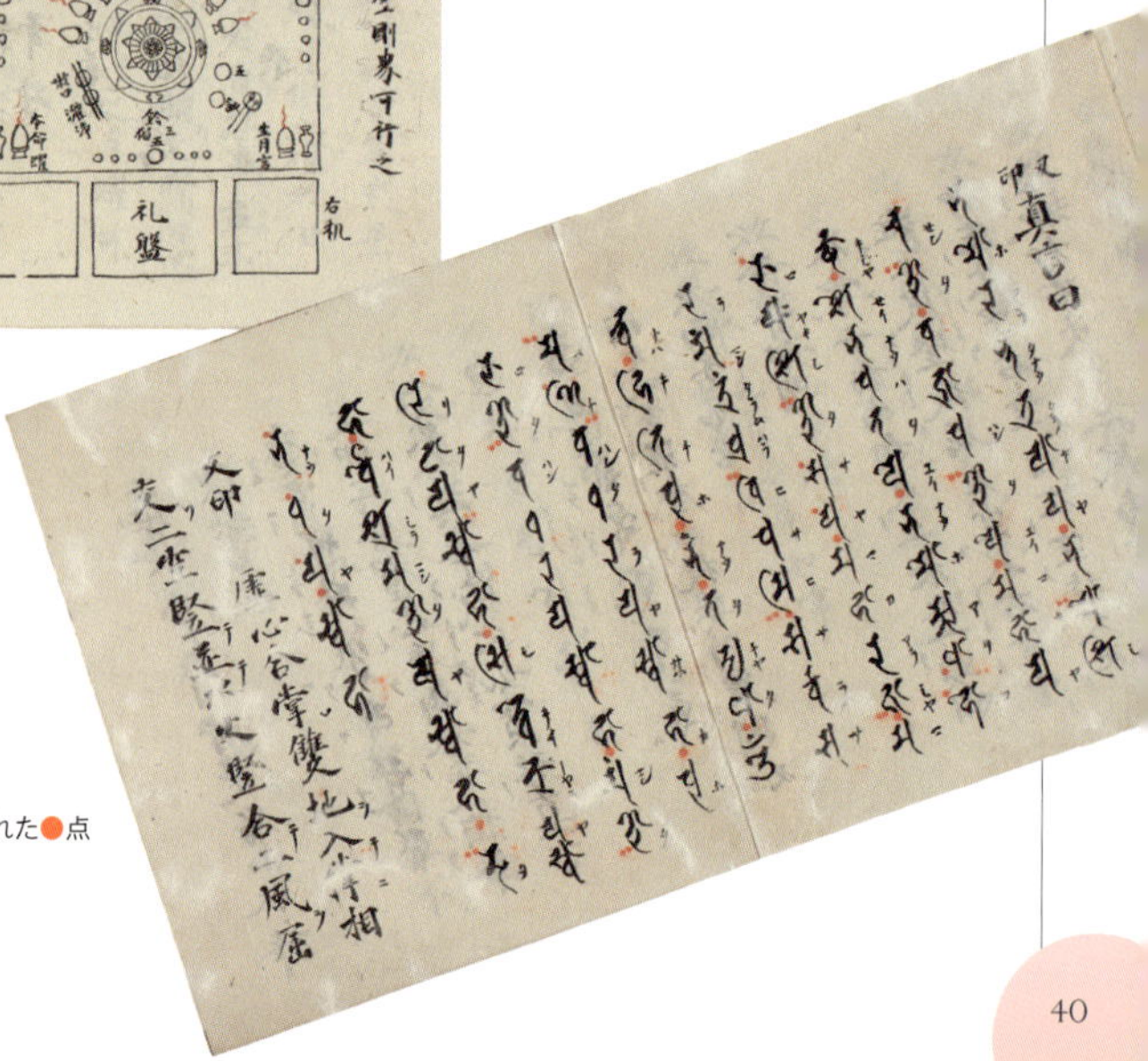
真言に付された●点

蒙古《もうこ》退散を祈願して

これらの文書がいつ記されたかですが、それぞれの奥書から１２７４（文永《ぶんえい》11）年以降、１２８０（弘安《こうあん》３）年までの6年間と推定できます。叡尊は１２９０（正応《しょうおう》３）年、90歳で病没していますので、文書はその10～16年前、晩年にさしかかる時期の著述といえます。

文書が書かれた理由は、この時期に叡尊が精力的に関与したある活動から説明できそうです。文書の一つである『大勝金剛念誦次第《だいしょうこんごうねんじゅしだい》』の奥書によれば、同書は、「文永十一年」（１２７４）の「十一月一日亥時」に「闘乱」の「消除」のために記されました。「文永十一年」「十一月」に起きた「闘乱」が何かというと、もちろん、１２７４（文永11）年10月に始まる蒙古襲来《しゅうらい》です。

これも伝記に述べるとおり、文永・弘安の二度に及んだ蒙古軍の日本襲来に際して、叡尊は、密教の修法をたびたび行い、その退散を祈願しました。なかでも１２８１（弘安４）年に石清水八幡宮《いわしみずはちまんぐう》で行った修法は、蒙古軍の船団を壊滅させたとして称賛され、その名声を一層高めることになりました。

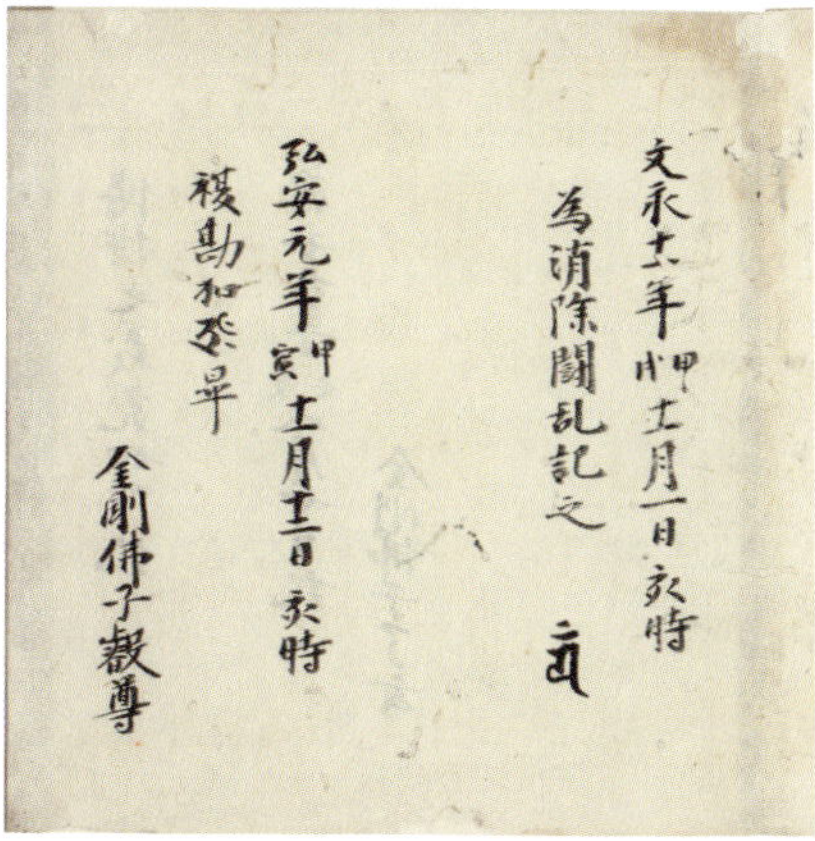

文永 11 年の「闘乱」への言及

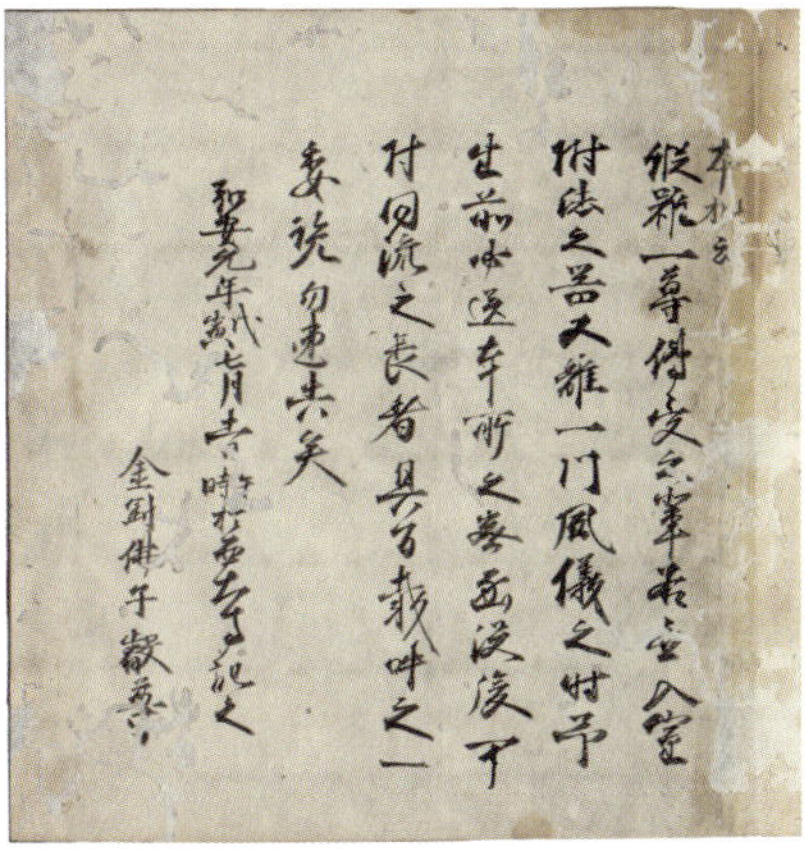

叡尊による奥書

文書は、文永11年から弘安３年、まさに、叡尊が蒙古退散の祈禱《きとう》を継続していた時期に執筆されています。また『大勝金剛念誦次第』には、文永11年の「闘乱」、つまり文永の役への言及があります。こういった事実を踏まえると、この頃の日本の危機的状況と、その中での叡尊の活動を反映して、これら文書は書かれたとみて間違いないと思います。

（亀山隆彦）

往生要集《おうじょうようしゅう》

比叡山の横川《よかわ》で著《あらわ》された、念仏実践の手引き

求道の人、源信《げんしん》

紫式部の『源氏物語』に浮舟《うきふね》を救って出家させる「横川の僧都《そうず》」と呼ばれる高徳の僧が登場します。そのモデルとなった人物が『往生要集』を著した源信です。比叡山横川の恵心院《えしんいん》に住したので恵心僧都《えしんそうず》とも呼ばれました。

大和国（奈良県）葛城下郡当麻郷《かつらぎしものごおりたいまごう》に生まれた源信は、10代前半で比叡山にのぼり、横川の良源《りょうげん》の門に入ります。当時の横川は、摂関権力との癒着《ゆちゃく》や他流の排斥などさまざまな矛盾をはらみつつも、良源の手腕によって、新興の活気に満ちた修学の地でした。

若き修行僧源信は、師良源の指導のもと天台教学の研《けん》鑽《さん》につとめ、卓越した才覚を発揮します。しかしはたしてエリートコースを歩み、貴顕の賞賛を得ることが私の望んでいたことだろうか？ 30代も終わりごろ、源信は師の定めた栄達の道から身を引くことを静かに決断し、以降はひたすら浄土の業を修するようになります。

念仏実践の手引き

当時の横川では、浄土信仰にもとづく念仏結社の運動が高まりを見せており、源信もこれに関わっていたと思われます。志を同じくする僧俗との交流のなかで、浄土往生の行いである念仏を、教理・実践の両面から体系的に提示する必要性を感じたのでしょう。９８５（寛和《かんな》元）年、44歳の源信は、１６０余部に及ぶ経典《きょうてん》・論疏《ろんしょ》から往生極楽に関する９５２の要文《ようもん》を選び集めた大書を、わずか半年で書き上げます。それが『往生要集』3巻、日本浄土教の基盤を形成したと評される名著です。

その内容は、厭離穢土《えんりえど》・欣求浄土《ごんぐじょうど》・極楽証拠《ごくらくしょうこ》・正修《しゅうしゅ》念仏《ねんぶつ》・助念方法《じょねんほうほう》・別時念仏《べつじねんぶつ》・念仏利益《ねんぶつりやく》・念仏証拠《ねんぶつしょうこ》・往《おう》生《じょう》諸行《しょぎょう》・問答料簡《もんどうりょうけん》の十門《じゅうもん》からなります。

その中、別時念仏には普段の念仏のあり方だけでなく、今まさに臨終を迎えようとしている同心の行者を、どう処置し、どんな言葉をかけたらよいのかという、切迫し

た場面での具体的な指示が記されています。現在のビハーラ活動（仏教の終末期ケア）の先駆けと言えるもので、本書の実践的な性格を物語っています。

海を渡った『往生要集』

源信は後に『往生要集』を「この書を誇《そし》るものも讃歎《さんだん》するものも、みな私とともに往生の縁を結んでほしい」と記した書状とともに、中国宋の天台山国清寺《こくせいじ》に送っています。龍谷大学所蔵の建長5年刊本には、その源信の書状と、国清寺で特別の廊屋《ろうおく》を造って本書が奉納された旨を伝える宋の商人周文徳《しゅうぶんとく》の書状が収録されています。

なおこの建長5年刊本には、『往生要集』の原本に関して「留和本《るわぼん》」と「遺宋本《けんそうぼん》」の2本があったとする説も末尾の刊記に記されています。「留和本」は源信がはじめて書き上げた草稿本で、中国に送った「遺宋本」はその留和本の一部を修正削除した再治本《さいちぼん》であるとするものです。はたしてこの2本説がどこまで史実を現しているのか、その当否は現在でも見解の分かれるところで、今後さらに解明されるべき研究課題です。

（高田文英）

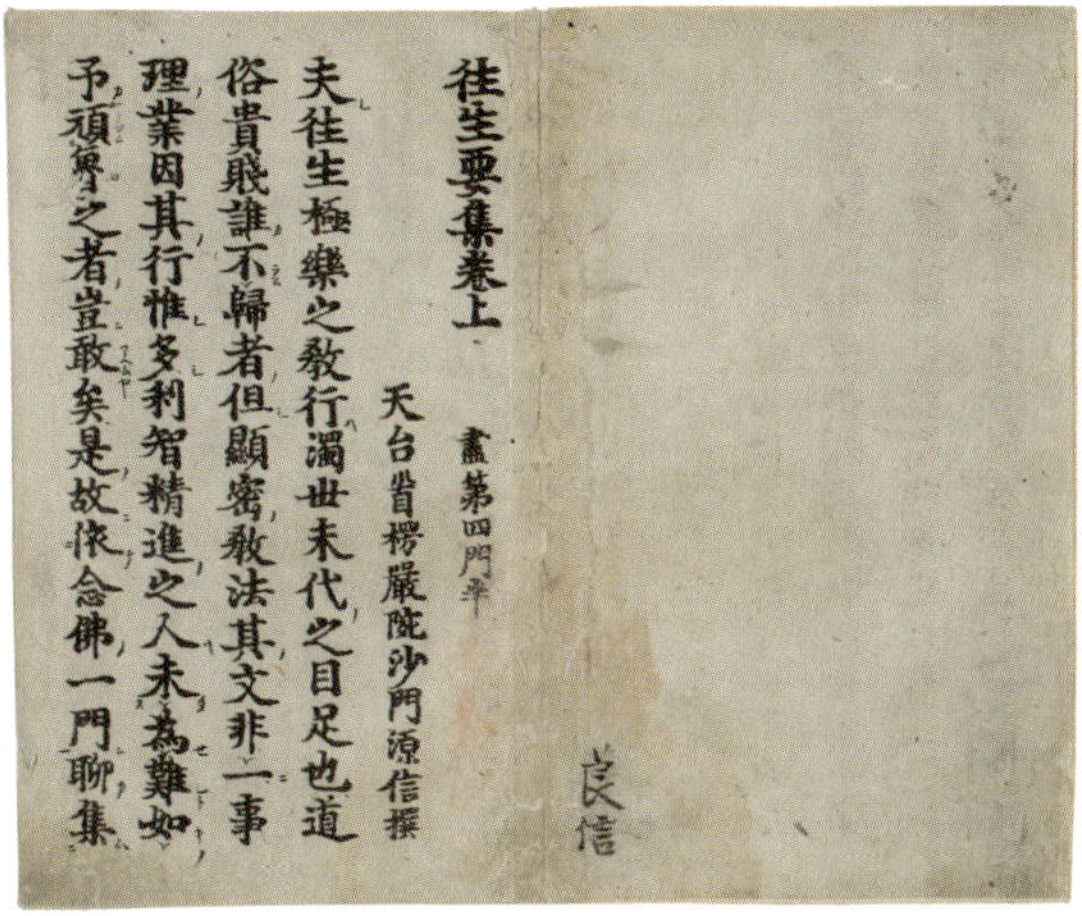
往生要集巻上　盡第四門半
天台首楞嚴院沙門源信撰
夫往生極樂之教行濁世末代之目足也道
俗貴賤誰不歸者但顯密教法其文非一事
理業因其行惟多利智精進之人未爲難如
予頑魯之者豈敢矣是故依念佛一門聊集
良信

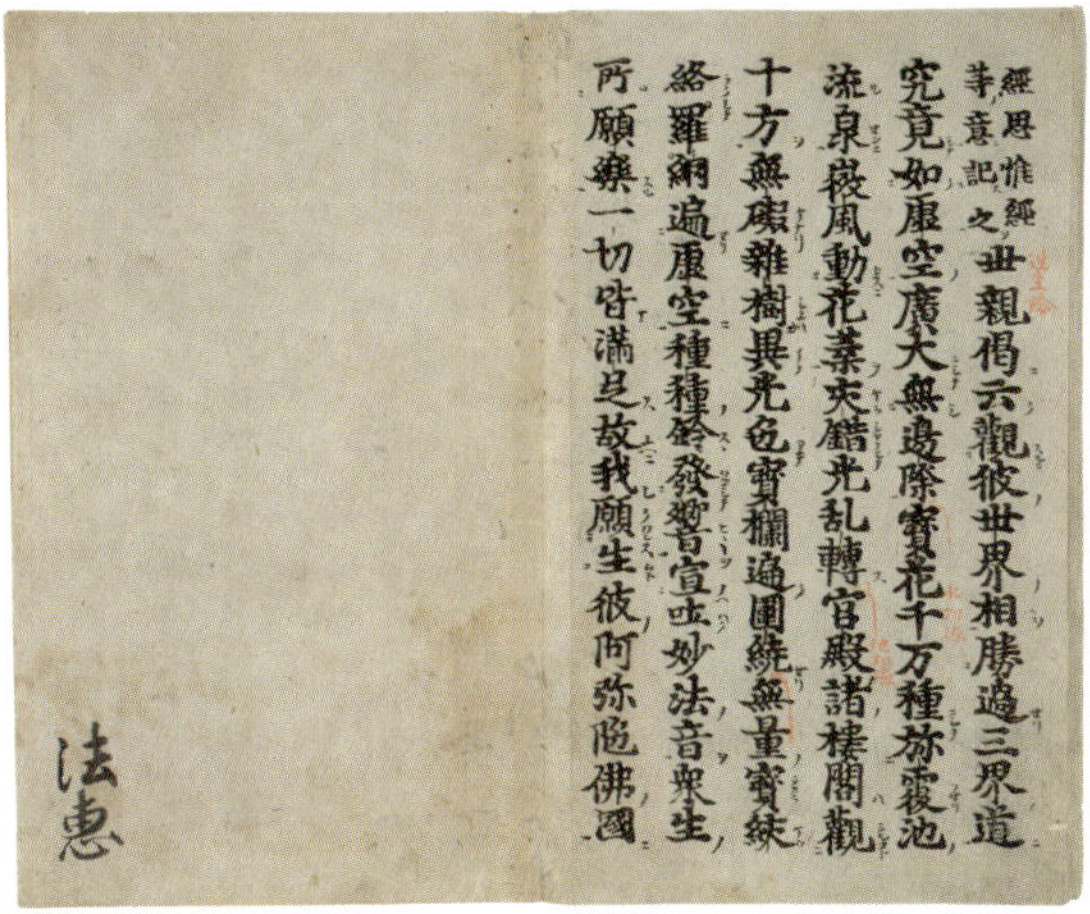
經思惟經等意記之世親偈云觀彼世界相勝過三界道
究竟如虚空廣大無邊際寶花千万種彌覆池
流泉微風動花葉交錯光亂轉宮殿諸樓閣觀
十方無礙雜樹異光色寶欄遍圍繞無量寶交
絡羅網遍虚空種種鈴發響宣吐妙法音衆生
所願樂一切皆滿足是故我願生彼阿彌陀佛國
法恵

写字台文庫所蔵の本書は摺写（しっしゃ）の状態が鮮明であり、建長5年刊本の中でも初刷りに近いと推察されます。

5つの修行方法・五念門《ごねんもん》を説いた浄土教の重要文化財

日本浄土教には三つの流れがある

悟りを開いた仏《ほとけ》が住む世界、それが浄土です。日本は特に阿弥陀仏《あみだぶつ》に関する研究や信仰が盛んでしたので、阿弥陀仏を中心とする日本の浄土教は発達の地域や考え方の違いから、南都《なんと》浄土教（三論宗《さんろん》・法相宗《ほっそう》・華厳宗《けごん》など）、叡山《えいざん》浄土教（天台宗）、密教《みっきょう》浄土教（真言宗）の三つに分かれると考えられています。日本史の教科書にも載っている、鎌倉時代の法然《ほうねん》（浄土宗）や親鸞《しんらん》（浄土真宗）は若い頃に比叡山（滋賀県）で修行していますので、そのルーツが天台宗にあることがわかります。

『念仏式』の作者・実範《じっぱん》

龍谷大学図書館には、『念仏式』と呼ばれる平安時代後期の浄土教古文献が所蔵されています。巻首の一部を欠くため、正式なタイトルも作者も不明とされてきました。しかし、本書に対してさまざまな検討が行われた結果、その作者が実範であることが判明したのです。

京都に生まれた実範は、若くして奈良の興福寺《こうふくじ》で法相宗を習い、京都の醍醐寺《だいごじ》で密教（真言宗）を修め、その後、比叡山の横川《よかわ》で明賢《みょうけん》（生没年未詳）から天台宗を学んでいます。青年時代には奈良市郊外の中ノ川《なかのがわ》に成身院《じょうしんいん》を創建し、晩年には東大寺の別所である光明山《こうみょうざん》に移り住み、この地で生涯を終えた有名な僧侶です。

『念仏式』は略称だった

本書の内容は、五念門（礼拝《らいはい》〈阿弥陀仏を礼拝する〉・讃歎《さんだん》〈阿弥陀仏をほめたたえる〉・作願《さがん》〈阿弥陀仏の浄

実範（1089？－1144、じっぱん／しっぱん／じつはん）著。
奥書の最後には「釋種苾蒭（しゃくしゅびっしゅ）」という文字が見えます。しかしよく見ると、その下には梵語（ぼんご／古代インドのことば）の一種である悉曇（しったん）文字による署名があり、本書が実範在世中の1135（長承４）年に門人の〝bodhi-āriya（＝覚聖／かくしょう）〟によって書写されたことがわかります。

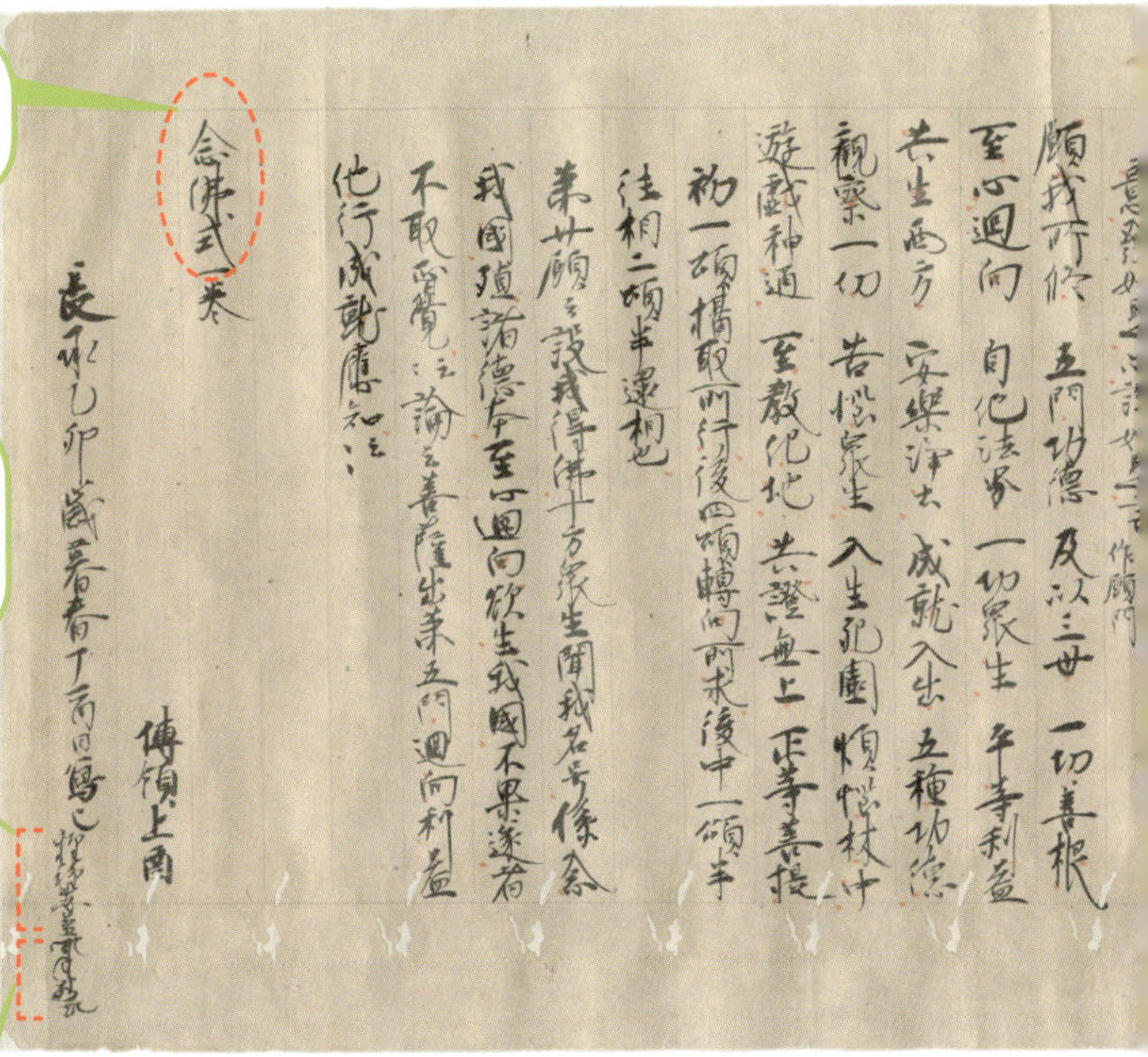

『念仏式』は略称だったことが判明。

「釋種苾蒭《しゃくしゅびっしゅ》」の釋種は仏弟子、苾蒭は修行僧という意味。

梵語の一種である悉曇文字による署名。

土に生まれたいと願う〉・観察《かんざつ》〈阿弥陀仏や浄土を心の中で観察する〉・回向《えこう》〈自身が修めた功徳《くどく》を他者にふりむける〉という修行方法によって、心の中に阿弥陀仏や浄土をありありと思い浮かべることを説くものです。わずか一巻の書でありながら、実に多くの経典や論典からの引用が見られます。その数はなんと39部。引用のなかに比叡山に住した恵心僧都源信《えしんそうずげんしん》（９４２－１０１７）の『往生要集《おうじょうようしゅう》』が含まれることから、『念仏式』は実範が明賢から天台宗を学んでいた時代に著された文献であると考えられています。また現在では、本書のタイトルがただしくは『往生論五念門行式《おうじょうろんごねんもんぎょうしき》』であったことも明らかになっています。

（村上明也）

地獄《じごく》・極楽図絵幅《ごくらくずえふく》――

語り継がれる地獄と極楽

「伝える」ために――すがたを変える『往生要集《おうじょうようしゅう》』

地獄の責め苦を生々しく描写するところから筆を起こし、餓鬼道《がきどう》、畜生道《ちくしょうどう》、阿修羅道《あしゅらどう》、人道、天道の六道《ろくどう》世界を苦しみを伴う場所として示したのちに、清らかな極楽浄土の世界を説く『往生要集』。六道と極楽の鮮やかな対比によって極楽浄土を求める気持ちを高めようとするねらいが明快に打ち出されたこの書は、天台宗の僧・源信によって９８５（寛和元）年に撰述されて以来、宗派を超えて受容され、日本人の死生観に多大なる影響を及ぼしてきました。

当初漢文で書かれていた『往生要集』は、より広く普及させることを目的にさまざまな工夫が加えられ、やがて江戸時代には挿絵付きの平仮名本として出版されるようになります。「仮名書き絵入り往生要集」は、１６６３（寛文３）年から嘉永年間（１８４８―５３）に至るまで、10種を超える版が刊行され、明治時代以降もその版木は使われ続けました。本作もまた『仮名書き絵入り往生要集』の版木を用いて制作されている点で、その伝統のなかに位置づけられます。ただし、本来メインであったはずの文章パートを排し、挿絵のみをピックアップして制作されている点に特徴があります。

「読む」から「語る」へ――『往生要集』の一展開

本作は２幅からなり、それぞれ４列６段で構成され、

地獄を中心とした六道世界の様子とともに、極楽に関わる場面が描写されます。１８４３（天保14）年の版木を用いたと思われる印刷部の上から施された彩色は荒いものの、仏身には金が用いられるなど、仏画の伝統を意識していることがうかがえます。

　ところで、各場面には当初の版木による場面解説の文言が施されていますが、装丁や色付けの際に文字部分が隠れてしまったため、改めて場面解説文を手書きで書き込んでいる区画が見うけられます。詞書《ことばがき》が取り去られ、より多くの人が見やすいように冊子《さっし》から掛幅《かけふく》へと形を変えていること、装丁後に施されたとみられる筆書きのメモがあることから、両幅の前に居並ぶ人々へ、描かれた内容を語って聞かせる人物の存在が想定されます。

　絵を用いて仏教思想をわかりやすく伝えること、いわゆる絵解きは、インドで仏教が誕生して以来、時代や地域を問わずさまざまなスタイルで行われてきました。視覚や聴覚に訴えかけつつ、文字を読めない人々にも親しみやすく仏教を伝えようとする先人たちの創意工夫を通じて、仏教は民衆にも浸透し、文化として定着していったものとみられています。本作には、１９０９（明治42）年に旧所有者が本軸を入手したとの裏書が見えます。テレビがまだ登場していない時代、人々は絵幅の前で語りに耳を傾けつつ、地獄の恐怖や極楽の美しさに思いを馳《は》せたことでしょう。

（打本和音）

阿弥陀如来坐像《あみだにょらいざぞう》

和様《わよう》の継承と新時代の息吹《いぶき》

伝統に鎌倉時代の新様式をプラス

日本の文化は、古来中国や朝鮮半島からの影響を多分に吸収して発展してきました。しかし平安時代後期には、日本固有の感性を表現しようとする気運が高まり、日本の風土と情趣に合う様式「和様《わよう》」が絵画、建築、文学などのあらゆる分野において花開きました。それは、彫刻の分野においても例外ではなく、１０５３（天《てん》喜《ぎ》元）年に仏師・定朝《じょうちょう》（？―１０５７）作の京都・平等院鳳凰堂《びょうどういんほうおうどう》本尊阿弥陀如来坐像において完成されたことから、「定朝様《じょうちょうよう》」とも呼ばれます。

平等院像は、薄い衣（大衣《だいえ》）を身にまとい、少し背を丸めてゆったりと座る皆金色《かいこんじき》の仏像です。丸顔で目は軽く見開き、なで肩で、衣の襞《ひだ》もごく浅く彫刻し、すべてがゆるやかな曲線で構成されます。この軽やかで穏やかな仏像の様式は、平安時代後期に日本中を席巻《せっけん》しました。

定印（じょういん）を結んで坐す阿弥陀如来像。肉身部には金箔（後補）が施されています。

龍谷ミュージアム所蔵の阿弥陀如来坐像の姿にも、平等院像との共通点を見出すことができます。しかし衣の襞に注目すると、太くしっかりと起伏が表されており、衣にも厚みが感じられます。これは、鎌倉時代に入って仏が我々の目の前に存在するという実在感が求められたことの表れでしょう。本像は和様を継承しながらも、鎌倉時代の新様式を取り入れた過渡期の様相を呈しているのです。

謎多き技法〝銅鋳造《どうちゅうぞう》〟

仏像は、土・漆《うるし》・木・金属・石などで造られます。本像は金属のうち銅を用いて造られた銅像ですが、その鋳造方法については不明な点が多くあります。

本像は、両手先を除く全身を一度に鋳造していると思われ、おおよそ次のような制作工程が想定されます。

① 大まかな形（中型《なかご》）を土で作る。
② 中型の上に蜜蠟《みつろう》（ミツバチの巣から得られる蠟）を盛りつけて、仏像の形を成形する。
③ さらに土（外型《そとがた》）を盛り付けて焼成する。
④ 焼成すると蜜蠟が熔け出し、中型と外型の間に隙間ができる。
⑤ その隙間に熔かした銅を流し込む。
⑥ 銅が冷えたら、外型を壊し、中型を取り去る。
⑦ 表面に鍍金《ときん》などの仕上げを施す。

背中には、丸い穴が開けられています。これは中型と外型が動かないようにするために、押さえ具を取り付けていた痕跡《こんせき》かもしれません。

さて、本像の像内を観察すると、背中の一部が木製であることに気づきます。これは、像の背中に何らかの衝撃が加わって損壊してしまったため、後世に木材で補ったものと考えられます。仏像など信仰の対象である仏教美術は、制作後しばらくしてから修理を行っている場合が少なくありません。これは、何百年、ときには一千年以上、信仰の対象として人々が大切に守り伝えてきた証《あかし》と言えるでしょう。

（丹村祥子）

像の底部。像内は像底から頭部にかけて大きく空洞になっています。銅の厚みは均一で、表面の起伏が像内からもわかります。

デジタルアーカイブコラム ①

Digital Archives Column

Chotscho《ホッチョ》

石窟《せっくつ》の仏教壁画集から彩色を推定

中国新疆《しんきょう》ウイグル自治区トルファン郊外にあるベゼクリク石窟第20号窟（ドイツ隊編号9号窟）にあった仏教壁画をまとめた書。同壁画をベルリンに移送する際、1辺1メートル弱にカットしました。その痕跡は同図版に明瞭に残っています。20号窟壁画の大半は誓願図《せいがんず》です。

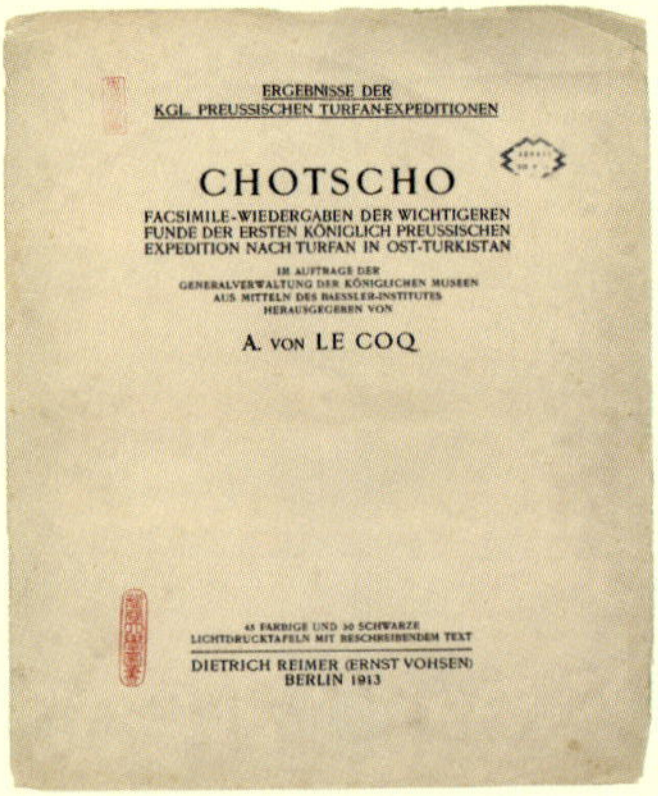

A.von Le Coq 著
Chotscho［高昌］
（1913年出版　Berlin）

誓願図とは、釈尊が前世においてバラモンや国王、商主（長者）・隊商の頭であった時、過去の仏に供養し、あるいは出家学道して、未来成仏の誓願を発する場面を描いた図と理解されています。誓願図の代表例としての「布髪本生《ふほっほんじょう》」は、Chotschoでは、リトグラフ（石版画）、高精細モノクロ印刷で出版されています。この図版から、彩色推定をおこない、復元を試みた壁面は、現在、龍谷大学大宮図書館玄関ロビーに「舟上の仏と隊商主」とともに展示しています。（岡田至弘）

右：
Chotscho 誓願図
<印刷図版>

左：
誓願図
<陶板による印刷復元>

第2章 浄土真宗のおしえ

Shin Buddhism

龍谷大学の建学の精神は「浄土真宗の精神」です。親《しん》鸞《らん》（１１７３―１２６３年）が説いた浄土真宗のおしえは長く大切に伝えられ、龍谷大学の根本的な拠《よ》り所《どころ》になるとともに、その教学や歴史的展開についての研究が今も深められています。本章では、浄土真宗に関連する多様な所蔵品の中から、宗祖である親鸞の生涯やおしえの継承に関する資料、全国的教団としての礎《いしずえ》を築いた蓮如《れんにょ》（１４１５―９９年）に関する資料、そして礼拝の対象となる名号《みょうごう》や仏像などをご紹介します。

親鸞の息遣《いきづか》いまで伝わってくる、自筆の『涅槃経』

さまざまな『涅槃経』と、親鸞の学びの軌跡

『涅槃経』の正式名称は『大般《だいはつ》涅槃経』であり、釈尊の入滅の叙述やその意義が説き示されています。『涅槃経』には、上座部《じょうざぶ》の『涅槃経』（西晋白法祖《せいしんびゃくほうそ》訳『仏般《ぶっぱつ》泥洹経《ないおんきょう》』など）と、大乗《だいじょう》の『涅槃経』（北涼《ほくりょう》曇《どん》無《む》讖《しん》訳『大般涅槃経』など）があります。大乗の『涅槃経』には、一切衆生《いっさいしゅじょう》は仏となる可能性を持っているとする「悉有仏《しつうぶっ》性《しょう》」思想など、日本仏教に多大な影響を与えた思想が多く説かれており、各宗派に共通して重んじられてきた経典であるといえます。

龍谷大学図書館には親鸞（１１７３—１２６３年）自筆の『涅槃経』があります。その文言から、劉宋《りゅうそう》の慧厳《えごん》（３６３—４４３年）らが校合《きょうごう》・訂正した『大般涅槃経』（通称「南本」）を親鸞が書写したものであることが確認できます。三重県にある高田専修寺《せんじゅじ》が所蔵する『大般涅槃経要文《だいはつねはんぎょうようもん》』は、北涼の曇無讖訳『大般涅槃経』（通称「北本」）を親鸞が抜き書きした書物として知られていますが、本資料から、親鸞は北本だけでなく南本からも影響を受けていたことがわかります。

左ページに掲げた箇所は第18巻の一部であり、朱筆によって送り仮名や返り点が付されています。おそらく当初はこの前後を含めた箇所も書写した巻子本《かんすぼん》、あるいは他の聖教の抜き書きと一緒に綴じた冊子本《さっしぼん》の形態であったものが、後に分与されていったと推測されます。

『涅槃経』は親鸞思想の重要なエッセンス

親鸞の主著である『顕浄土真実教行証文類《けんじょうどしんじつきょうぎょうしょうもんるい》』（以下、

『教行信証《きょうぎょうしんしょう》』は、「文類」の名が示すように多くの経典や論釈《ろんしゃく》（経典の注釈）が引用された聖教です。経典については、『仏説無量寿経《ぶっせつむりょうじゅきょう》』をはじめとする「浄土三《じょうどさん》部経《ぶきょう》」やその異訳経典《いやくきょうてん》の引用が多いことはもちろんですが、加えて『涅槃経』も引用される頻度や分量が非常に多いことが知られています。

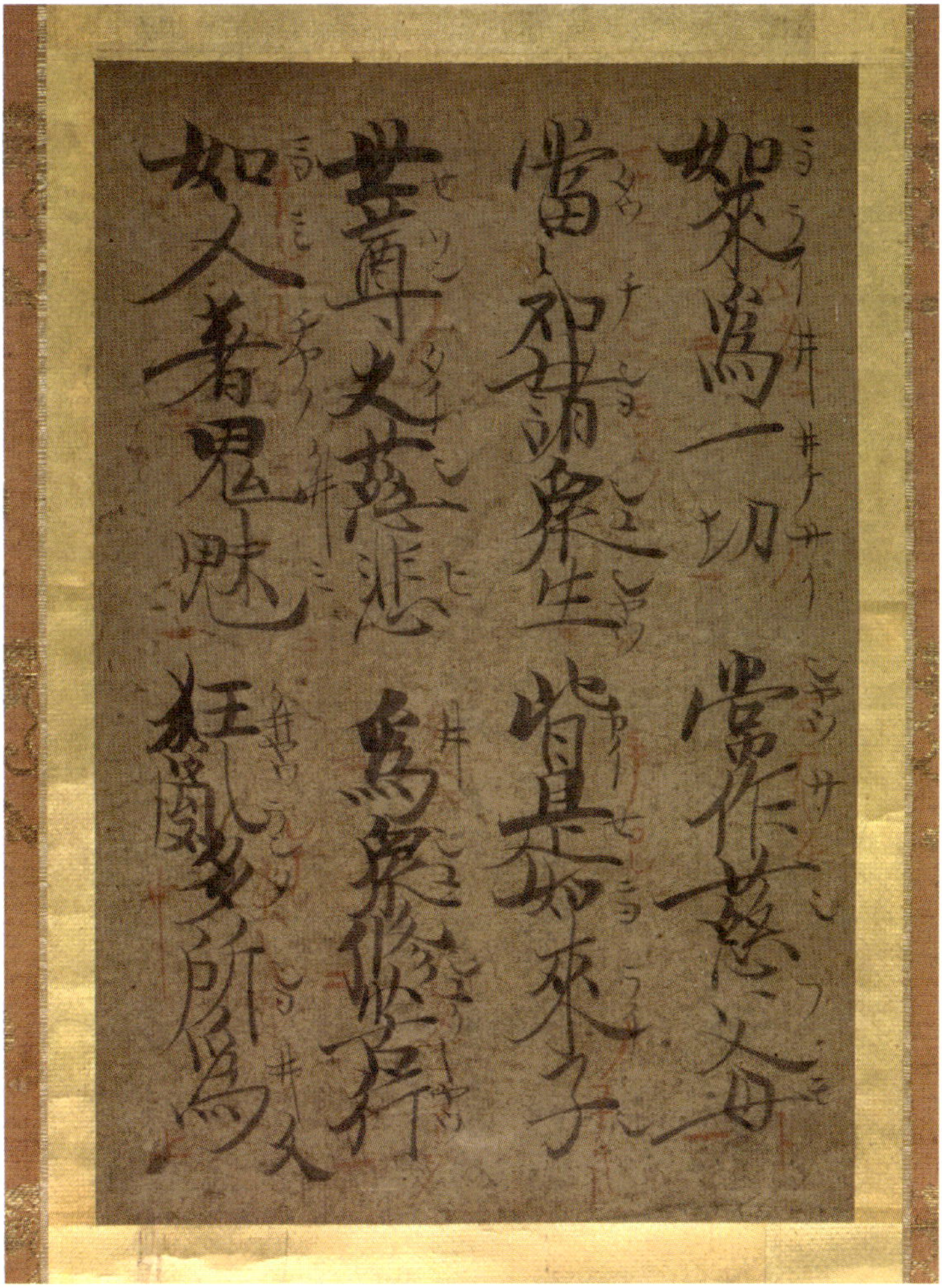
親鸞自筆の経文。朱筆で送り仮名や返り点が付されています。

親鸞は『涅槃経』に説かれる阿闍世王《あじゃせおう》の物語を『教行信証』信巻の「明所《みょうしょ》被機《びき》」に引用することで、阿弥陀仏の救済の対象とはいかなる存在であるのかを明らかにしています。また、浄土真宗の法義を和語で讃じている「和讃《わさん》」にみられる仏性の理解なども、『涅槃経』の影響を受けていることが指摘されています。

（能美潤史）

しんらんき

出版時代の夜明け 親鸞伝《しんらんでん》と大衆娯楽

極めて稀少な古活字版《こかつじばん》の一書

この本が刊行されたのは、江戸時代初期の寛永《かんえい》年間（１６２４―４５年）です。日本の商業出版の歴史は、ちょうどこの時代、京都の地に遡《さかのぼ》ることができます。もちろん、日本の印刷文化の歴史はさらに古く、奈良時代にまで遡らねばなりません。しかし、営利を目的とした商業出版の場合、「本屋の存在が世の中に定着した」と断言することができるのは、やはり寛永年間ということになります。ですから、この本は、商業出版が始まって間もない頃に刊行されたものだということになります。

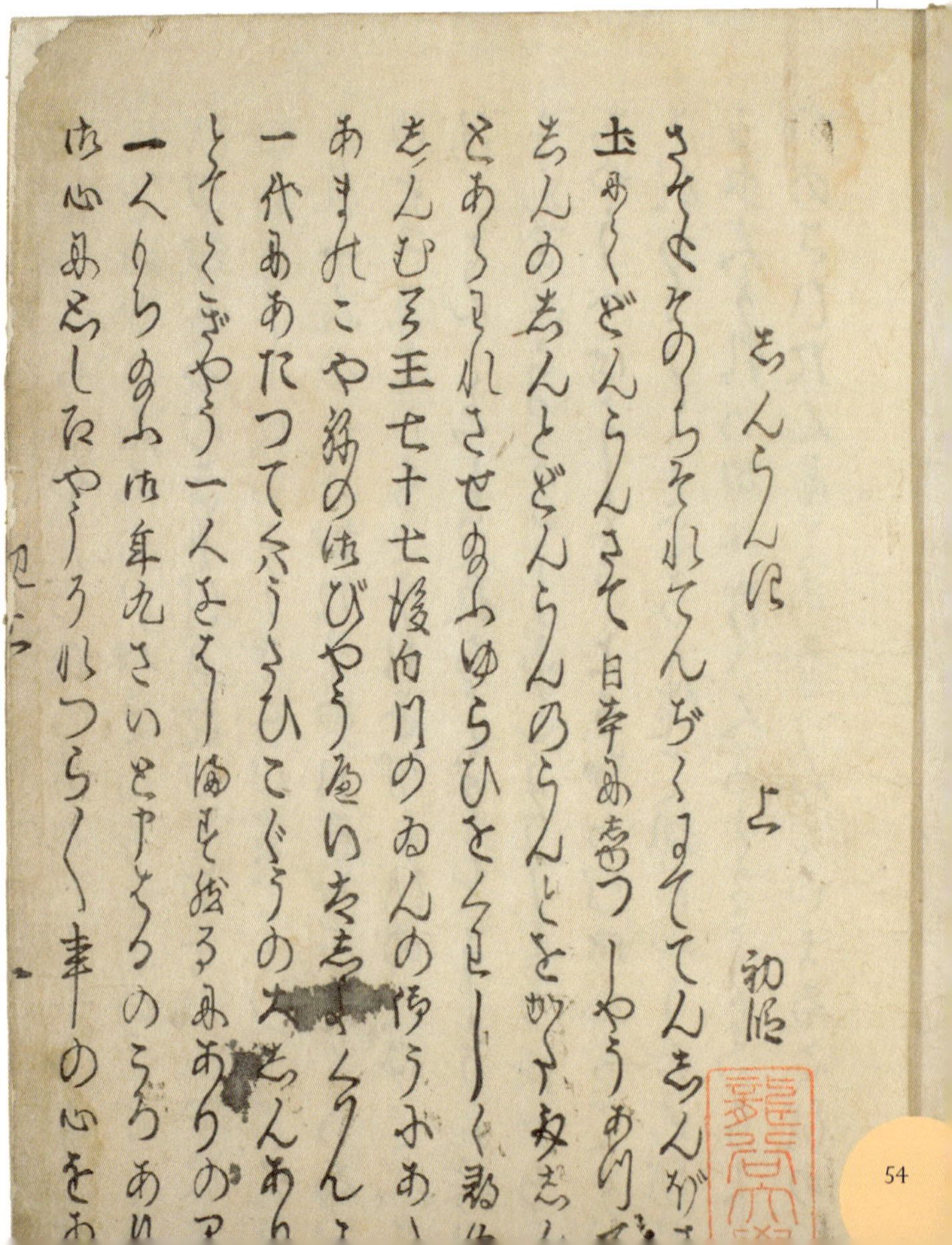

次に印刷方法ですが、この本は木活字（木製の活字）で印刷されたものです。江戸時代初期の活字印刷物を「古活字版《こかつじばん》」あるいは「古活字本《こかつじぼん》」・「古活字刊本《こかつじかんぽん》」とい

います。朝鮮で確立した印刷術によるものです。この本はそのなかの一つで、伝存は極めて稀少です。古活字版は、正保《しょうほう》年間（1644―48年）以後激減していき、木版印刷の本（整版本《せいはんぽん》）が一般化していきます。

当時最先端の大衆娯楽として

この本は、書名のとおり、浄土真宗の宗祖親鸞の物語です。日本文学には、仏教文学と呼ばれるジャンルの諸作品が存在します。それらの作品に接するときには、信仰心がとても重要です。ただし、学問研究はあらゆる人々に開かれた世界です。「無信仰な人には関係ありません」というのでは、まったく話になりません。

仏教説話の数々は、江戸時代以前から庶民にとって貴重な「面白い話」でした。地獄絵や寺社の由来の物語を描いた大型の掛軸は、庶民的な娯楽のご先祖様といったところでしょう。ただし、その絵の傍《かたわ》らで迫真の演技で語った人々は、いずれも宗教者であったと考えられています。これに対し、この本の作者は「宗教者ではない」というのが現在最も信頼し得る学説なのです。

では、「作者が宗教者ではない」ということには、どのような意味があるのでしょうか。この本の本文は、古《こ》浄瑠璃《じょうるり》の本文です。古浄瑠璃とは、近松門左衛門《ちかまつもんざえもん》が活躍する以前の浄瑠璃のこと。ハッキリ言ってしまえば、娯楽本意の芸能の本だというわけです。結局のところ、本願寺に日本全国から参詣する大勢のご門徒さん・僧侶を「市場（マーケット）」とみなす芸能関係者が、親鸞の物語を演劇化し、それを上演・刊行したということなのではないでしょうか。それが、商業出版の黎明期《れいめいき》だというのですから驚きです。仏教文学・説話文学の一大変革期といったところでしょうか。この本が存在することによって、そのようなことがわかるわけです。

ところで、「読んでから見るか　見てから読むか」というキャッチコピーをご存じですか。今から約40年前、テレビでもラジオでも、このキャッチコピーを聞かない日はありませんでした。CMの主は角川書店（株式会社ＫＡＤＯＫＡＷＡ）。その商業戦術は、映画の上映と文庫本の発売とを同時に行って、一挙両得の利益を得るという、世に「角川商法」と呼ばれるものでした。『しんらんき』も、それと同じように、浄瑠璃の上演と本の刊行との間にそれほどのタイムラグはないと考えられています。

（和田恭幸）

『教行信証《きょうぎょうしんしょう》』のダイジェスト版！浄土真宗で初出版された漢語聖教《しょうぎょう》

謎多き重要な教義書

親鸞によって著された本書は、親鸞の主著『顕浄土《けんじょうど》真実教行証文類《しんじつきょうぎょうしょうもんるい》』（以下、『教行信証』と表記）に対して、内容的にそれを要略したものとなっています。つまり『教行信証』のダイジェスト版のような書物であり、浄土真宗の教義を知る上で、たいへん重要な位置づけを持つ書物です。

『教行信証』を別名で「本典」「広文類」「広書」と呼ぶのに対し、本書は「略伝」「略文類」「略書」と呼ばれています。当然ながら『教行信証』とよく似ていますが、内容を異にしている部分もありますから、研究者はその違いに注目して研究してきました。

本書は親鸞がいつ著したのか、その年時が明らかではありません。おおよその執筆年時が確定している『教行信証』との関係において、どちらが先に成立したのか。そして、そもそもなぜ執筆されたのか。どちらが親鸞の中で発展深化していった思想なのか。そうした視点も、しばしば学者の議論の的《まと》になってきました。

出版人・准如《じゅんにょ》のサイン本

龍谷大学が所蔵しているのは、本願寺第12代宗主である准如が１６０２（慶長７）年に開版（出版）したものです。これが浄土真宗において漢語聖教が「書写」ではなく「出版」された最初に当たります。

当時の最新技術である活版印刷技術（古活字版・木活字）を用いた斬新な手法を駆使して刊行されており、准如のつよい意気込みが感じられるところです。

准如が開版した本は、准如の花押《かおう》（今でいうサイン）を持つものと持たないものとが現存していますが、本資料は花押のあるものです。資料をみれば、もとは返り点などがついていない白文の状態で出版されたことが知られますが、本文には随所に墨書による右・左仮名・返り点・合符や、朱書による左仮名・合点《がってん》・異本情報などの書き込みが見られます。

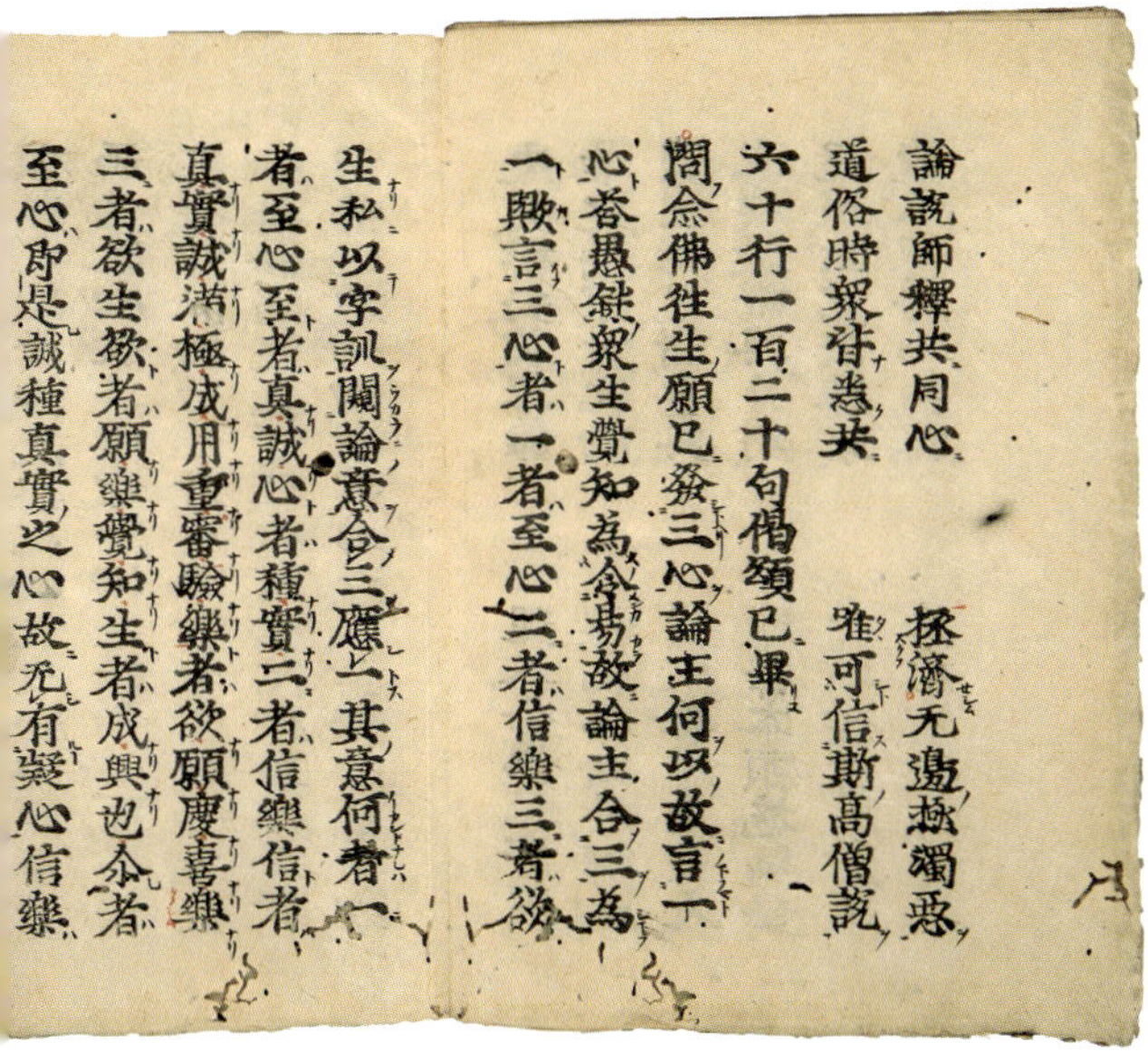

仮名やレ点（返り点）などは出版後に書き込まれたもの。
１巻１冊　親鸞著　1602（慶長７）年刊　縦 26.1 ×横 18.9cm

浄土真宗の歴史において、聖教が伝授される場合、とりわけ書写や読誦に関しては、古来、宗主の許可が重んじられてきました。そうした故実から見て、本資料は商業出版ではなく、おそらく准如が聖教を伝授するに当たって用いた私版ではないかと推測されており、貴重な位置づけを持つものです。

（井上見淳）

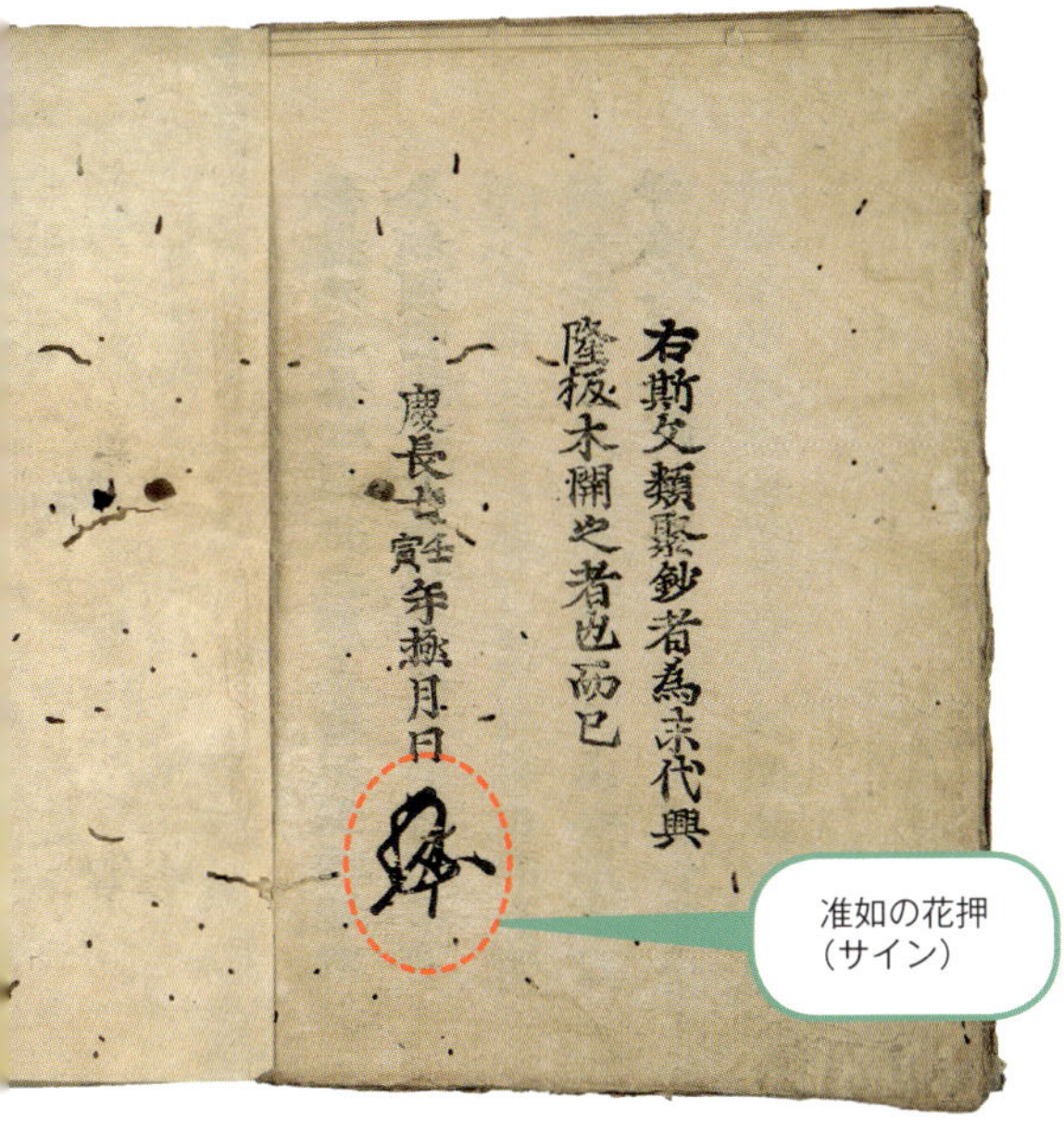

黒谷上人語燈録《くろだにしょうにんごとうろく》（和語）

収集量はこれがダントツ！
門弟が編んだ法然《ほうねん》語録

圧巻の3部構成、全18巻

浄土宗の開祖法然が亡くなった後、その遺文や法語などを遺そうと門弟たちによっていくつかの語録が編纂《へんさん》されました。『法然上人伝記』（醍醐本《だいごぼん》）や『西方指南抄《さいほうしなんしょう》』はその最初期のものですが、それらに続いて浄土宗鎮西《ちんぜい》派《は》三条流《さんじょうりゅう》の祖である了恵道光《りょうえどうこう》により編纂されたのが『黒谷上人語燈録』です。

法然語録のなかでも『黒谷上人語燈録』は最もページ数の多い大がかりなもので、法然の著作や講義録、消息や法語、問答などさまざまな形式のものが集められています。3部構成で、1274（文永11）年成立の『黒谷上人語燈録』10巻（漢語）、翌年成立の『黒谷上人語燈録』5巻（和語）、ついで成立した『拾遺《しゅうい》黒谷語録』（上巻漢語、中下巻和語）3巻からなっています。

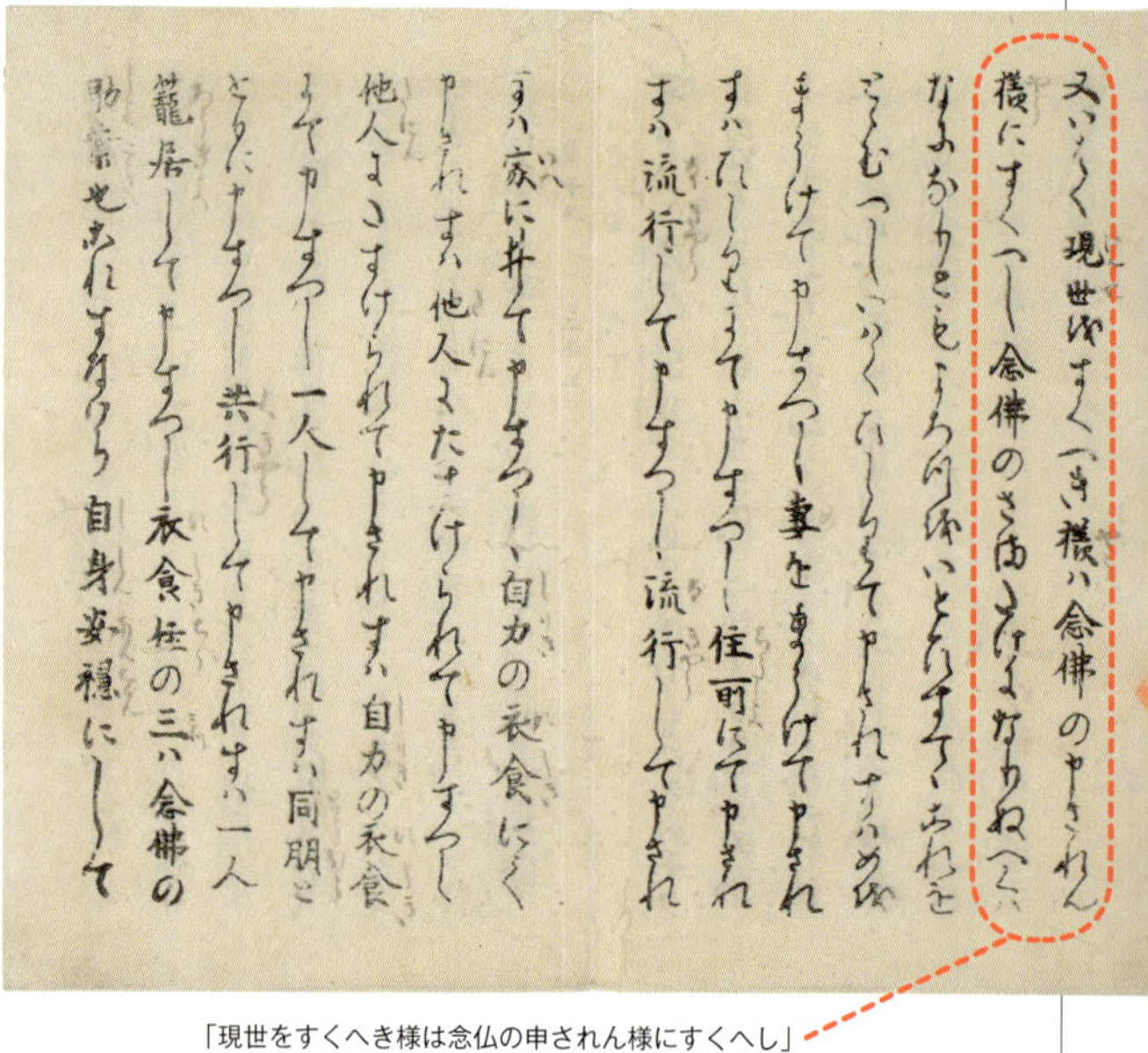

「現世をすくへき様は念仏の申されん様にすくへし」
念仏者の生活の心得が平易な和文で記されています。

平仮名混じり文で出版された現存最古の書

龍谷大学が所蔵しているのは「元亨版和語燈録《げんこうばんわごとうろく》」と通称される1321（元亨元）年に出版された本で、和語

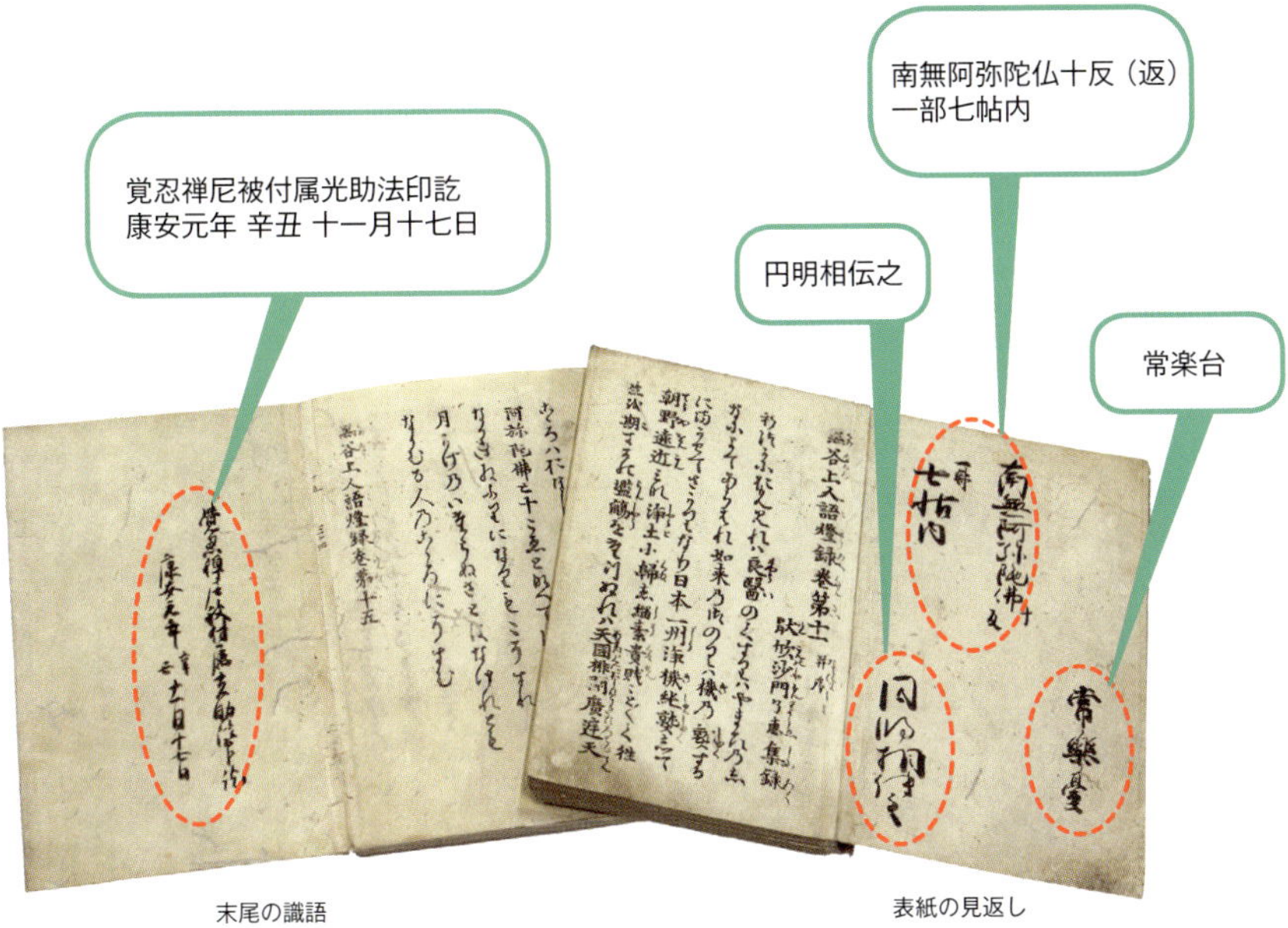
覚忍禅尼被付属光助法印訖
康安元年 辛丑 十一月十七日
南無阿弥陀仏十反（返）
一部七帖内
円明相伝之
常楽台

末尾の識語　　表紙の見返し

表紙とこの見返しにより、本書はもとは蓮戒尼から円明という僧に相伝されたものであるとわかります。

の『黒谷上人語燈録』5巻と『拾遺黒谷語録』のうちの和語の中下巻との計7巻からなります。この「元亨版和語燈録」は、編者の了恵自身が直接手がけた現存唯一の版本として、法然を研究するうえで重要な意味をもっています。また、平仮名混じり文で出版された現存最古のものとして、出版史上でも大変貴重なものです。

識《しき》語《ご》には情報が満載なので要チェック！

本書の各巻の識語（本文の前後に付された書誌情報）には「覚忍禅尼被付属光助法印訖／康安元年 辛丑十一月十七日」とありますが、その識語を書いた人物の名は記されていません。しかし、実はこの識語と同じ筆跡で同じ識語を持つものに龍谷大学所蔵『無《む》量寿経《りょうじゅきょう》』鎌倉時代刊本があり、そこからこの識語を書いた人物は本願寺第3代宗主覚如《かくにょ》の長男存覚であること、そして存覚の仲介によって本書を初めとする聖教が覚忍禅尼から存覚の第4子光助《みつすけ》（巧覚《ぎょうかく》）に相伝されたことが判明します。こうした識語などから見えてくる聖教の流伝の経緯にも興味深いものがあります。

（高田文英）

親鸞《しんらん》の曾孫《ひまご》による自筆本。子孫へ脈々と受け継がれた教えの真髄《しんずい》

墓所→寺院→教団へと発展させた覚如《かくにょ》

本書の著者は、親鸞の曾孫であり、本願寺第3代宗主に位置づけられる覚如（1270―1351）です。この覚如は、親鸞の墓所であった「大谷廟堂《びょうどう》」を寺院化して「本願寺」を創建した人物であり、教義的にも整理をすすめ、のちに日本最大規模となる本願寺教団の基礎を、さまざまな方向から固めていきました。

曾祖父から受け継がれた教え

1331（元弘《げんこう》元）年に行われた御正忌報恩講《ごしょうきほうおんこう》（親鸞の命日法要）にあたって覚如が、親鸞の孫で、父・覚《かく》恵《え》の従兄弟《いとこ》である如信《にょしん》から伝授された教えの真髄を、1日3座ずつ7日間、総計21回にわたって口述しました。本書はそれを門弟の乗専《じょうせん》が書き取ったものです。

覚如が法然―親鸞―如信の3代にわたる法脈を経て、自身に浄土真宗のおしえが伝承されたとする「三代伝持の血脈」について本書内で初めて明らかにしています。これは当時、親鸞に直接会ったことのある門弟が存命の中、親鸞往生の後に誕生した自身の立場を明確にするためには、どうしても必要な手続きでした。

また、本書には、真宗教義の中核が信心正因《しんじんしょういん》（信心が往生成仏《おうじょうじょうぶつ》の正しい因である）、称名報恩《しょうみょうほうおん》（仏の名号を称えることは、如来大悲《にょらいだいひ》の恩に報いることである）にあると述べています。この信心正因・称名報恩という理解は、親鸞の開いたおしえの核を、最も簡潔に示した理

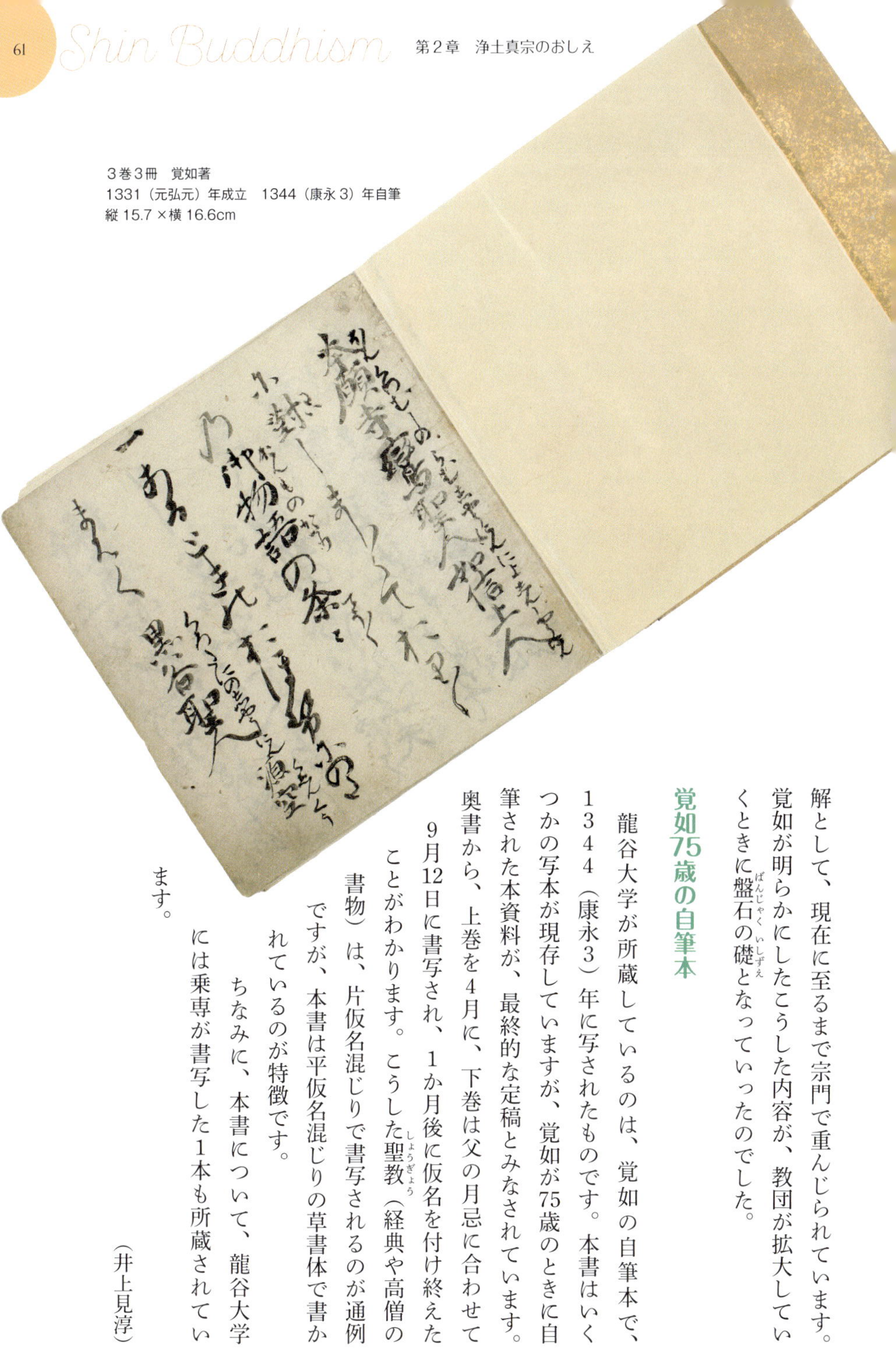

3巻3冊　覚如著
1331（元弘元）年成立　1344（康永3）年自筆
縦15.7×横16.6cm

解として、現在に至るまで宗門で重んじられています。覚如が明らかにしたこうした内容が、教団が拡大していくときに盤石《ばんじゃく》の礎《いしずえ》となっていったのでした。

覚如75歳の自筆本

龍谷大学が所蔵しているのは、覚如の自筆本で、1344（康永3）年に写されたものです。本書はいくつかの写本が現存していますが、覚如が75歳のときに自筆された本資料が、最終的な定稿とみなされています。奥書から、上巻を4月に、下巻は父の月忌に合わせて9月12日に書写され、1か月後に仮名を付け終えたことがわかります。こうした聖教《しょうぎょう》（経典や高僧の書物）は、片仮名混じりで書写されるのが通例ですが、本書は平仮名混じりの草書体で書かれているのが特徴です。

ちなみに、本書について、龍谷大学には乗専が書写した1本も所蔵されています。

（井上見淳）

破邪顕正抄《はじゃけんしょうしょう》

専修念仏《せんじゅねんぶつ》に対する間違った批判に真《ま》っ向《こう》から立ち向かう！

専修念仏への批判を一蹴《いっしゅう》する書

浄土宗の祖である法然（1133—1212年）が、ただ一心に念仏をとなえることで救われるという「専修念仏」の教えを広めて以降、念仏以外の行を廃していくというその教義に対して、とりわけ他宗から厳しい批判がなされてきました。そこで、専修念仏に対する批判や誤解に応答することを目的とした書物がいくつも著されていきます。本書もそのひとつです。『破邪顕正抄』という書名には、念仏に対する間違った見解を破り、専修念仏の教えの正当性を顕《あきら》かにするという意味が込められています。

本書の著者は、本願寺第3代宗主の覚如《かくにょ》（1271—1351年）の長男である存覚《ぞんかく》（1290—1373年）です。存覚は親交のあった仏光寺了源《りょうげん》（1295—1336年）からの請《こ》いに応じて、1324（元亨《げんこう》4）

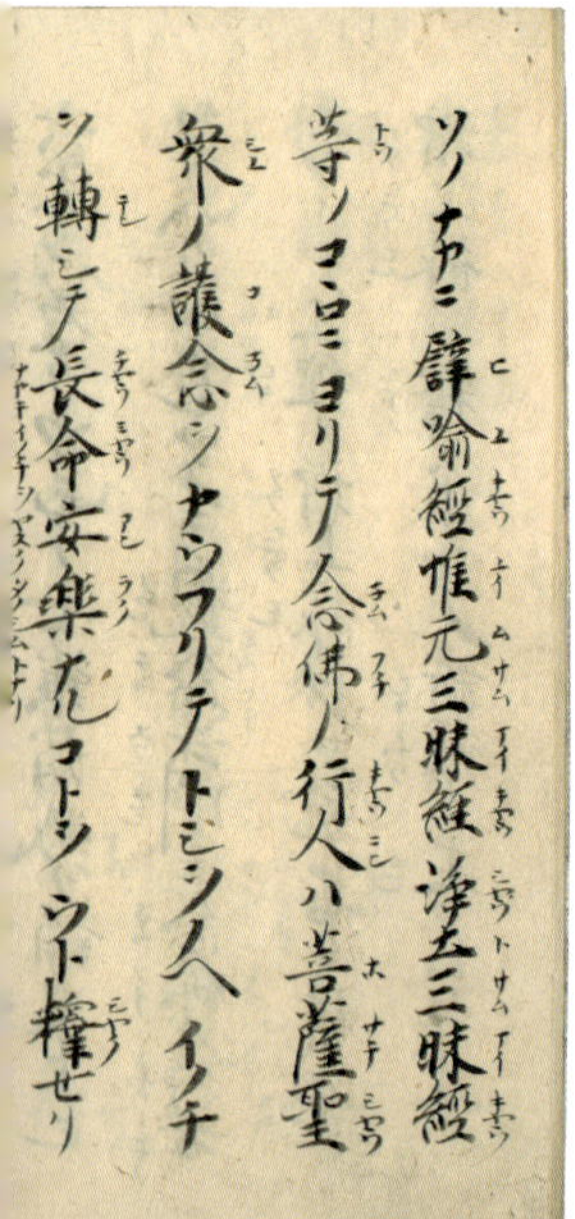

年に本書を著しました。また存覚は後に、本書を片仮名混じり文から漢文体に改めたものも制作しています。

念仏こそ末法の世で救われていく道

本書の内容は、専修念仏に向けられた非難に対して、存覚の見解が17箇条にわたって詳述されています。また、冒頭の一文は朝廷の念仏停止《ちょうじ》に対する訴願状の形式（申し状の形式）が取られていることから、「破邪顕正抄 申《もうし》状《じょう》」と呼ばれる場合もあります。そして、最後は、釈尊が入滅されて長い年月を経た末法の時代を生きる者にとって、念仏こそが唯一の救いの道であると結ばれています。

龍谷大学所蔵の図版を見ていただくと、上巻奥書《おくがき》には「大谷本願寺親鸞上人之御流之正理也／本願寺住持存如（花押）」とあることから、本書写本は本願寺第7代宗主である存如《ぞんにょ》（１３９６―１４５７年）によって書写されたものであることがわかります。上・中・下巻の3巻すべてが揃う書写本としては本書が最古のものです。

（能美潤史）

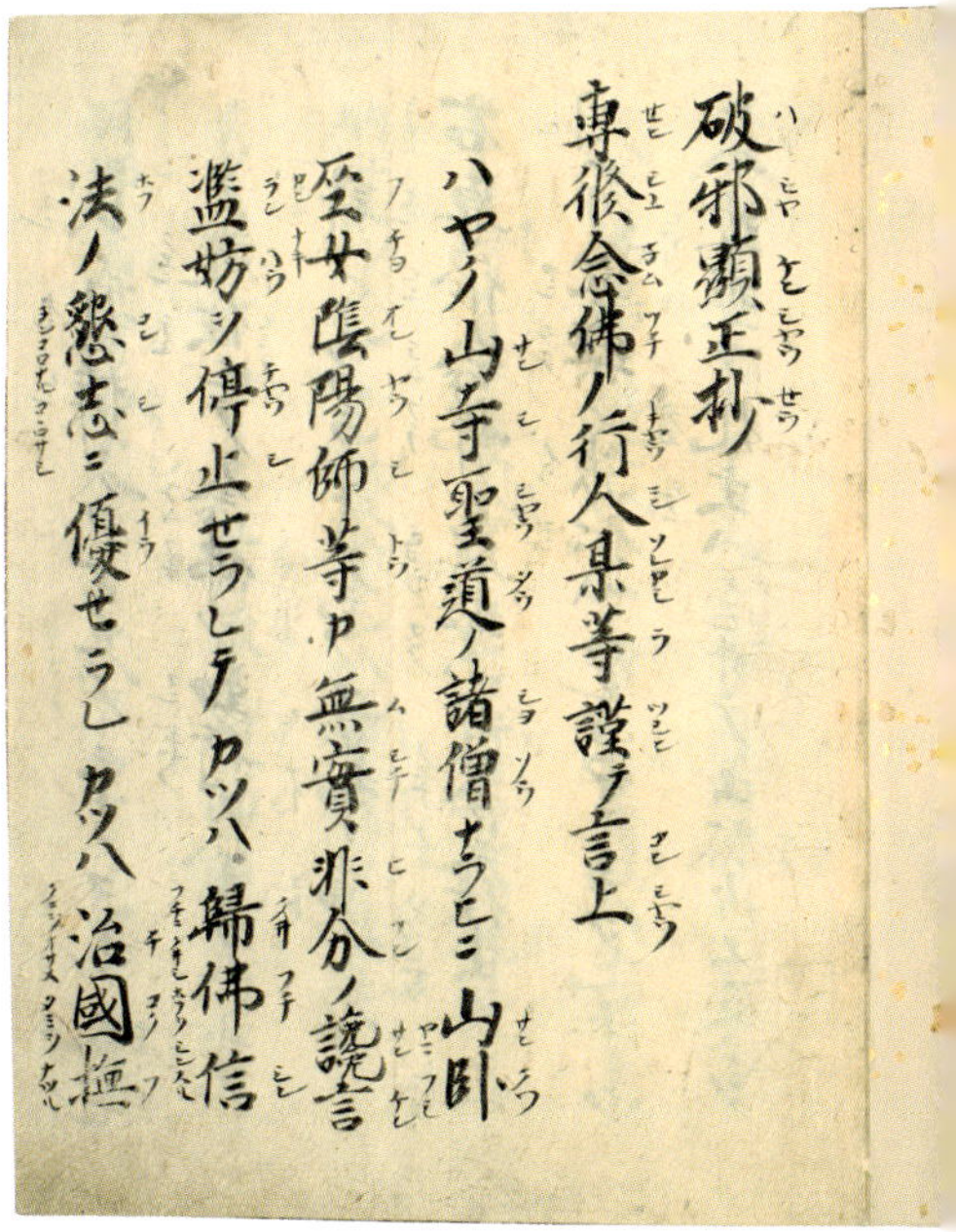

「専修念仏ノ行人某等謹テ言上」の文言から始まる冒頭部分。

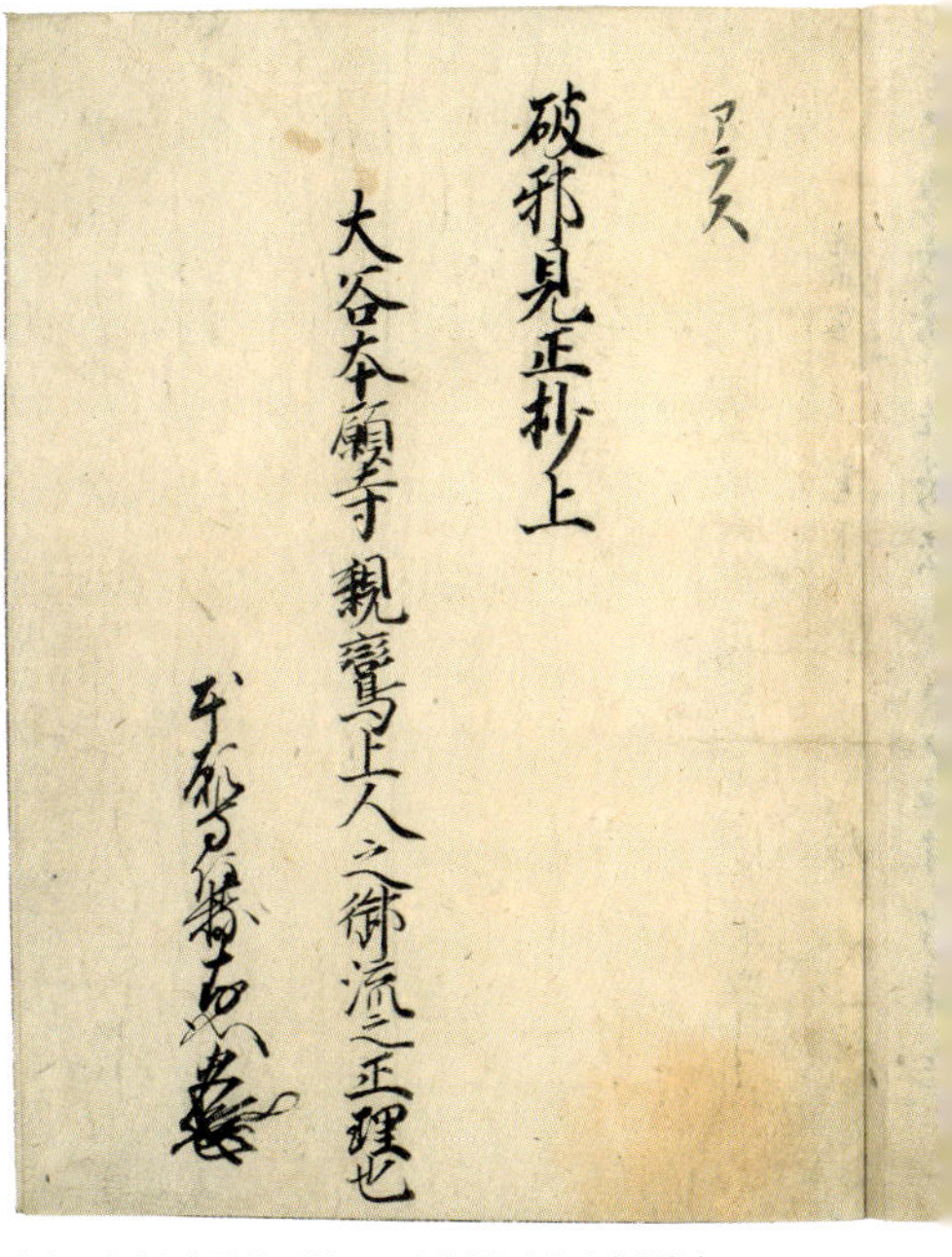

本書の内容や書写者に関しての奥書がみられる上巻巻末。

本願寺を巨大な教団へ発展させた蓮如が息子に宛てた手紙

5人の妻と27人の子供

本願寺第8第宗主の蓮如（1415—99年）は、本願寺の影響圏を飛躍的に拡大させた人物として知られています。蓮如は浄土真宗の教義を和語でわかりやすく記した『御文章《ごぶんしょう》』を用いて、各地に積極的な伝道を行い、本願寺を巨大な教団へと発展させました。これにより、「本願寺中興の祖」、あるいは「中興上人」などと呼ばれています。

蓮如は妻に次々と先立たれたことから、生涯で5人の妻を迎えました。それらの妻との間には、27人の子に恵まれました。蓮如は子供たちを各地の有力寺院に入寺させることで、その基盤をより強固なものとしていきました。

蓮如と四男蓮誓《れんせい》との関係が垣間《かいま》見える内容

本書状は蓮如から四男の光教寺蓮誓（1455—21年）に宛てたものです。主な内容としては、それまで「光専坊」と名乗っていた蓮誓に対して、今後は「光闡坊《こうせんぼう》」と名乗るようにという蓮如からの指示が記されています。『日野一流系図』にも「光専坊改光闡坊」とあることから、この書状によって字を改めたのだと思われます。続いて本文には、蓮如の2番目の妻である蓮祐《れんゆう》（1438—70年）の7回忌に際して蓮誓から送られた懇志へのお礼も述べており、蓮如と蓮誓との良好な関係も見てとることができます。

また、1470（文明2）年に往生した蓮祐の7回忌ということですから、本書状は1476（文明8）年に記されたものであることがわかります。

最後に、手紙の本文を記しておきます。

（能美潤史）

（包紙上書）
（端裏切封墨引）
「　　信証院
光闡坊御房　蓮如
　　御返事　　」
尚々光闡之字
　此闡にて
　　御心へ候へく候。
十一月廿八日分二百疋、
蓮祐七年分
二百疋分慥請取了。
其方造作事、
今よりのちハ

くるしからす候。能々
心へられ候へく候。
又こそておもて、
与四郎ひんきも
下へく候。と〻き候哉。
又此方何事
候ハす候。心易く候へく候。
以面承候へく候。
　あなかしく。
十一月十一日　蓮如（花押）
光闡坊御房
御返事

蓮如から四男の蓮誓へ送られた手紙。

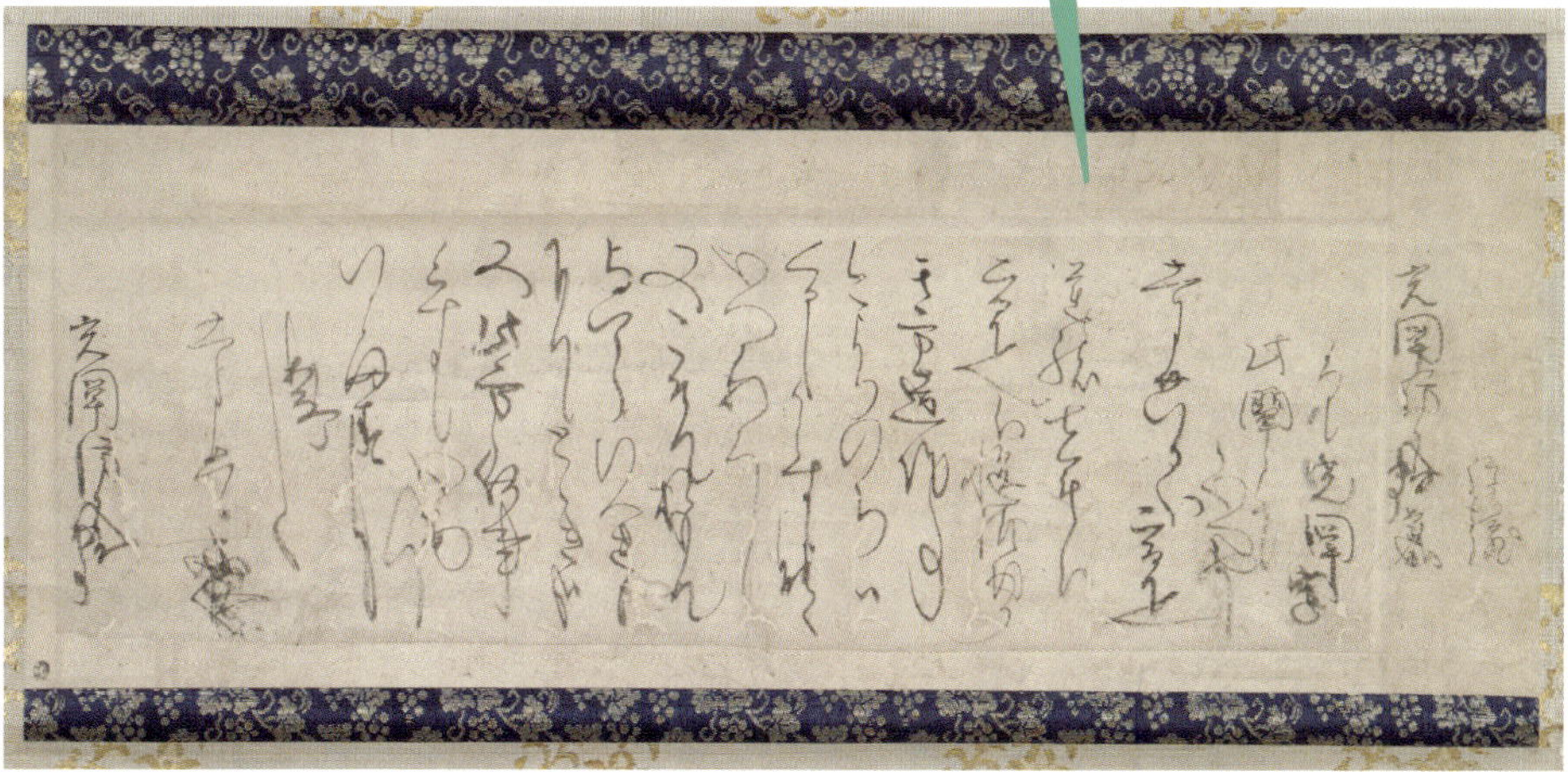

15巻におよぶ玄智《げんち》の大仕事 これが本願寺史の決定版！

博覧強記《はくらんきょうき》の学僧・玄智

江戸時代の仏教界は学問研究が隆盛し、とくに本願寺（通称、西本願寺）教団は大いに学問を奨励したため、多くの学僧が輩出《はいしゅつ》しました。名だたる学僧たちの中でも博覧強記で有名な大学者が玄智（1734―94年）です。

玄智は真宗大谷派（通称、お東）の寺院に生まれましたが、8歳にして母を喪《うしな》い、10歳余にして父に導かれ本願寺派（通称、お西）の学僧僧樸《そうぼく》の門に入りました。この頃から記憶力抜群かつ日夜学問に励み、人々から文殊《もんじゅ》小僧《こぞう》と呼ばれ、13歳にして『阿弥陀経《あみだきょう》』の講録を著したと伝えられます。師僧僕の推挙により京都西六条慶證《きょうしょう》寺《じ》の玄誓《げんせい》の嗣《し》となり、26歳で同寺第7世となると、本山

証如上人伝。
欄外上部にも玄智自筆の注記が書き込まれています。

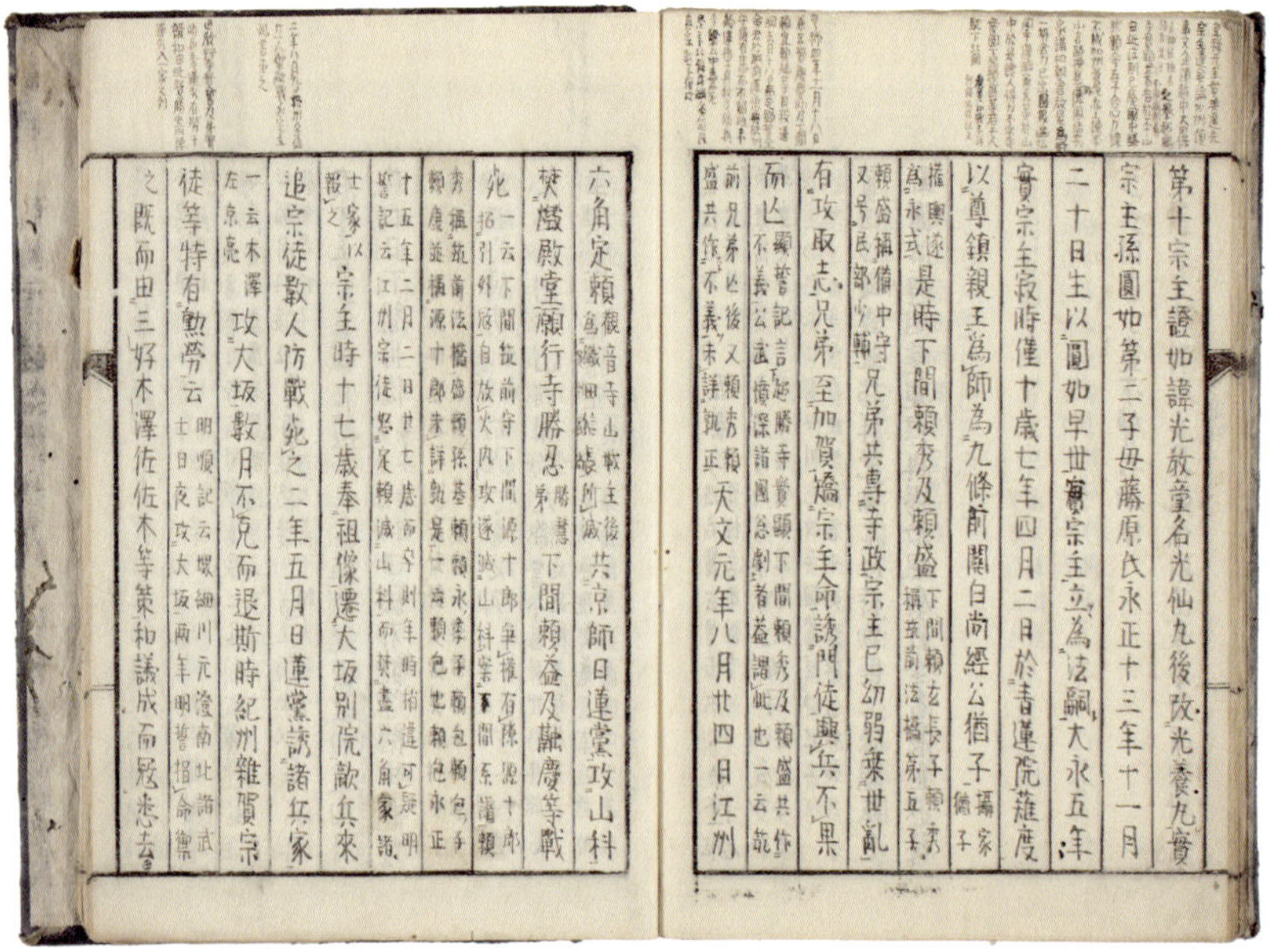

（本願寺）の法務を掌《つかさど》る御堂衆《みどうしゅう》を務めながらその生涯をかけて数多《あまた》の学問的労作を世に問いました。

その著述は『浄土三経字音考《じょうどさんぎょうじおんこう》』1巻・『十二礼冠註《じゅうにらいかんちゅう》』1巻・『横川法語述賛《よかわほうごじゅっさん》』1巻・『正信偈義指《しょうしんげぎし》』4巻・『考信録《こうしんろく》』5巻・『真宗七祖伝衍繹編《しんしゅうしちそでんえんえきへん》』10巻・『類聚宗祖諸略伝《るいじゅうしゅうそしょりゃくでん》』1巻・『大谷略年譜《おおたにりゃくねんぷ》』1巻・『祖門旧事記《そもんきゅうじき》』5巻・『浄土真宗教典志《じょうどしんしゅうきょうてんし》』3巻・『非正統伝《ひしょうとうでん》』1巻・『教行信証光融録《きょうぎょうしんしょうこうゆうろく》』40巻など質・量ともに圧巻です。

なかでも本書『大谷本願寺通紀』や『考信録』に代表される本願寺の歴史や故実《こじつ》に関する研究は、膨大な関係資料を博捜《はくそう》した玄智によってはじめて開拓された部分が少なくありません。

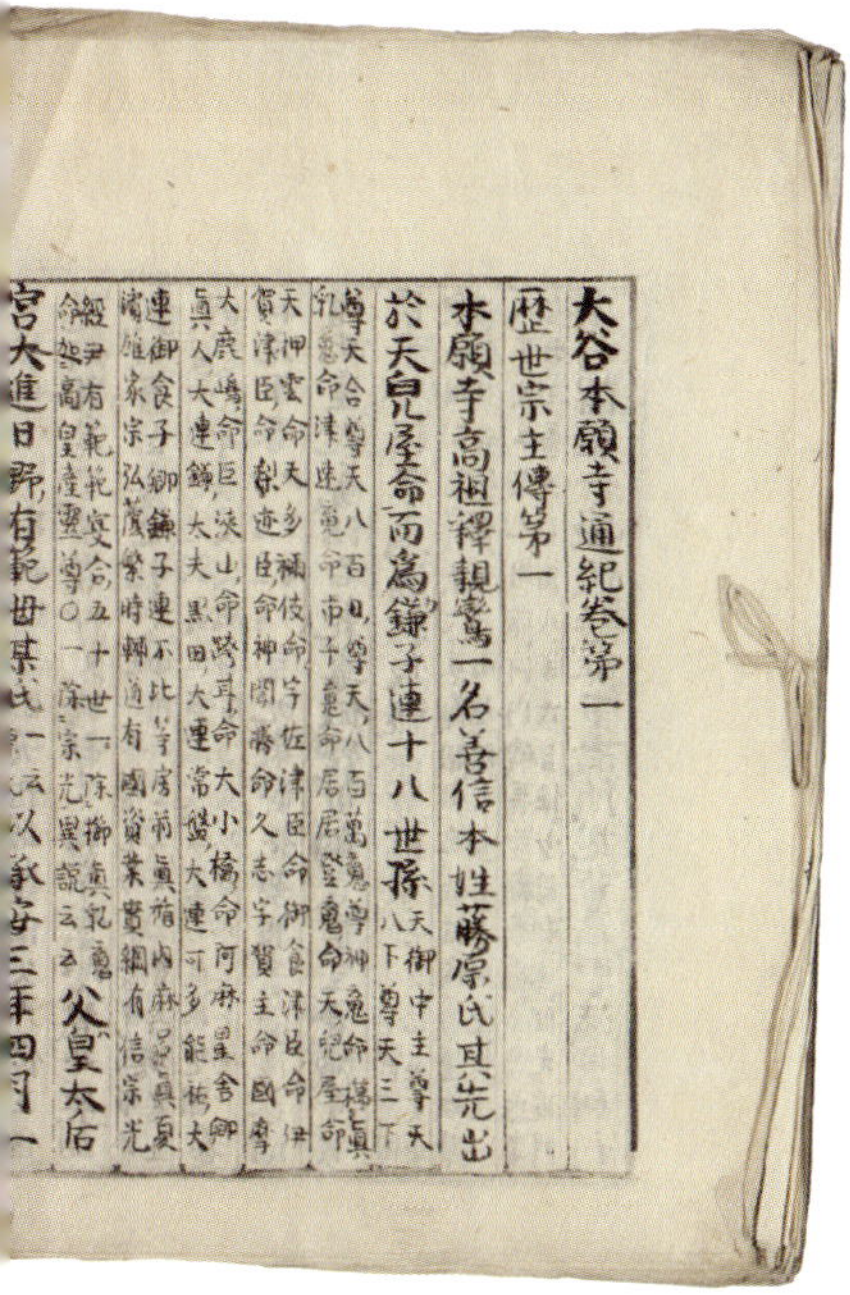

宗祖伝（親鸞の伝記）から始まる『大谷本願寺通紀』の冒頭部。

本願寺の通史を書物にまとめる大任務

玄智は1784（天明《てんめい》4）年、51歳のとき『非正統伝』1巻を著しました。これは真宗高田派《しんしゅうたかだは》の五天良空《ごてんりょうくう》が高田派が親鸞の正統であると主張した『高田開山親鸞聖人正統伝《たかだかいさんしんらんしょうにんしょうとうでん》』6巻に対して反論した書です。そしてこうした歴史研究の業績を認められた玄智は『非正統伝』脱稿のわずか11日後（同年閏《うるう》正月22日）、本山から宗祖親鸞以来の本願寺の通史を書物にまとめよという大任務を命ぜられます。

この命をうけて玄智は本願寺の宝庫を調査するとともに、真宗各派の所伝、あるいは浄土宗の諸派に伝わる記録を収集するなど、私財を投じてこの仕事に力を尽くします。そして1791（寛政《かんせい》3）年、玄智58歳の頃までに幾度か稿を改めて成ったものが本書『大谷本願寺通紀』15巻、まさに江戸期の本願寺史の決定版と言うべき名著です。龍谷大学が所蔵するのは自筆草稿本であり、『真宗全書』巻68所収本の底本として用いられています。

（高田文英）

鷺森含毫《さぎのもりがんごう》

異安心《いあんじん》事件を論破した痛快な記録、後世へ残した大きな影響

誤った信心「異安心」

浄土真宗のおしえにおいて最も大切とされるのは信心です。それは、宗祖親鸞が「阿弥陀如来からたまわる真実信心こそが往生成仏の因にあたる」と説くからです。このおしえに生きる者はみな、親鸞が頂戴したのと同じ信心をいただき、その信心が開いてゆく阿弥陀如来のあたたかな宗教世界を味わっていきます。

ですから、このおしえに生きる者にとって信心が違っているとなると、それは「異安心（親鸞と信心が異なっている）」と呼ばれ、根底からその足場が崩れさる、非常に深刻な事態です。ましてやそれが法を説く僧侶ともなれば、周りに与える衝撃はとても大きなものとなります。

事件の概要と、その多大なる影響

本書は、江戸時代初期の寛文《かんぶん》年間に紀伊国黒江村《きいのくにくろえむら》（和歌山県）で起きた異安心事件に関する資料です。

1663（寛文3）年、紀伊国の本願寺の別院は鷺森へ移転していました。同国の黒江御坊では、「作太夫」という門徒が、当寺を預かる「貞岩《ていがん》」という僧侶の教化《きょうけ》を軽んじ、さかんに誤った理解を広めていました。それを受けて本願寺へ訴えが出され、本山から「存空《ぞんくう》」なる人物がその争いを治めるために二度にわたり派遣されました。ところが、存空がおこなった法談がそのつど内容を異にしていたため、かえって混乱をきたし、ふたたび本願寺に訴えが出されてしまったのです。そこから問題はこじれてしまい、地方の問題がついに本願寺での大き

な問題となってしまいました。

そこで学林（後の龍谷大学）の若き能化《のうけ》（統括責任者）知空《ちくう》（１６３４―１７１８）が中心となって対策が講じられ、最終的には寂如《じゃくにょ》宗主の御前で存空と対論をおこなうことになり、知空は存空の理解の誤りを指摘したのです。その経緯を知空自身が記録した（これを「含毫」と言います）のが本書です。

本書に記録された内容は、後の歴史に大きな影響を与えています。たとえば、この事件からおよそ１００年あまり後に真宗史上最大の異安心事件「三業惑乱《さんごうわくらん》」が起こりますが、そのおおもとは、実はこの時の知空の教誨《きょうかい》の中に、すでに内包されていると見る研究もあります。さらに信心正因をうたいながら、「言葉を解さない小児《しょうに》の往生をどう考えるか」という、後世大きな問題となる「小児往生」の問題もこの資料では大きく取り上げられており、おそらく歴史的にはその最初に位置づけられると考えられます。このように本資料は、宗学の歴史上、たいへん大きな意味をもたらしたものなのです。

下に掲げた図版は、知空の直筆本を１７１３（正徳《しょうとく》３）年に峻諦《しゅんたい》（１６６４―１７２１）が写したものを、１７３５（享保《きょうほう》20）年に慧鐺《えとう》（１６９４―１７５１）が写し、さらにそれを１７６６（明和《めいわ》３）年に梅寥《ばいりょう》が写したものです。この中、峻諦・慧鐺はいずれも三業惑乱で問題視された思想系統に位置づけられる人物たちであり、そこも興味深いところです。

（井上見淳）

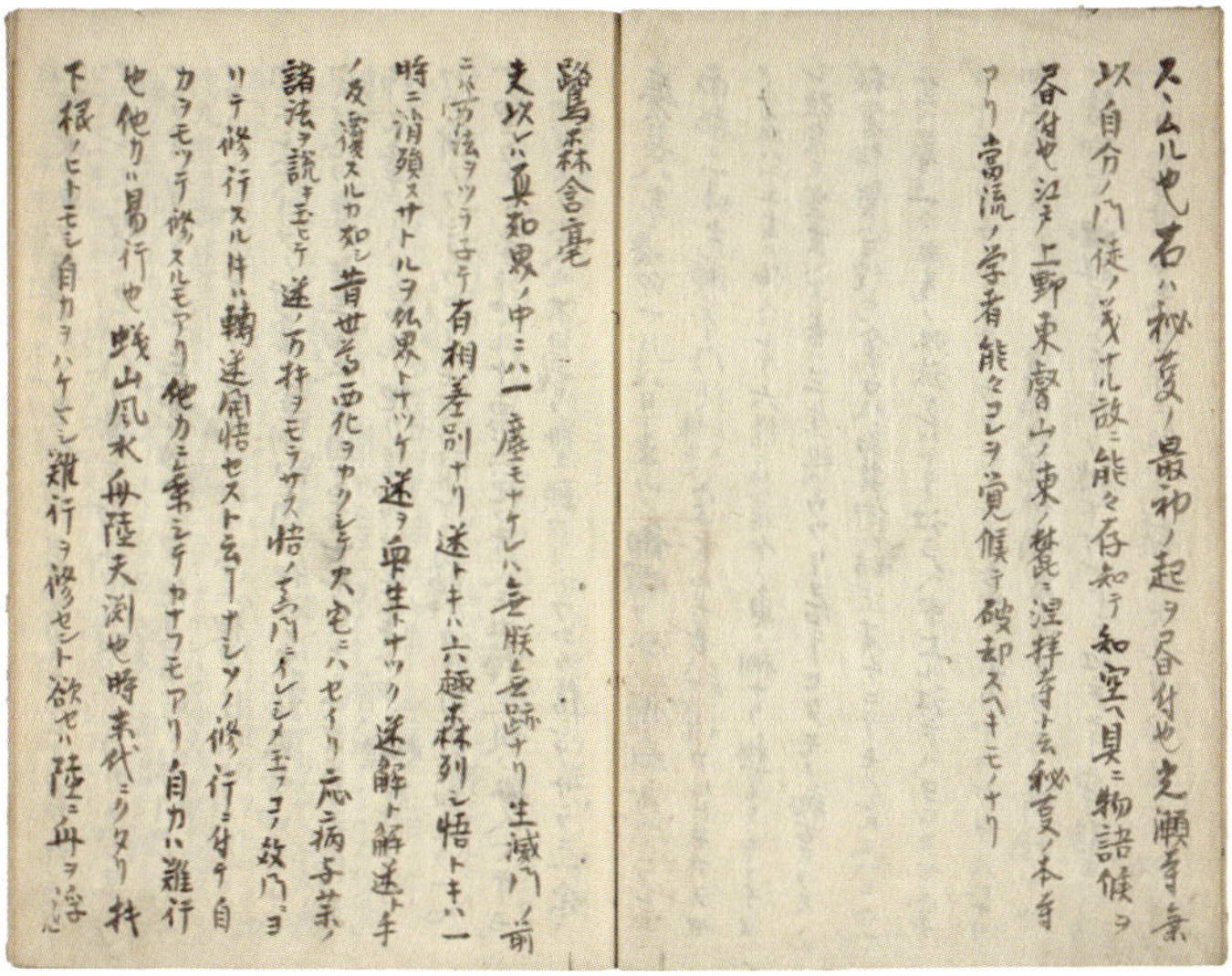

1巻1冊　知空書　江戸時代前期成立　1766（明和３）年写
縦24.0×横17.0cm

［底本］真宗法要《しんしゅうほうよう》

命を賭《と》して挑んだ学僧たち。聖典《せいてん》の編纂《へんさん》という大事業

時代の要請に応える編纂事業

日本において出版文化の花が咲いたのは江戸期であるといえます。近世という比較的落ち着いた時代状況のなかで、一般書肆《しょし》（書店兼出版社）は多くの書籍を刊行し、その中心にあったのが仏書でした。当時、浄土真宗の聖教《しょうぎょう》についても、書写、あるいは一般書肆によって刊行されたものが多く流布《るふ》していましたが、文字の誤脱も多く、親鸞（1173―1263年）や歴代宗主の名をかたった偽作も多く存在していました。

そこで、本願寺において拠《よ》り所となる聖典を編纂し、他所が出版できないように版木を所蔵して刊行すべきであると、当時の諸学僧が提案しました。これをうけて、第17代宗主である法如《ほうにょ》（1707―89年）は親鸞聖人500回忌法要の記念として聖典の編纂事業を進めることを決め、大坂定専《じょうせん》坊《ぼう》の月筌《げっせん》門下である泰巌《たいがん》・僧樸《そうぼく》・道粋《どうすい》といった当時の名だたる学僧を、その任に当たらせました。

歴史に名を刻む聖典の完成

こうして、真偽の鑑別や聖教の校合《きょうごう》（間違いなどがないか原典と照らし合わせて確認する作業）など聖典の編纂作業が進められ、1765（明和《めいわ》2）年、親鸞をはじめ本願寺歴代宗主などが著した和語聖教39部67巻を31帖《じょう》6帙《ちつ》にまとめた『真宗法要』が完成し、翌年に刊行

されました。また、本書には１７６０（宝暦《ほうれき》10）年の第17代宗主法如《ほうにょ》の序、１７６５（明和２）年の第18代宗主文如《もんにょ》（１７４４—９９年）の跋文《ばつぶん》（あとがき）が付されています。

この図版は『真宗法要』編纂の作業原本にあたるものです。朱筆の書き込みなどから、一般書肆の刊本をもとに、本願寺所蔵の親鸞自筆聖教や古写本などと校合することで正確な文を確定していったことがわかります。聖典とは人生の拠り所であり、念仏者はその一言一句に命を託していきます。本書の編纂作業中には、専心努力しながらも、完成を見ずして往生を遂げた学僧が何人もいます。本書は文字どおり、命を賭して編纂・刊行された聖典であるといえるのです。

（能美潤史）

厳密な校合によって作業原本には多くの朱筆が入れられています。

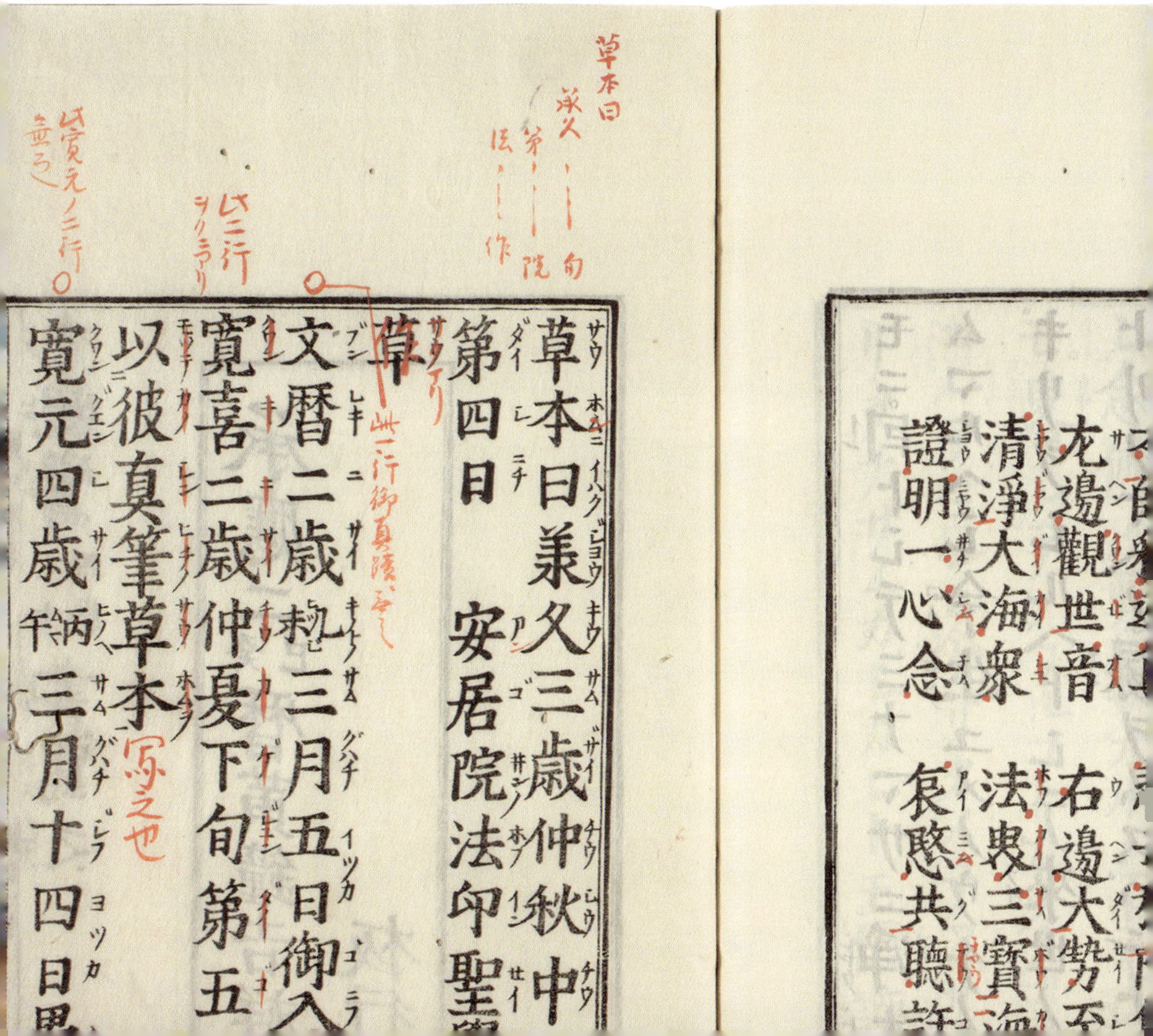

四十八条の光明《こうみょう》をいだく真理から顕現《けんげん》した仏《ほとけ》

〝さとりの真理そのもの〟が大悲《だいひ》の仏になった

浄土真宗の本尊《ほんぞん》には大別して二つの種類があります。一つには、阿弥陀如来の救いのはたらきを具体的な姿・形であらわした形像本尊《ぎょうぞう》、もう一つには「南無阿弥陀仏」などの阿弥陀如来の名号《みょうごう》（名前）によってあらわした名号本尊です。「方便法身尊形」とは、この二種類の本尊のうちの形像本尊のことで、絵像や木像の本尊のことです。ちなみに名号本尊のほうは「方便法身尊号《そんごう》」と言います。

では「方便法身」とはどういう意味でしょうか。少し難しいですが、この言葉には「迷いの中にある人々を救うために、あらゆる現象を貫くさとりの真理そのものから顕現した仏である」という阿弥陀如来の性格が表現されています。

私たちには〝さとりの真理〟と言われてもピンときませんよね。それもそのはず、仏教の説くさとりの真理（一如《いちにょ》とか真如《しんにょ》と呼ばれます）は私たちの言語で説明できる範囲を超えており、思いはかることさえもできない深遠なものと言われます。逆に言えば、それだけ私たちというのは、仏のさとりとは隔絶した迷いの中の存在だということです。

しかし、そのような私たちだからこそ救わずにはおれないと、始まりも終わりもなき〝さとりの真理そのもの〟が大いなる慈悲《じひ》の仏となって迷いの世界へあらわれ出た。それが阿弥陀如来という仏なのだというのが、浄土真宗のおしえです。「方便法身」という言葉には、そうしたさとりの真理と一体である阿弥陀如来の絶対的な性格があらわされているのです。

本尊が文字から絵に変わった初期の資料

左に掲げた絵像の方便法身尊形は、応永《おうえい》年間（１３９４―１４２８）ころの作と推定されています。光背《こうはい》には阿

四十八条の光明が描かれた方便法身尊形

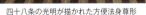

蓮如による裏書き

弥陀如来の四十八願をあらわすと考えられる四十八条の光明が描かれており、現在浄土真宗で用いられている形像本尊（方便法身尊形）の初期の例となる貴重なものです。なお、浄土真宗において形像本尊が採用されだしたのは鎌倉末期頃からで、名号本尊の一つである十字名号《じゅうじみょうごう》（「帰命尽十方無碍光如来《きみょうじんじっぽうむげこうにょらい》」という阿弥陀如来の名号をあらわす十文字／74ページ参照）から転化したものと考えられています。

背裏《はいり》には蓮如《れんにょ》による裏書《うらが》き

背裏には蓮如による裏書きがあります。そこには、

大谷本願寺釈蓮如（花押）
文明二歳庚寅二月十二日
和州吉野郡下淵円慶門徒
同郡十津河野長瀬鍛冶屋
道場本尊也
奉修復方便法身尊形
願主　釈浄妙

とあり、1470（文明《ぶんめい》2）年2月12日に釈浄妙《しゃくじょうみょう》を願主《がんしゅ》として修復し、当時56歳であった本願寺第8代宗主《しゅうしゅ》蓮如が、吉野郡下淵《よしのぐんしもぶち》円慶《えんけい》の門徒《もんと》、鍛冶屋道場《かじやどうじょう》の本尊として授与されたものであることが知られます。

（高田文英）

龍谷大学創設者・良如《りょうにょ》自筆の九文字で書かれた本尊

いくつかの種類がある名号《みょうごう》本尊

本尊とは、帰依《きえ》・崇敬《すうけい》の中心として安置される仏や菩薩などの影像《えいぞう》や名号のことです。浄土真宗の本尊は阿弥陀如来一仏であり、親鸞（１１７３―１２６３年）は、とりわけ名号を本尊としました。名号とは一般には仏や菩薩の名前のことですが、浄土教《じょうどきょう》では阿弥陀仏の名を指すことがほとんどであり、嘉号《かごう》・徳号・尊号などとも称されます。また、名号には「南無阿弥陀仏《なもあみだぶつ》」の六字名号、「南無不可思議光仏《なもふかしぎこうぶつ》」の八字名号、「南無不可思議光如《なもふかしぎこうにょ》来《らい》」の九字名号、「帰命尽十方無碍光如来《きみょうじんじっぽうむげこうにょらい》」の十字名号とがありますが、いずれも阿弥陀仏の名であることに変わりはありません。親鸞自筆の名号としては、十字名号は３幅、それ以外は各１幅ずつが現存しています。

このように、親鸞自筆の名号は現存するものが非常に少ないと言えます。しかし、本願寺第８代宗主の蓮如（１４１５―９９年）の時代になると、宗主自筆の名号が積極的に下付されるようになりました。蓮如は門徒の寄り合い組織である「講《こう》」を中心に多くの名号を書き与えており、また、近年の調査では、各家に安置するような小さな名号も蓮如自身が書き与えていたことがわかっています。

また、宗主自身が書いた名号とは別に、名号の中心から光明が放たれる様子を描いた「光明本尊」と呼ぶものや、名号の周囲に日本や中国の高僧の姿を描いたものも制作されるようになっていきました。

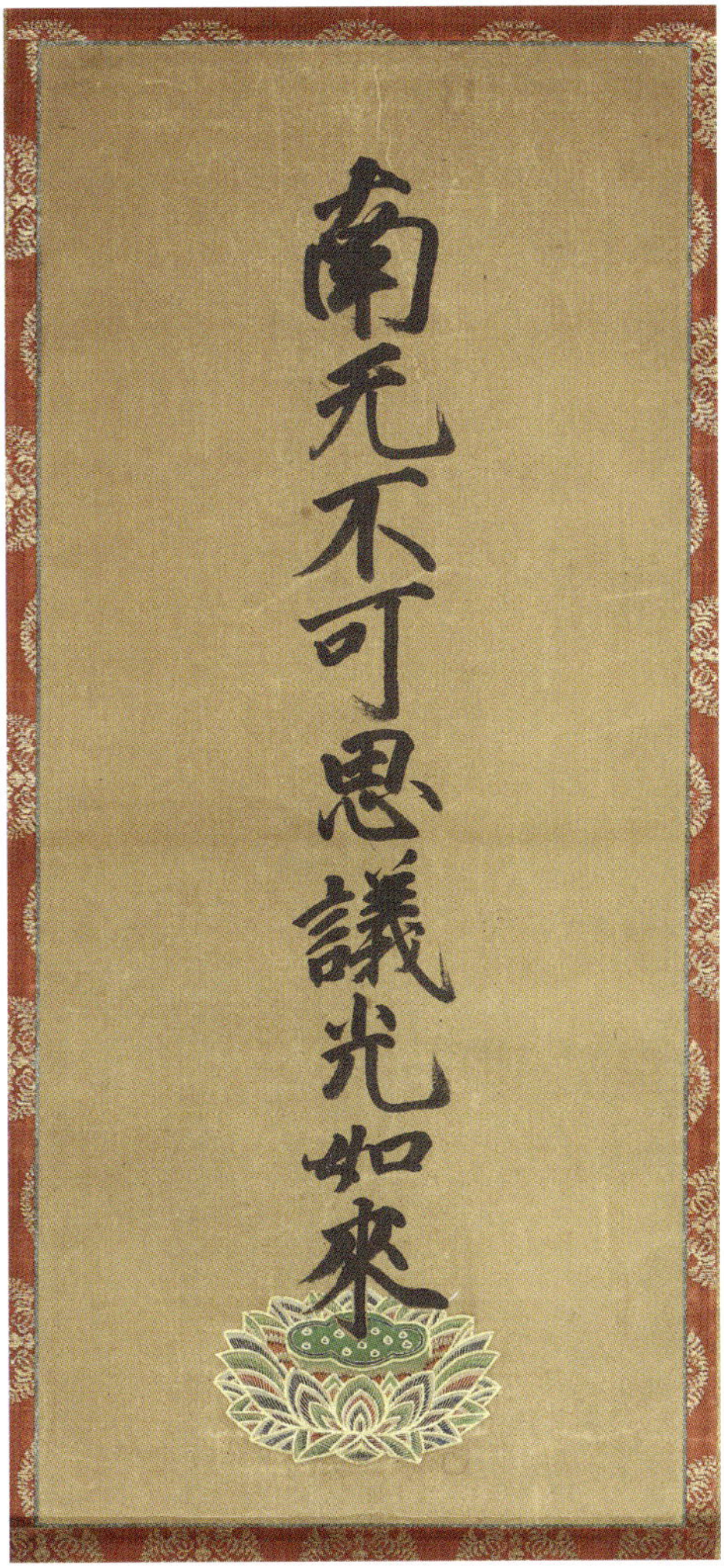

良如の力強い筆致で書かれた九字尊号。

近世本願寺の礎《いしずえ》を築いた良如《りょうにょ》自筆の名号

本願寺第13代宗主の良如（１６１２—６２年）は、本願寺第12代宗主の准如《じゅんにょ》（１５７７—１６３１年）の次男として誕生しましたが、兄が早くに亡《な》くなったため、第13代宗主となりました。良如は龍谷大学の起源となる学寮の創設や御影堂《ごえいどう》の再建、幕府との度《たび》重なる交渉など、近世本願寺の礎を築いた人物です。その良如が筆を執《と》ったものが龍谷大学図書館所蔵の九字尊号であり、その紙背には良如の息男で第14代宗主の寂如《じゃくにょ》（１６５１—１７２５年）によって裏書きが記されています。

親鸞自筆の名号本尊には、天部や地部に経論から抜粋したさまざまな文を書いており、これを「讃名《さんめい》」といいます。良如自筆の九字尊号には、讃名は記していませんが、下部に蓮台《れんだい》を描いている点は親鸞の名号本尊と共通しています。

なお、この九字尊号は、龍谷大学第3代学長の弓波瑞《ゆみなみずい》明《みょう》が、１９３０（昭和5）年に同じく良如自筆の十字尊号とあわせて龍谷大学に寄贈したものです。学寮の創設者である良如の自筆名号は、龍谷大学にとってとりわけ学宝ともいえる存在です。

（能美潤史）

阿弥陀如来立像《あみだにょらいりゅうぞう》（厨子入《ずしいり》）

本願寺造仏工房・渡辺康雲《こううん》作の安定感。豪華な宮殿《くうでん》型の厨子は必見！

浄土真宗の本尊

ここに紹介する仏像は、宮殿型の厨子に納められた阿弥陀如来の立像で、蓮台《れんだい》の上に両足をそろえて立っています。右手は肘《ひじ》を曲げ、左手はおろして、ともに第一・二指を曲げて印《いん》を結んでいます。これは阿弥陀如来に特有の指の結び方（印相《いんぞう》）で、一般に「来迎印《らいごういん》」と呼ばれています。

浄土真宗の寺院では、極楽浄土の教主である阿弥陀如来像を本尊としますが、鎌倉時代から木造の阿弥陀如来を安置していたわけではありません。宗祖親鸞は、阿弥陀如来を文字で表した「名号《みょうごう》」をみずからしたためて、弟子たちに授与していました。「南無阿弥陀仏」の六字名号をはじめ、九字・十字の名号を書いて、道場の本尊とするよう指示していました。名号本尊は室町期の蓮如《れんにょ》の時代まで続き、その後、阿弥陀如来を絵で表した「方便法身尊形《ほうべんほっしんそんぎょう》」が描かれるようになり、真宗独特の阿弥陀像として流布《るふ》しました（72ページ参照）。江戸時代に入ると、他宗派と同じく真宗寺

破風付き一重屋根の宮殿型の厨子とともに、ミュージアムに寄贈されました。建築部材や装飾まで丁寧に作られた豪華な厨子で、これが本堂の須弥壇（しゅみだん）の上に置かれました。
木造　漆箔（しっぱく）　玉眼（ぎょくがん）渡辺康雲作
江戸時代　像高 43.3cm

院の本尊が木造の立体像として制作されるにいたります。

本願寺専属の仏師「康雲」

本願寺派寺院の本尊制作を一手に担ったのが、本願寺専属の仏師・渡辺康雲の工房でした。「康雲」は何代かにわたって名乗られたため、その活躍時期は特定できませんが、本山本願寺の意向に従って、それにふさわしい阿弥陀如来像を作りました。すなわち、阿弥陀は来迎印を結んで直立し、台座は両足がのる一つの蓮華《れんげ》とし、光《こう》背《はい》は放射光を備えた頭光《ずこう》のみとする、といった特徴を備えます。足下に突き出した枘《ほぞ》に「康雲」と墨書する例が多く見られ、一方古くからあった阿弥陀像が、真宗にふさわしいかどうかを確認した「康雲拝見」という墨書を残す場合もあります。

康雲の活躍は、仏像を全国津々浦々まで浸透させたという功績はありますが、仏教彫刻の類型化、没個性化をもたらしたという点も否定できません。

ミュージアムに寄贈された厨子入り像

京都市内の篤志家《とくしか》から寄贈《きぞう》されたこの像は、かつて島根県の真宗寺院に安置されていたと伝えますが、寺院名など詳細は不明です。身光《しんこう》を付け加えた光背と、完備した台座に加え、唐破風《からはふ》をつけた宮殿型の厨子までが揃っているのは貴重です。ふくよかな面相《めんそう》に整った衣文《えもん》表現など、万人に親しまれる素直な姿に作られています。

（石川知彦）

台座に本体を固定させるための右足枘（ほぞ）に、作者である渡辺康雲が楷書で自署しています。こうした銘文は、全国各地の真宗寺院で見出されています。

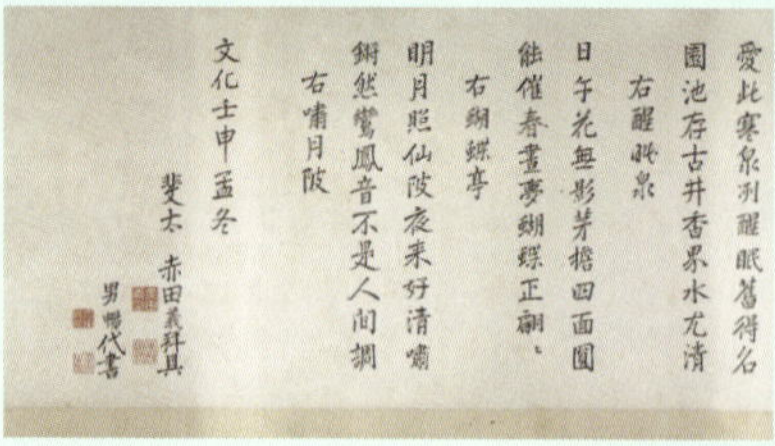

デジタルアーカイブコラム②

Digital Archives Column

滴翠園十勝《てきすいえんじっしょう》

飛騨高山の文人・赤田元義が、滴翠園各10か所を詠んだ漢詩が巻頭に、続いて1812年冬の頃の飛雲閣を中心とした精緻な風景図が続きます。

見ごたえある12メートルの長尺絵巻

滴翠園十勝とは、西本願寺の境内にある飛雲閣《ひうんかく》（国宝）が建つ名勝庭園のことです。この絵巻物は、飛雲閣をはじめ滄浪池《そうろうち》、龍脊橋《りゅうはいきょう》、踏花《とうか》塢《う》、胡蝶亭《こちょうてい》、嘯月坡《そうげつは》、黄鶴台《おうかくだい》、艶《えん》雪林《せつりん》、醒眠泉《せいみんせん》、青蓮謝《せいれんしゃ》の10ヶ所の風景をそれぞれ鳥瞰《ちょうかん》図として描き、12メートルを超える長尺で見ごたえ抜群です。

実際の滴翠園は広大な空間に広がっていますから、龍谷ミュージアムで展示する際はその雰囲気が味わえるように工夫をしています。風景に没入する感覚で見られるようなゴーグル装着の表示装置・HMDの使用や、絵巻を回転することで空間のように表示ができる絵巻専用表示装置などのVR技術による新たな鑑賞方法が可能となってきました。（岡田至弘）

滴翠園十勝ビューワー
広大な滴翠園を一連の絵巻として鑑賞できます。200年以上前に描かれた風景画と、まったく変わることなく現代に受け継がれている庭園を、ループ状の映像表現で鑑賞することが可能です。

縦40.5×横1243.5cm　1812（文化9）年

第3章 本願寺学寮から龍谷大学へ

Advance

龍谷大学は、本願寺第13代宗主良如《りょうにょ》（１６１２―６２年）が１６３９年に設けた本願寺の教育機関「学寮」が起源となっています。それ以来３８０年にわたり、さまざまな変化を遂げながら教育・研究を継続してきたのです。本章では、学寮の設立にかかわる歴史資料のほか、国の重要文化財に指定されている大宮本館の創建に関する資料、そして学生たちが独自に発刊し、現在の雑誌『中央公論』の源となった『反省会雑誌』などを紹介し、龍谷大学３８０年の歩みを振り返ります。

良如《りょうにょ》上人《しょうにん》御影《ごえい》

龍谷大学380年の歴史は、この人の学問に対する情熱から始まった!

近世本願寺の礎《いしずえ》を築いた宗主《しゅうしゅ》

龍谷大学大宮図書館には、本願寺歴代宗主の肖像を図画した影像《えいぞう》（尊称して「御影《ごえい》」）が数幅所蔵されています。なかでも龍谷大学にとって最も大切な意義をもつ宗主は、本影像に描かれている良如《りょうにょ》です。

良如は、准如《じゅんにょ》の二男として、１６１２（慶長《けいちょう》17）年に誕生。幼名は茶々丸《ちゃちゃまる》、諱《いみな》（生前の実名で、生前は呼ぶことがはばかられた）を光円《こうえん》といいます。１６３０（寛《かん》永《えい》7）年、19歳の時、父准如《じゅんにょ》の死去にともない本願寺第13代宗主を継職しました。良如の業績としては、教団の制度組織の近世的整備をはじめ、御影堂《ごえいどう》の再建、大谷本廟《ほんびょう》の改修、築地御坊《つきじごぼう》（築地別院）の再興など本願寺の修繕事業に力を尽くし、また１６６１（寛文元《かんぶん》）年には宗祖親鸞の４００回忌法要を厳修《ごんしゅう》するなど、「近世本願寺の礎を築いた宗主」でした。

学寮の創設　龍谷大学のルーツ

その数多い業績の中でもさらにいま特筆すべきは、教学振興の面で大きな遺産を後世に残してくれたことです。すなわち学寮の創設です。その背景には、父准如の学問への関心、徳川幕府の学問奨励という時代の動向などの影響もありますが、何よりも良如の学問に対する情熱が大きな原動力となっているようです。

ともあれ、１６３９（寛永16）年、本願寺境内の一角に設立されたこの教育機関こそ、現在の龍谷大学のルーツにほかなりません。こんにちにいたる龍谷大学の歴史は、まさに良如という人物のいわば向学心から始まったのです。そして学寮の創設とともに、やがて宗学（後の真宗学）の歴史も開始されていきます。

大学報恩講《ほうおんこう》の由来

良如は、１６６２（寛文２）年９月７日示寂《じじゃく》（逝去）、享年51歳でした。諡《おくりな》（死後に贈られる名）である教興院《きょうこういん》は、教学振興の功績を讃え、その恩徳を偲《しの》んでの命名といわれています。こんにち、龍谷大学では毎年、良如の祥月《しょうつき》命日にあたる10月18日（太陽暦に換算して）に、「報恩講」を勤めています。これは親鸞の恩徳に感謝するとともに、良如の学恩を偲ぶ行事としておこなわれているものです。

本影像は、墨染《すみぞめ》の衣に袈裟《けさ》を着し、念珠《ねんじゅ》を両手で爪繰《つまぐ》るように保持し、高麗縁上畳《こうらいべりあげだたみ》に右向き（こちらから向かって左向き）に坐す像容で描かれています。上部の讃銘《さんめい》は親鸞の主著『教行信証《きょうぎょうしんしょう》』の「総序」の文の一節で、歴代宗主の影像によく見られるものです。

この「良如上人御影」の史料的価値は、龍谷大学に学ぶ者がその学恩を想起する際の依りどころになる点にあるといえましょう。

（龍溪章雄）

左側に「良如上人」の墨書があり、この影像の人物を明示しています。
１幅　製作者不詳　江戸時代前期　縦 90.0 × 横 39.5cm

良如《りょうにょ》宗主《しゅうしゅ》自筆《じひつ》かな消息《しょうそく》（良純消息其他）

「変わりないか？ こちらは元気でやっている」妻へ宛てた優しい手紙

良如から妻・寂照《じゃくしょう》へ

この消息（手紙）は、良如が江戸滞在中に、京都にいる妻の揚徳院《ようとくいん》寂照（1624―76年）へ宛てた自筆の消息です。「三月七日」の日付がありますが、年時はおそらく1660（万治《まんじ》3）年のことであろうと推察されています。

1612（慶長《けいちょう》17）年、良如は、本願寺第12代宗主准如《じゅんにょ》の二男として誕生しました。そしてわずか4歳にて、准如から譲状《ゆずりじょう》（次代の後継者であることを記した正式な認定証）を受け、1630（寛永《かんえい》7）年、19歳で本願寺第13代宗主を継職しました。

ところで良如（当時は童名の茶々丸《ちゃちゃまる》の時代）は、1625（寛永2）年、わずか14歳の時に九条忠栄《ただひで》の息女通君《みち》（貞梁院如高）と結婚しました。これは本願寺が摂家から妻を迎えた最初でした。ところが、この如高は寛永9年に没してしまいます。そこで良如は改めて寛永17年に八条宮智仁親王《としひとしんのう》の妹梅宮《うめのみや》（珠香院如室）と結婚したのです。しかしながら、あろうことか、この如室も1648（慶安元）年に没してしまうのでした。そこで次に結婚したのが、祇園社僧梅之坊順盛の息女佐幾《さき》（揚徳院寂照）でした。

本資料は、この寂照に宛てたものです。彼女との間に次代の寂如《じゃくにょ》宗主、あるいは顕証寺《けんしょうじ》の寂淳《じゃくじゅん》がいます。

出張先から送った手紙の内容

良如が宗主を継職した時、将軍は徳川家光（在職1623―51年）であり、武断政治のもと戦国の気風をまだ色濃く残していた時代でした。

徳川将軍が絶対的な権力を持つ中央集権体制において、良如は江戸に13回も下向して将軍家への礼節を尽くし、教団の存続に大きなはたらきをしました。

本消息は、その江戸への下向の際、良如が江戸へ無事に到着したこと、幕府へのあいさつを首尾よく終えたことを伝えるとともに、京都に居る寂照の無事を気遣った内容となっています。

女性宛ての消息はかなで書かれた

ところでこの文面は、平仮名で書かれています。たしかに、この時代、女性が消息を書く場合は、平仮名で書くのが一般的でした。では、本消息がなぜ平仮名で書かれているのかというと、男性が手紙をしたためる場合でも、相手が女性の場合はやはり平仮名書きにするのが一般的だったからです。ですからこれは、その作法にのっとって書かれているということになります。

（井上見淳）

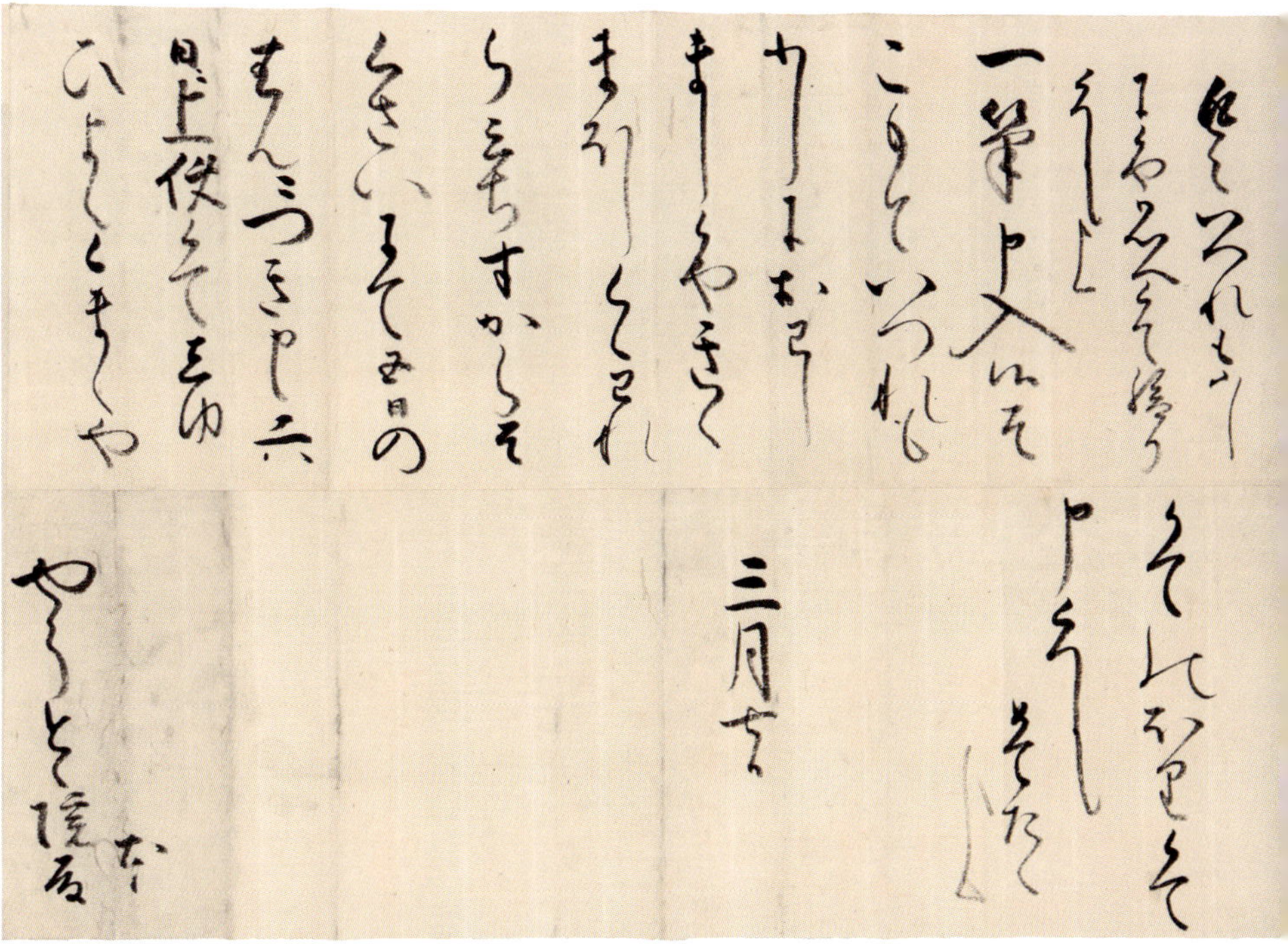

１巻のうち１通　江戸時代前期　縦 38.5 × 横 51.9cm

学寮造立事《がくりょうぞうりゅうのこと》　付《つけたり》以後《いご》法論次第《ほうろんしだい》

大騒ぎした本願寺派の内輪もめの件……と、学寮草創期の大切な記録

「学寮造立事」―信徒の喜捨《きしゃ》が学寮を誕生させた

この書籍は龍谷大学の前身である学寮の成立について述べた「学寮造立事」と、この学寮（後に学林《がくりん》と改称）を舞台にして展開された教義論争、承応《じょうおう》の鬩牆《げきしょう》の顚《てん》末《まつ》を記した「両寺［延寿寺《えんじゅじ》明了《みょうりょう》五十四歳／永照寺《えいしょうじ》西《さい》吟《ぎん》四十九歳］法論之事」とから構成されています。著者は、本願寺で御堂衆《みどうしゅう》と呼ばれる役職に就いていた西光寺《さいこうじ》祐俊《ゆうしゅん》（1597―1682）で、図版は祐俊自筆本です。本書は一般に『承応鬩牆記《じょうおうげきしょうき》』とも呼ばれますが、これは後世の呼称であって、史料としての正確な名称は標記のとおりです。

「学寮造立事」は全体の1割にも満たない記述量ではありますが、学寮造立の次第、規模、学寮運営、校舎の

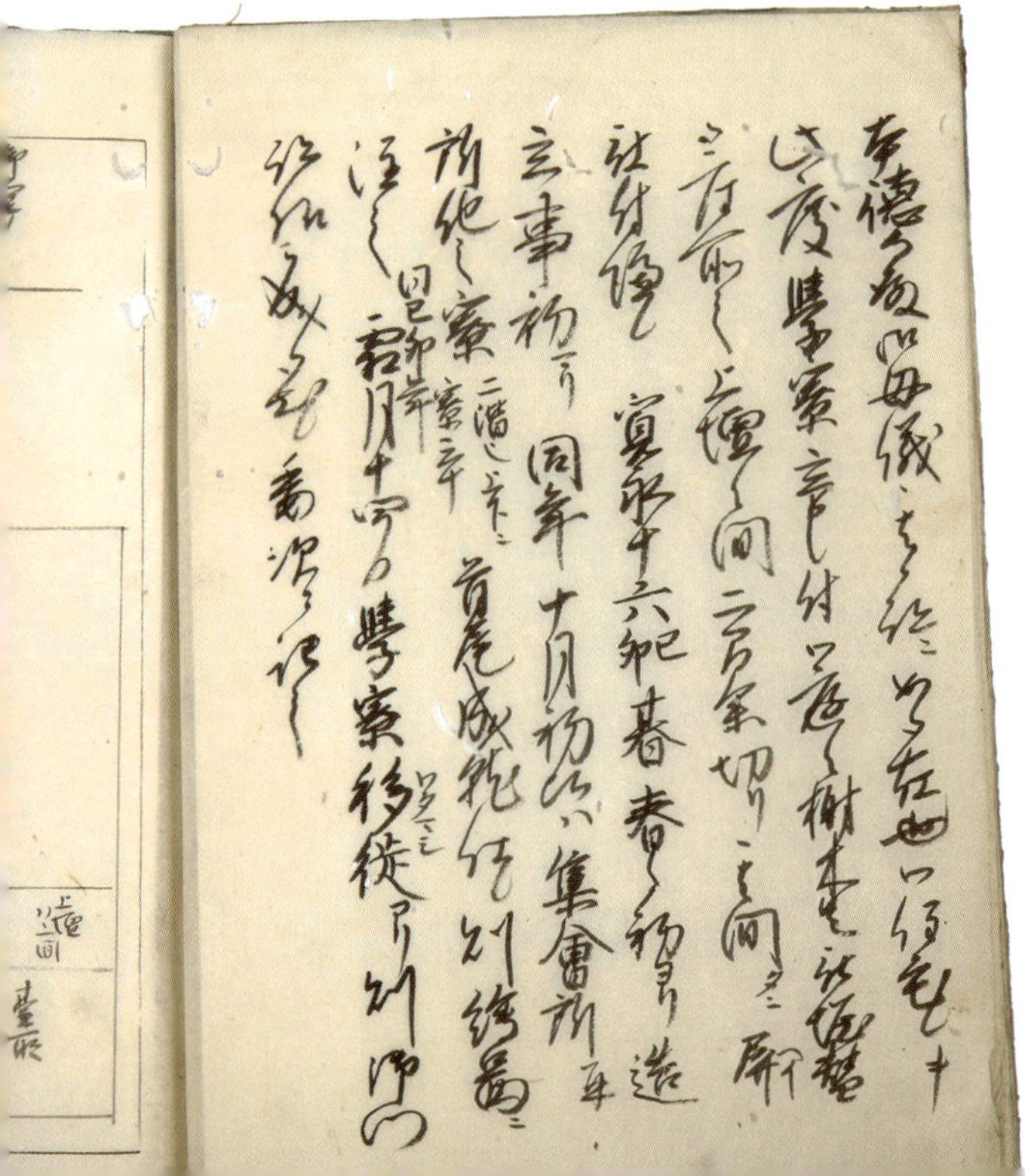

1巻1冊　祐俊筆
江戸時代前期自筆
縦26.4×横20.5cm

2回にわたる移転など、創立当時の学寮の様相を的確に伝えており、龍谷大学の草創期の事情をつまびらかに知りえて史料的価値が高いと評されています。

図版右のページには、第13代宗主良如《りょうにょ》が阿弥陀堂北側にあった前住准如《じゅんにょ》の「御座所《ござしょ》」の一部を学寮の地に提供し、1639（寛永《かんえい》16）年春から造立が始まり同年10月に竣工したことなどが記されています。また、この時造営された建物は講義を行う「惣集会所《そうしゅうえしょ》」（講堂）と所化《しょけ》（学生）の寄宿する「所化寮」の2棟であったこと。寮は2階建て、30室あり、学生の収容定員は60人であったことなどが図面から知られます。

京都三条銀座の年寄であった野村宗句《のむらそうく》は、良如がかねてより学校設立の志念を抱いていたことを察し、愛娘《まなむすめ》の死去を機縁に本願寺に寄進をしました。こうして良如は1639（寛永16）年、学校創設の宿願を実現することができました。この時、教育に当たる能化《のうけ》（こんにちの学長兼教授）の制度も発足しています。

「両寺法論之事」　学林時代初期の教学課題

承応の鬩牆とは、近世本願寺教団において起こった三大法論の一つで、学林時代初期を代表する論争です。鬩牆とは垣根を挟んでせめぎあうということで、承応年間に起こった兄弟喧嘩、内輪もめの意です。一在野の学者である兄弟子月感《げっかん》が弟弟子である能化西吟《さいぎん》の宗学を自力《じりき》聖道門《しょうどうもん》的解釈に陥っていると痛烈に批判したことに端を発する論争は、またそれぞれを支援した中本山格の興《こう》正寺《しょうじ》准秀《じゅんしゅう》と本山本願寺良如との間の確執へと展開して、容易に収拾がつかない状況に立ち至りました。そうした法論の一部始終を目の当たりにしていた西光寺祐俊によって記録されたのが、「両寺法論之事」です。近世学林時代初期の教学課題がどこにあったか、当時の学問状況を知ることのできる貴重な史料です。

（龍溪章雄）

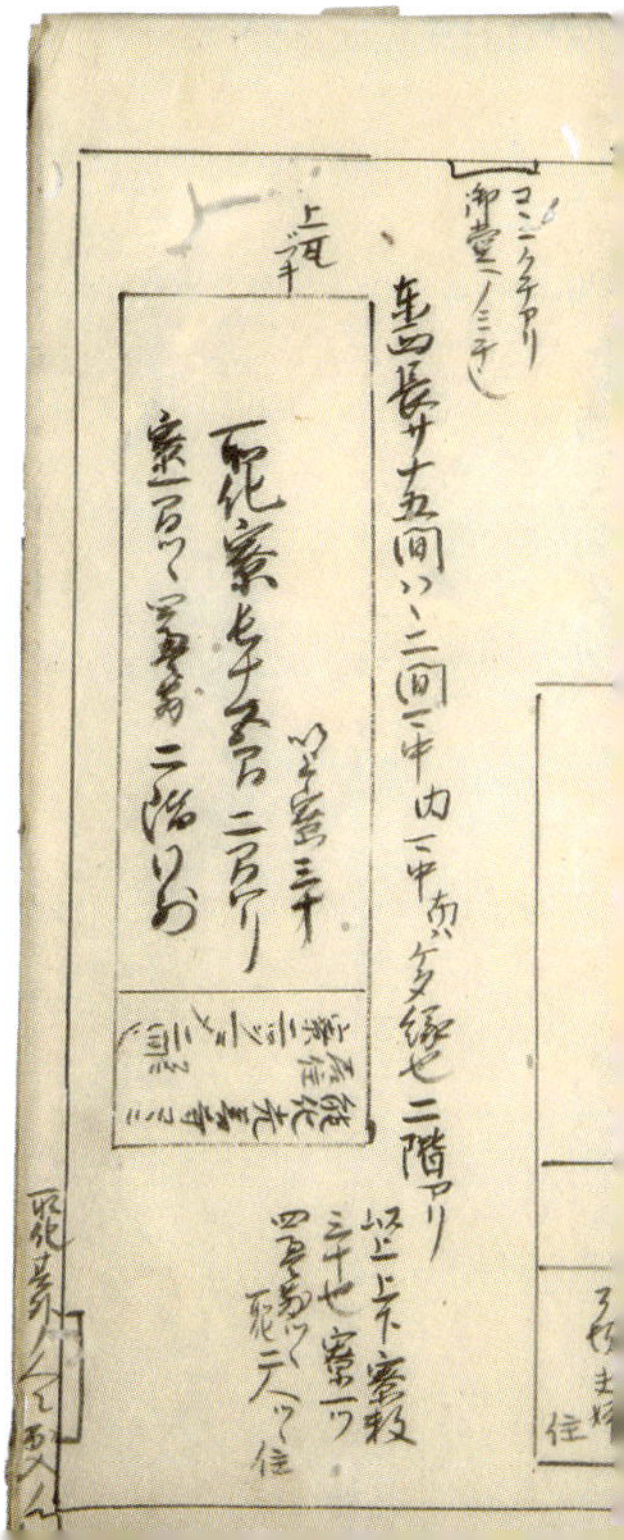

能《のう》化《け》法《ほう》霖《りん》絵《え》像《ぞう》

忘れても、頭頂のくぼみに指を置けば たちどころに思い出す！

龍谷大学と僧侶講習会「安居《あんご》」

この絵像に描かれた人物は、第４代能化、法霖（１６９３―１７４１）です。龍谷大学の起源である本願寺の教育機関「学寮」において、そこの統括責任者を「能化」といいました。つまり本願寺という一派における学頭（学問上の最高権威）に位置づけられる存在です。能化は歴史上７人（実際は８人）を数えますが、法霖はひときわ輝かしい存在です。

その後、学寮は「学林《がくりん》」へと改称されますが、全国から学林へ僧侶が一同に会して開講される講習会を「安居」と称しました。これは現在でも７月後半に、

龍谷大学大宮学舎本館にて2週間にわたって早朝から開催されており、全国から数百人にのぼる僧侶が毎年、学びにやってきます。その時分は大宮キャンパスを黒衣《こくえ》に黄袈裟《きげさ》のお坊さんたちがぞろぞろ歩いているのが、一つの風物詩になっています。

宗学史上に残る巨人・日渓《にっけい》法霖

さて1735（享保《きょうほう》20）年に、師であり能化であった若霖《じゃくりん》がなくなると、翌年、法霖は能化を継ぎます。すると法霖はすぐに学林の整備に取りかかり、なかでも彼の定めた『日渓学則』は学問の心得を摘示して、学徒に多大なる感化をもたらしました。

また法霖は学問的にも真宗学の中核である行信論《ぎょうしんろん》（名号《みょうごう》と念仏と信心の関係の究明）を始めとして、多くの分野で現在の宗学を基礎づけた人物といわれます。まさに彼は浄土真宗の歴史のなか、特に学問分野における巨人と称されるべき人物なのです。

とりわけ法霖を一躍有名にしたのは、諸宗兼学の俊傑《しゅんけつ》として高名な、古希《こき》を過ぎた華厳宗《けごんしゅう》の老僧「鳳潭《ほうたん》」が寄せた真宗への批判に対して、齢40に満たない若き法霖が、一歩も引かずに堂々たる論陣を張り、激しい論戦の末、みごと論破したことでした。その法霖の勝利は「敵者をして、三百の矛《ほこ》、一時に胸中に鑽入するの想あらしめたり」と、まさに三百もの矛が敵者（鳳潭）の胸に突き刺さった思いを抱かせたと言われるほど、鮮烈な印象を残したのでした。

安居に欠かせない絵像

法霖は能化として講義するとき、一枚の備忘紙も用意せず、よどみなく経典や、その注釈書の文を引き、宗義を弁じました。時に思い出せない場合は、頭頂のくぼみに指を置けば、たちどころに思い出したといいます。本絵像はその特徴的なすがたを描いたものです。

現在も続く安居。その日程のなか、かならず一日、昼からの時間を割いて、先学の遺徳を追慕する法会《ほうえ》「能化追慕会」が行われます。その日は終日、講師控室にはこの「能化法霖絵像」が懸《か》けられるのが通例となっています。それほど法霖の存在感は大きなものがあるのです。

ちなみに……。法霖は『龍谷講主伝』によると「身の長《たけ》七尺二寸」とも記されており、存在感のみならず、実際に身体《からだ》もかなりの巨体だったようです。

（井上見淳）

広如上人御影《こうにょしょうにんごえい》

財政危機からのV字回復！見事な手腕の第20代宗主・広如

財政危機の頂点にあった本願寺を建て直す

広如（1798―1871）は河内《かわち》顕証寺《けんしょうじ》の暉宣《きせん》の二男（第18代宗主文如《もんにょ》の孫）として生まれ、一旦は顕証寺住職となります。しかし1819（文政《ぶんせい》2）年に本願寺（西本願寺）に入り、1826（文政9）年、第19代宗主本《ほん》如《にょ》の遷化《せんげ》により29歳にして本願寺の第20代宗主を継職します。

広如継職当時の本願寺は、財政危機の頂点にありました。積年の借財は60万両に達するもので、その対策は急を要しました。そこで広如は大坂の商人石田敬起《いしだよしおき》に直命をもって財政改革を依頼します。本山の役人には倹約を求め、門末には信仰の繁盛を勧め、懇志募財《こんしぼざい》のほかに現在の賦課金《ふかきん》にあたる三季冥加《さんきみょうが》制度を創設するなど、敬起による改革は未曾有《みぞう》の成功を収め、莫大な借財の大半を整理することができました。その結果、財政回復に大きな成果が見られましたが、それでも借財が完済したのは1877（明治10）年頃のことでした。

揺れ動く時代の中での舵《かじ》取り

広如の宗主在職期間は幕末から明治にかけての45年で、政治・社会の大変革期に当たります。とくに時代が明治になると、天皇中心の神道国教化政策とそれに伴う排仏政策が推進され、仏法衰退の危機にありました。

そのような厳しい時代に教団の舵取りを迫られた広如は、各地の廃仏毀釈《はいぶつきしゃく》について政府へ意見するとともに、全国の僧侶・門徒に向けて、天皇中心の国家への忠誠を求める文書を発するなど、仏教の存在価値を示すことに腐心し、近代教団の歩むべき道を模索しました。

写字台文庫《しゃじだいぶんこ》の名付け親

龍谷大学にとって忘れてはならない広如の業績は、それまでの本願寺の歴代宗主が所蔵していた書物を徹底的に整理したことです。１８４６（弘化《こうか》３）年から１８５６（安政《あんせい》３）年まで10年の歳月がかけられた蔵書整理が完了すると、広如自ら「写字台文庫」と揮毫《きごう》した扁額《へんがく》を庫上に掲げ、本願寺の子弟が利用できるようにしました。現在、この写字台文庫の大半は龍谷大学大宮図書館に寄贈されており、広如の揮毫した扁額も大宮図書館写字台文庫入り口に高く掲げられています。

広如は１８７１（明治４）年８月19日（旧暦）、74歳で亡くなりました。院号は信法院《しんぽういん》です。

（高田文英）

御影上部の銘は親鸞『教行信証』総序の文。左辺には「前住広如」と記されています。

より開けた教団へ、もっと多くの人に教育を！ 龍谷大学近代化の父・明如

本願寺教団近代化の推進者

本願寺第21代宗主である明如《みょうにょ》（大谷光尊《おおたにこうそん》）は、１８５０（嘉永《かえい》３）年に第20代宗主広如《こうにょ》の第五男として誕生（１９０３〈明治36〉年1月18日逝去。享年54歳。諡《おくりな》は信知院《しんちいん》）。幕末維新期の困難な状況のなかで、父広如をよく補佐し、１８７１（明治４）年に宗主を継職すると、宗門改革に取り組み、本願寺教団近代化の方向性を用意しました。

本願寺は、維新政府による宗教政策のなかで教団体制の再編に迫られました。明如は梅上沢融《うめがみたくゆう》や島地黙雷《しまじもくらい》を宗教事情視察のためにヨーロッパに派遣、また赤松連城《あかまつれんじょう》らを留学させ、そこで得た知見に基づき、寺法の制定や法規の整備、集会《しゅうえ》（現宗会）の開設など、不完全ながらも現在の教団の基盤がつくられました。また、大日本仏教慈善会財団を創設するなど、社会事業にも着手しました。こうした教団の近代化のなかで、明如は学事の整備、龍谷大学の近代化にも尽力しました。

学林に普通学を導入し、寺院関係者以外にも開放

幕末維新期のあわただしさが落ち着きを見せる１８７５（明治８）年、明如は、ヨーロッパ留学から帰国した赤松に学林の改革を委任し、大教校《だいきょうこう》を創設します。これまで宗学中心に行われていた教育を改め、地理や歴史のみならず、博物や物理といった科目を導入し、また欧化の風潮が高まるなかで英語教育に力を入れるなど、日本の文明化や国際化を導く人材の育成が目指されたのです。さらに、宗学以外の科目（普通学）が大幅に

導入され、そうした科目を中心とした教育機関（普通教校）が設立されたことで、それまで寺院の子弟のみに限定されていた教育機関が、条件付きではありますが、すべての人々に開放されていきます。このような教育近代化に、明如は私財を投じたとされます。

写字台文庫《しゃじたいぶんこ》の寄贈《きぞう》

学校制度の近代化に尽力する一方で、貴重史料も多く寄贈されました。龍谷大学図書館には、古典籍史料が多数所蔵されています。その中核となるコレクションが、本願寺の歴代宗主が収集した「写字台文庫」です。同文庫の大半（約3万冊）は、第21代宗主明如の英断により、1892（明治25）年と1904（明治37）年の2回にわたって本学に寄贈されたものです。現在に至るまで、本学のさまざまな分野の教育・研究に活用されています。

明如は、現在の万人に開かれた龍谷大学へと向かう道筋を指し示した、なくてはならない人物だといえるでしょう。

（龍溪章雄）

御影上部の讃銘は親鸞『教行信証』総序の文の一節。「弘誓（ぐぜい）の強縁（ごうえん）、多生（たしょう）にも値（もうあ）ひがたく、真実の浄信、億劫（おっこう）にも獲がたし。たまたま行信（ぎょうしん）を獲ば、遠く宿縁（しゅくえん）を慶（よろこ）べ」と訓みます。

１幅　製作者不詳　明治末期頃画　縦 199.3 × 横 76.5cm

本願寺大教校《ほんがんじだいきょうこう》 慶讃会四箇法要之図《きょうさんえしかほうようのず》

洋風建築と未曾有《みぞう》の大典に新しい時代を感じる

大教校落成記念行事の盛大さを伝える

１８７９（明治12）年5月3日から3日間にわたって実施された大教校（現在の龍谷大学大宮学舎）の落成記念行事の様子を伝える版画です。東大寺大仏開眼供養《かいげんくよう》に倣《なら》ったとされる「四箇法要」という儀式が催《もよお》され、舞楽《ぶがく》も演じられました。図の左上には「真宗未曾有ㇾ之大《いまだかつてこれあらざるたい》典《てん》」という説明があり、その盛大さがうかがえます。行事そのものは「庭儀畧図《ていぎりゃくず》」・「慶讃会《え》舞楽之《の》畧図」（大宮図書館所蔵）がよく伝えていますが、建物はこの図の方が少し誇張《こちょう》はあるものの、より正確に写しています。

大教校の設立

江戸時代から続く学林《がくりん》では、１８７５（明治８）年に仏教関係の学問だけでなく「普通学」を採用するなどの改革が実施され、本願寺系の学校を組織化することにな

「講堂」をはさんで両側に「生徒寮」、奥には「食堂」が見えます。

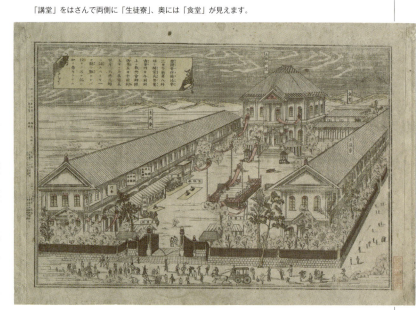

りました。学林を引き継ぎ、最高学府として創設された大教校は、施設も新築されることになり、約2年の歳月をかけて完成します。

初代校長赤松連城《あかまつれんじょう》は、同じ山口出身の島地黙雷《しまじもくらい》らとともに、1872（明治5）年に渡欧して、岩倉遣外《けんがい》使節団に合流し、宗教情況の視察などをおこないました。「赤松ノ進歩驚《きょう》セリ、通弁《つうべん》モ能出来《よくでき》、書物モ余程《よほど》能ク読ム」（『島地黙雷全集』）と評された彼の知見が、大教校の建築に反映されたとする見方にもうなずけます。木造建築に石材を貼《は》った「擬洋風《ぎようふう》建築」は、1964（昭和39）年に正門などとともに国の重要文化財に指定されました（北黌《ほっこう》・南黌《なんこう》・守衛所は1998〈平成10〉年に追加指定）。

仏教と教育の文明開化

幕末維新の動乱を経て成立した明治新政府は、自らの正当性の根拠を記紀《きき》神話に求めました。このため廃仏毀釈《はいぶつきしゃく》（仏教を廃し釈迦《しゃか》の教えを毀《こわ》す）の嵐が吹き荒れ、仏教は大打撃を受けました。また、前代以来の弾圧が不平等条約の改正交渉に支障をきたしたため、キリスト教は1873（明治6）年に黙認《もくにん》されます。

島地は、同郷で新政府の要職にあった木戸孝允《きどたかよし》・伊藤《いとう》博文《ひろぶみ》の支援を受けつつ、仏教復興に努めました。「特《ひと》リ真宗新精神ヲ振起《しんき》シ、民《たみ》ニ自主自立ノ標準ヲ示スモノ、教法開明《きょうほうかいめい》ノ先鞭《せんべん》ヲ着《つ》クルモノノミナラズ、世道《せどう》開明ノ先鋒《せんぽう》」（同上書）であるといいます。真宗こそが近代化政策にとって有益であり、キリスト教の拡大も阻《はば》むことができるというのです。伝統を重んじる教団の最高学府に洋風の建物を採用したのは、新時代において存在感を示そうという気概《きがい》の現れだったといえます。

1885（明治18）年には一般に開放された普通教校（現在の東黌《とうこう》の場所）も設けられ、さらに改革を経ながら、僧《そう》俗《ぞく》を問わず有能な人材が大宮の地から輩出《はいしゅつ》しました。

大宮学舎本館

大宮学舎では、講義の妨げにならない日程で、ドラマや映画の撮影が行われることがあります。陸軍省・慶應義塾《けいおうぎじゅく》演説館・東京高等師範学校などさまざまな建物に擬《なぞら》えられました。ぜひ足を運んで実物をご覧ください。

（藤原正信）

明治初期のキャンパスデザインを今に伝える

大宮学舎は日本最古のキャンパス

大学のキャンパスは学習・研究・教育の場として合理的な設計を持つことが望まれます。現在では、この考えは一般的になっていますが、1879（明治12）年の大教校の落成から大学林、佛教大学、龍谷大学と変遷しても、そのキャンパスデザインは、140年を超えて変わることなく現在に伝わり、文字どおり歴史を継承する国内でも例を見ない最古のキャンパスとなっています。

これらの建造物群は、明治初期の擬洋風《ぎようふう》建築の代表例として、1964（昭和39）年と1998（平成10）年（追加）に国の重要文化財に指定されました。

擬洋風建築は、完全な洋風の建築技術がまだ日本に定着する前の、和洋折衷《せっちゅう》を取り入れた、日本人の棟梁《とうりょう》の下で建造されたもので、〝擬〟洋風というより、当時の文化的・技術的先進性を今に伝える〝明治初期建築物〟として、次のような特徴を持っています。

外観上、石の柱が立ち並び、あたかも石造や煉瓦《れんが》造のような印象を与えますが、実際は木造で石材は柱などの木部に貼《は》り付けられています。これを「木造石貼り」といい、比較的早い時期に外国人が居住した横浜などで用いられましたが、現存するのはこの大宮学舎のみです。

1948（昭和23）年　降誕会の日のキャンパス全景。

1987（昭和62）年　空中撮影によるキャンパス全景。

木造部分はほぼ日本の伝統的な工法によっていますが、補強にボルトなどの金物《かなもの》が数多く用いられ、また屋根を支える小屋組《こやぐみ》にキングポスト構造が採用されるなど、洋風建築技術も取り入れられています。

大宮学舎の建造物群は、1879（明治12）年、大教校大講堂（現本館）、生徒寮（現南黌《なんこう》、北黌《ほっこう》）、守衛所、表門（現正門）が竣工《しゅんこう》。周囲鉄柵《てっさく》、北渡り廊下、食堂も造られました。残念ながら現在北渡り廊下と食堂についてはその姿を見ることはできませんが、これらの建造物群すべてが、学習・研究・教育の場として設計・造営され、現在も活用されています。

（岡田至弘）

1879（明治 12）年　大教校創建時のキャンパス外観。

1910（明治 43）年　「佛教大學」とよばれたころのキャンパス外観。

1929（昭和 4）年　旧制大学としての「龍谷大学」になってからのキャンパス外観。

樹心館《じゅしんかん》（旧図書館）

3度の移築にも耐え、瀟洒《しょうしゃ》な姿をとどめる元警察署庁舎

100年以上前の設計をそのまま生かして

この建造物は、明治期の擬洋風《ぎようふう》建築の趣《おもむき》を持つ大学図書館として１９０８（明治41）年10月に竣工《しゅんこう》しました。もとは、大阪島之内《しまのうち》に１８８５（明治18）年大阪南警察署庁舎として建築されました。その後、仏教大学（現龍谷大学大宮学舎）の図書館として解体移築されました。この移築は、熱心な門徒の寄付により実現したものです。１９３６（昭和11）年からは学友会事務室として利用されました。１９４８（昭和23）年には、本願寺境内西隅《けいだいせいぐう》（台所門北側）に移築され、本願寺宗務所として用いられました。移築の際、外観、基本構造は変わることなく、その利用目的に対応した内部修復・改造が行われました。１９９４（平成６）年３月、校友会を中心にした募金により、場所を大宮学舎から

礼拝堂

イオニア式立柱が並ぶベランダ

アカンサスの彫刻

現在の建物外観（正面）

瀬田学舎に移し、礼拝施設（樹心館）として朝の勤行《ごんぎょう》や親鸞聖人ご生誕法要などで、利用されています。「建学の精神」を具現化するための大切な建造物といえます。この樹心館は、「瀬田学舎に礼拝施設を」という校友の願いなくしては誕生しませんでした。

建物は、木造2階建、寄棟造桟瓦葺《よせむねづくりさんがわらぶき》で、外壁は下見《したみ》板張《いたばり》となっています。正面に張り出された玄関ポーチでは、1階の欄間《らんま》にアカンサス（葉薊《はあざみ》）の彫刻を飾り、2階のベランダにはイオニア式立柱を並べてペディメント（正面上部の三角形の部分）を支持しています。

樹心館は3度の移築を重ねながらも当初の外観がよく保持され、その命脈を保ってきた歴史的経緯とともに、希少な明治期の警察署の遺構を現在に伝えるという点でも貴重な文化遺産です。２０１５年３月「登録有形文化財（建造物）」に指定されました。

（岡田至弘）

1924（大正 13）年　図書館内部

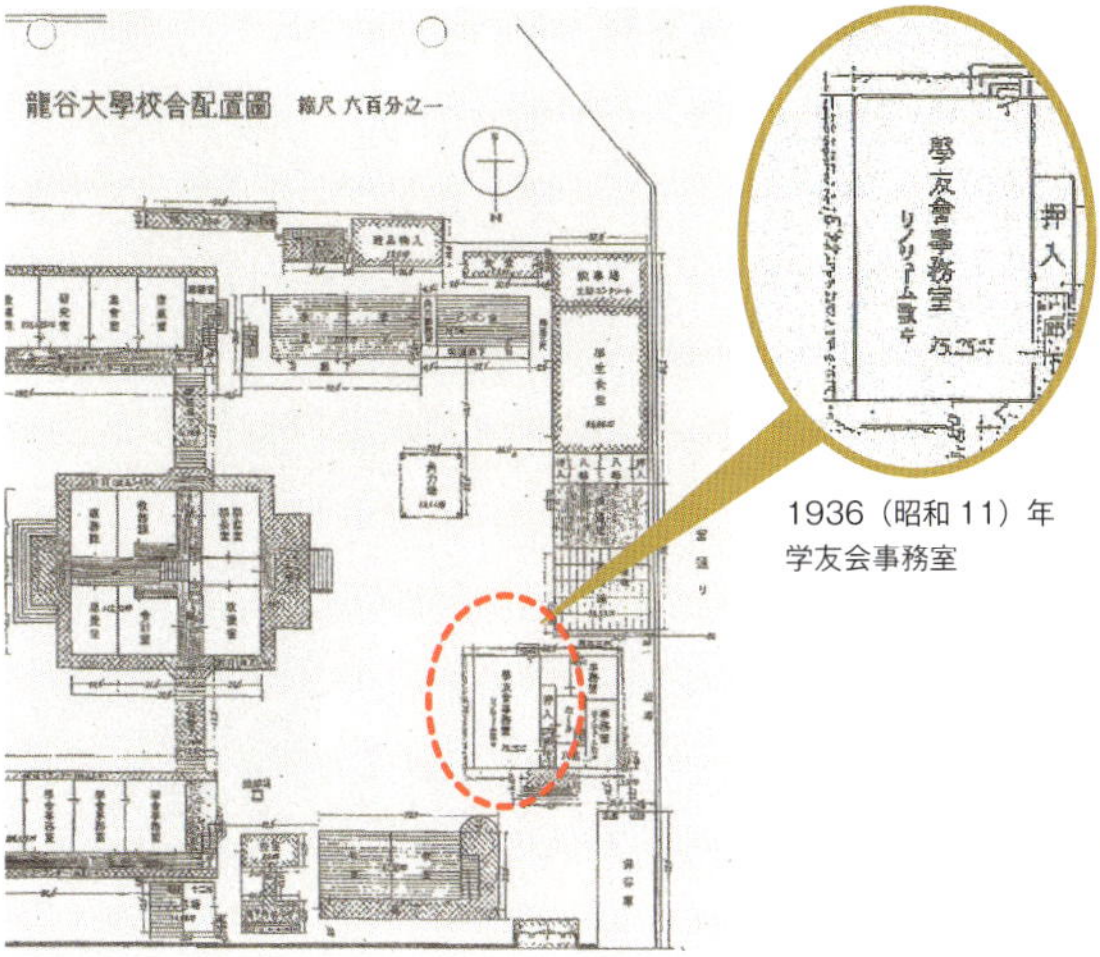

1936（昭和 11）年
学友会事務室

グリーンハウスと呼ばれた本願寺宗務所

反省会雑誌《はんせいかいざっし》 The Hansei Zasshi

"進取"の学風から生まれた機関誌がのちの『中央公論』へと発展

明治の仏教界に新風を吹き込む「普通教校」開校

龍谷大学は、僧侶養成学校として江戸時代初期からの長い伝統を有していますが、1885（明治18）年には普通教校を設立して、俗人教育にも着手しました。普通教校は、真宗学や仏教学だけでなく、一般的な学問（普通学）も教育して広く社会に有為な人物を養成することを目的としていました。キリスト教主義の同志社に対抗する意図もあったのです。

活発なサークル活動と機関誌発行

普通教校の学風は進取に富んだものであったと言われ、学生の主体的なサークル活動も盛んでした。なかでも、海外宣教会と反省会はその代表的存在でした。海外宣教会は、『海外仏教事情』『THE BIJOU OF ASIA（亜細亜《アジア》之《の》宝珠《ほうじゅ》）』という英文機関誌を発行して海外との仏教交流を推進しました。また反省会は、禁酒・禁煙の普及を通じてモラル向上の啓発に努めました。

1887（明治20）年8月、反省会は機関誌『反省会

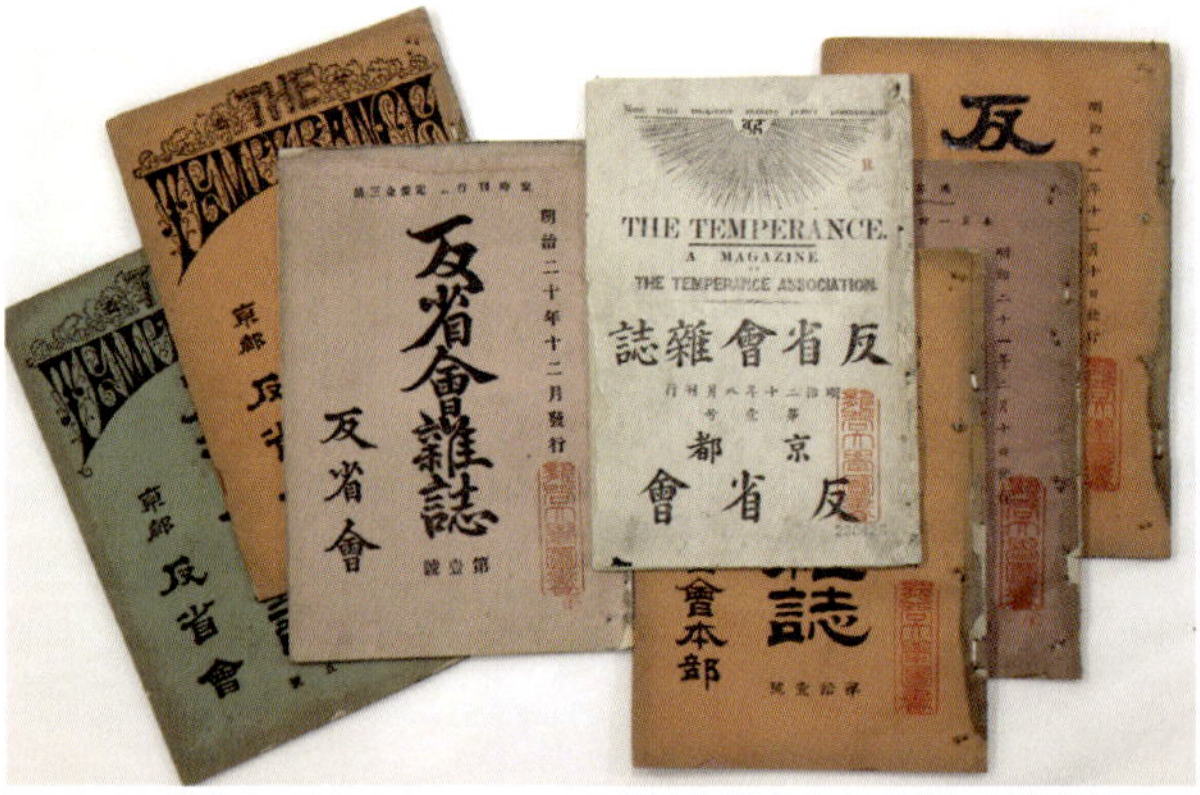

創刊当初の『反省会雑誌』

雑誌』（のちに『反省雑誌』と改題）を創刊します。この雑誌を通じて、反省会の趣旨に賛同する者は急増し、2万人にも達しました。

英文版反省会雑誌『The Hansei Zasshi』

また、反省会会員は、普通教校を卒業した後に、東京の諸学校へと進学し、彼らによって第一高等中学校・帝国大学（現東京大学）の徳風会、東京専門学校（現早稲《わせ》田《だ》大学）の教友会、慶應義塾《けいおうぎじゅく》の三田《みた》仏教会などが組織されました。これにより、仏教青年会活動が全国に広まっていったのです。

欧文雑誌の創刊から総合雑誌『中央公論』へと発展

こうして１８９６（明治29）年には、反省会も東京に移転しました。『反省雑誌』は、日清戦争後に、世界に対して、わが国の認識を高めるため英文欄を設けていましたが、１８９７（明治30）年1月から、露文（ロシア語）欄を加え、単独の欧文雑誌『The Hansei Zasshi』を創刊しました。

口絵には日本の風俗や美術品などの木版刷錦絵をあしらい、本文では日本の宗教や文化を、国宝級の建築物や美術品のカット入りで説明した贅沢《ぜいたく》な雑誌でした。欧米やアジア各国に向けて、数万部が発送されたといいます。

その後、『反省雑誌』は、１８９９（明治32）年に『中央公論』と改題され、わが国を代表する総合雑誌に発展して現代に至っています。

（中西直樹）

デジタルアーカイブコラム③

Digital Archives Column

奈良絵本 竹取物語

この奈良絵本で使われている「青色」は、伝統の「藍《あい》」または「岩紺青《いわこんじょう》」とは異なり、含砒素《がんひそ》コバルト鉱石粉末をガラス粉末に混ぜて焼成したスマルト（花紺《はなこん》青《じょう》）だということが、顔料《がんりょう》分析によってわかりました。

スマルトはトルコで作られたきわめて高価な顔料です。日本での「花紺青」の記載は１６９０（元禄《げんろく》３）年、土佐光起《とさみつおき》の「本朝画法大伝《ほんちょうがほうたいでん》」が最初ですが、永積洋子編『唐船輸出入品数一覧』（創文社）によれば、これより先、１６７９―８０（延宝《えんぽう》７―８）年の６０６斤《きん》（１斤＝６００グラム、中国では５００グラム）を皮切りに、１６８１―８３（天和《てんな》元―３）年に合計３２９７斤の群青《ぐんじょう》（Olijsmelt：オランダ語＝スマルト）が、中国から輸入されています。その価格は、陶磁器用絵具の10倍になります。

花紺青は、江戸狩野派《かのうは》の絵具師市川守静《いちかわしゅじょう》の『丹青指南《たんせいしなん》』（東京美術学校校友会発行）に「法橋光琳《ほっきょうこうりん》は此《この》絵具を幾多の方面に用ゐたるなり」と記されています。尾形光琳が「カキツバタ屏風《びょうぶ》」を描くのが１７０１―０２（元禄14―15）年ですから、延宝頃の作とされる本書はスマルト輸入年とちょうど重なり、光琳より10年前には奈良絵本に使われたことになります。

（江南和幸）

縦本　３帖
縦 23.2 × 横 17.3cm
江戸初期写

第4章 写字台文庫の至宝

Treasure

写字台文庫《しゃじだいぶんこ》とは、本願寺の歴代宗主《しゅうしゅ》が収集してきた書籍の総称です。19世紀末までにおよそ4万冊にも及んだこの蔵書の多くを、第21代宗主明如《みょうにょ》（1850—1903年）が龍谷大学に寄贈し、現在まで大切に伝えられてきました。その内容は、仏教や真宗に限らず、文学、歴史、自然科学など多岐《たき》にわたっています。本章では、写字台文庫に収められたこれら貴重書の中から、歴代宗主の知見の広さをうかがわせる多様な典籍をご紹介していきます。

江戸の実用数学に興味津々《しんしん》！現存する日本最古の算用記

著者も刊行年もわからないのに最古？

「算用記」とは数学の本という意味で、当時の塾などの教科書名として使われていたと考えられます。その類の教科書のなかで最も古いものが、龍谷大学の写字台《しゃじだい》文庫（本願寺歴代宗主収集の書籍）に収められています。

本書の著者や刊行年は明らかになっていませんので、「最古」の教科書とするのは不思議に思われるかもしれません。しかし、毛《もう》利重能《りしげよし》著『割算書《わりさんしょ》』（1622〈元和8〉）は本書を改訂増補してまとめられていて、著名な吉田光由《みつよし》著『塵劫記《じんこうき》』（1627〈寛永4〉）も本書の内容のほとんどを含むと

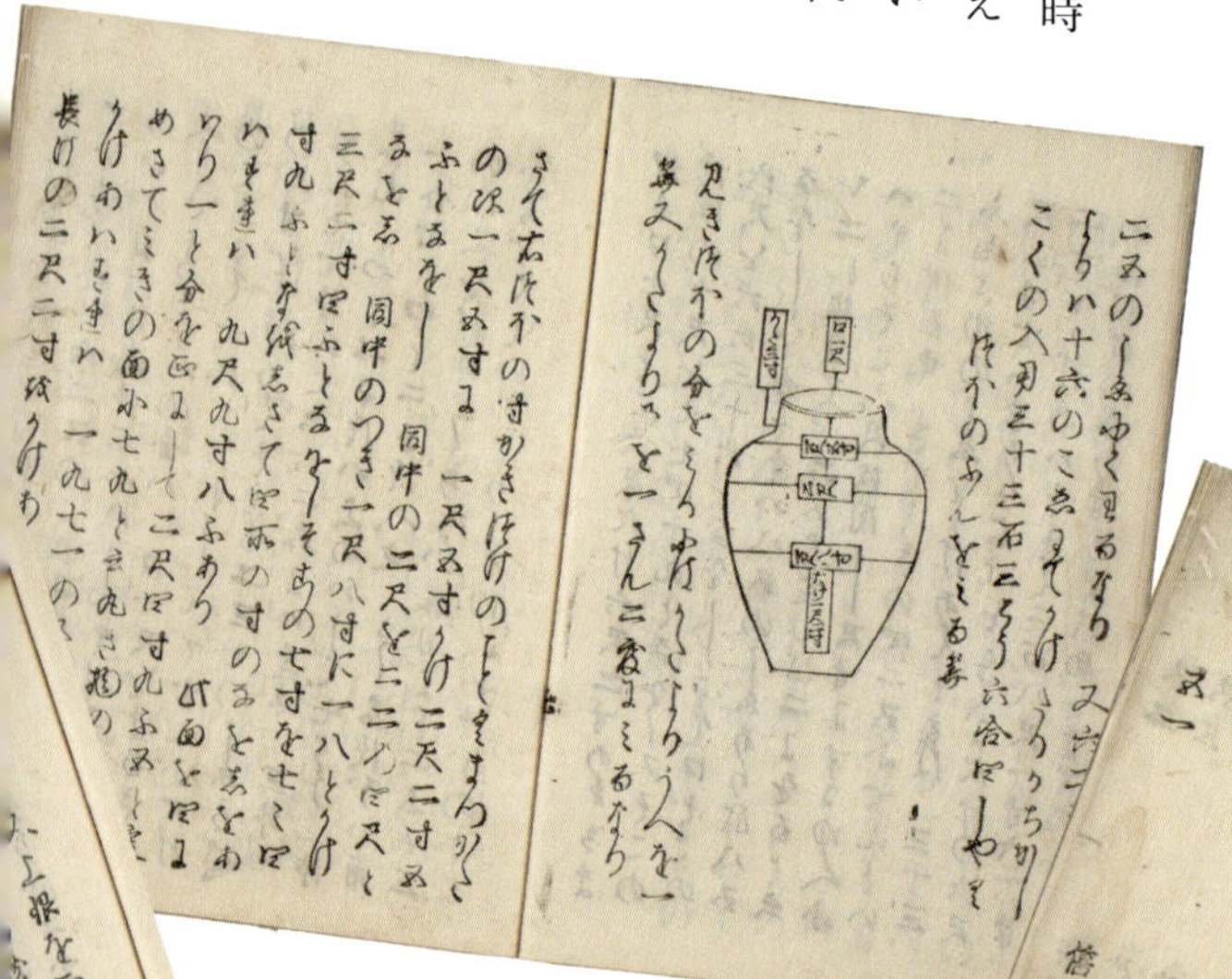

「つほ（壺）のふん（分）をみる算」の壺の図を用いた解説。

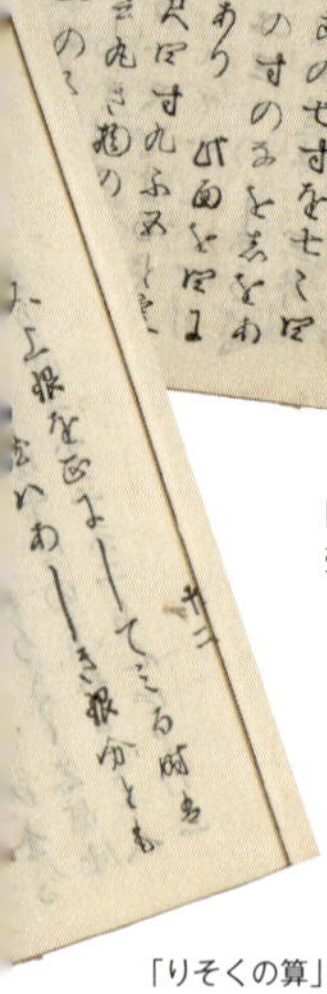

「りそくの算」の解説。

1巻1冊　著者・刊年不明
木活字版　縦 25.3 × 横 18.3cm

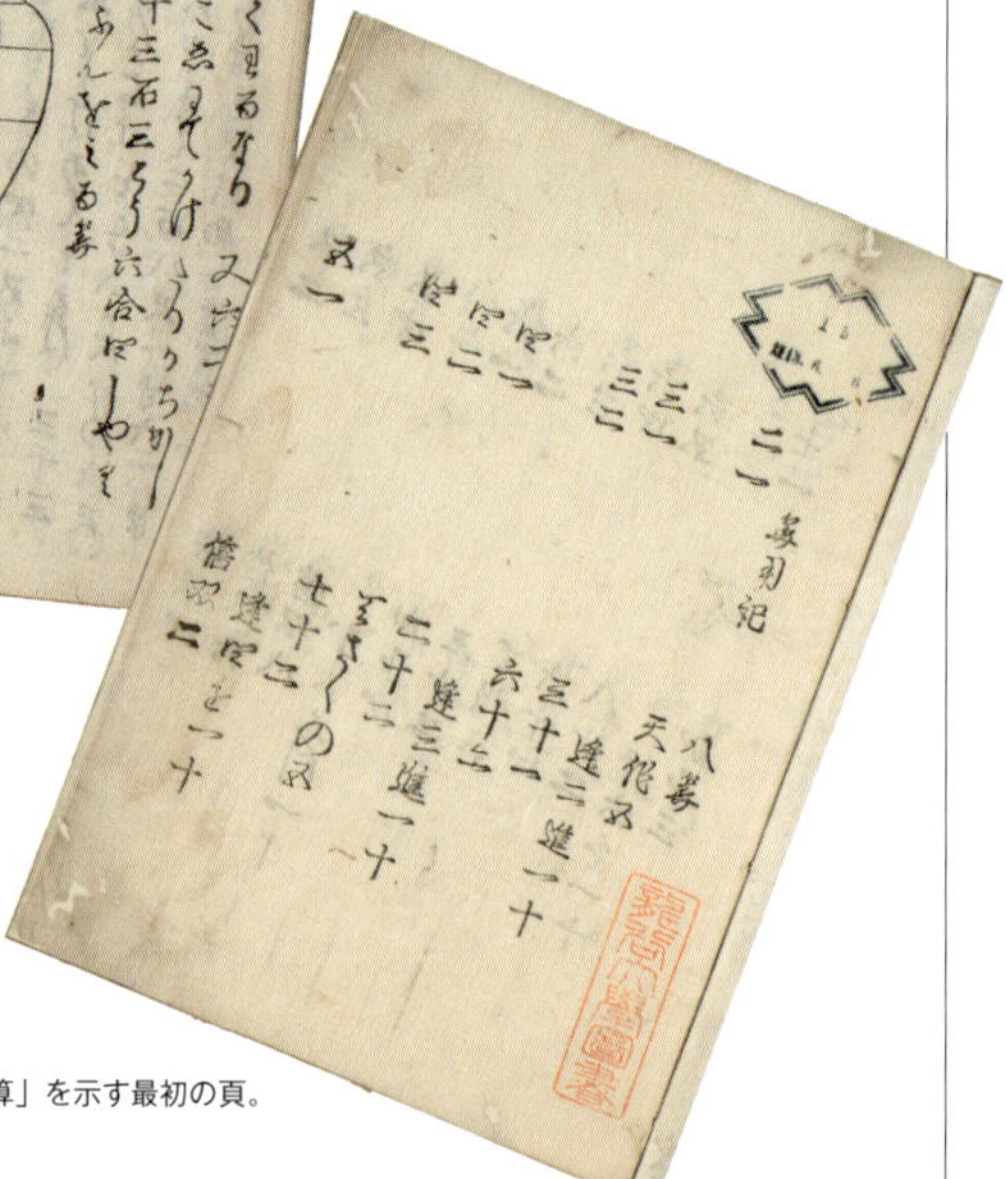

「八算」を示す最初の頁。

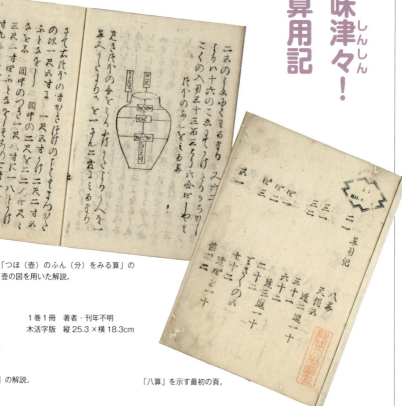

されます。また、天理大学所蔵の『算用記』（1628〈寛永5〉）が『割算書』と『塵劫記』の両方から諸項目を選び編集されたと見られることなどを踏まえると、写字台文庫の『算用記』は1620年代初め以前に刊行されたと考えられるのです。

割り算の九九《くく》、桶《おけ》の容積などをあつかう教科書

本書には、商業にかかわるさまざまな数学の基礎が扱われています。最初に取り上げられているのは「八算《はっさん》」で、九九の割り算版（割声《わりごえ》）です。10÷2＝5の場合、「二一天作《てんさく》五」となり、割る数、割られる数（×10）、答え、余り（あれば）の順に数字が並んでいます。ここでの「天作」はそろばんの上段の珠《たま》を下ろすことを意味します。この八算は九九と同じように暗記され、広く一般的に使われていました。その他に、「四十四和《わ》り」（四十四割）というある数を44で割ったときの割声も見られます。それは当時判金《ばんきん》1枚の重さが44匁《もんめ》であったために必要だったと考えられます（匁は、尺貫法《しゃっかんほう》で重量の単位の一つであり、貫の1000分の1となります。3・75グラムにあたります）。「まるき物の分《ふん》を見るさん」という項目では円を扱い、直径1尺《しゃく》のときの円周を3尺1寸《すん》6分《ぶ》としています（尺は尺貫法での長さの単位ですが、江戸時代まで複数の尺が存在しました。明治時代以降は33分の10メートルで約30・3センチとなっています。寸は10分の1尺、分は100分の1尺となります）。つまり、円周率を3・16としていました。さらに、「つほ（壺《つぼ》）のふん（分）をみる算」では壺の容積を求める方法が述べられ、「りそくの算」では「米十石を年五割の利率で貸した時、十年で元利合わせていくらになるか」という具体的な問題などを扱っています。「さいく（細工）作りやう高下《こうげ》を分るやう」では、上中下の技術をもつ細工師の工賃《こうちん》の計算を具体的に例示しています。こうしたさまざまな計算方法や計算例を示した『算用記』は、当時仕事をする際に必要な計算を学ぶのに適した数学の教科書だったのでしょう。それらの教科書の中で、現在、見出されている最古のものが龍谷大学所蔵の『算用記』なのです。本書を通して、江戸時代初期の人々が学んでいた実用数学に触れることができます。

（小長谷大介）

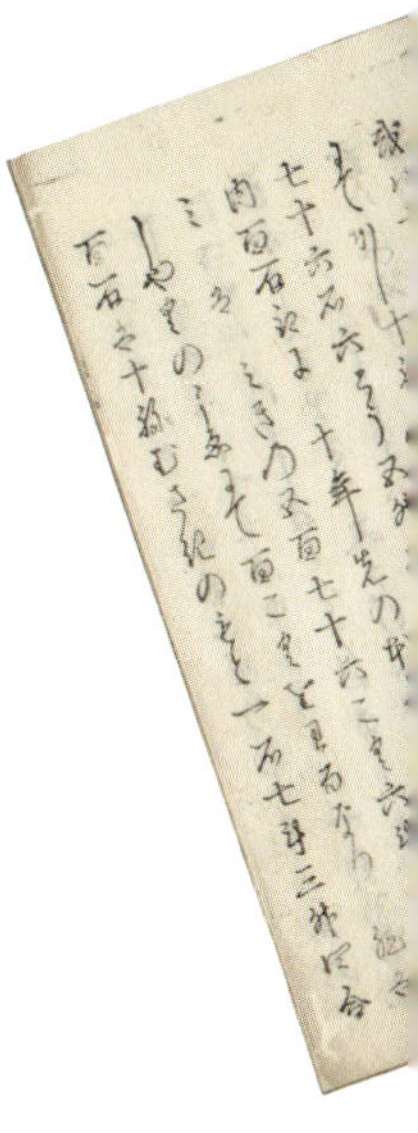

類証弁異全九集《るいしょうべんいぜんきゅうしゅう》

僧侶は医学も学んでいた!? 2人の名医によって伝えられた中国の医学書

はじめて和訳された中国の医学書

『類証弁異全九集《るいしょうべんいぜんきゅうしゅう》』は、中国の銭塘《せんとう》(浙江省杭州市)の僧医《そうい》・月湖《げっこ》が、1452(明《みん》・景泰《けいたい》3)年にまとめた医学書で、病名や症状、薬剤の調合、脈診《みゃくしん》、鍼灸《しんきゅう》、治療法などが記されます。中国では本書の存在が確認されていませんが、日本では広く流通しました。当時の日本では、明国に渡った僧侶によって多くの医薬書がもたらされました。本書もその一つで、1487(長享《ちょうきょう》元)年に渡明、月湖に師事した田代三喜《たしろさんき》が、1498(明応《めいおう》7)年に持ち帰ったものです。その後、田代の高弟の曲直瀬《まなせ》道三《どうさん》に伝わり、再編、和訳されました。

本書には、月湖の原典本、曲直瀬の再編本と和訳本の3種があり、写本、古活字本、整版本などが多数伝わっています。特に曲直瀬による『類証弁異全九集』は、江戸初期の重要な医学テキストとして評価されるだけでなく、片仮名混じりの文体や時代を表す用語などが、日本語学研究においても貴重な史料とされています。

龍谷大学所蔵本は再編本で、ページの上段に曲直瀬の注釈、下段に訓点等を施した本文が記されています。この構成は他の再編本には見られない特徴で、曲直瀬が再編した当時の形を残す伝本だと考えられています。

僧と医を兼ねた者――医療を支えた僧侶たち

田代三喜や曲直瀬道三は、室町から安土桃山期の医者として有名ですが、還俗《げんぞく》して独立するまでは、ともに僧侶として医薬を学んでいます。田代は武蔵国(埼玉県入《いる》間郡越生町《まぐんおごせまち》)の医家に生まれ、15歳で臨済宗妙心寺派の

中風（ちゅうふう）（半身不随、麻痺）の症状を述べた部分。上段が曲直瀬による注釈。

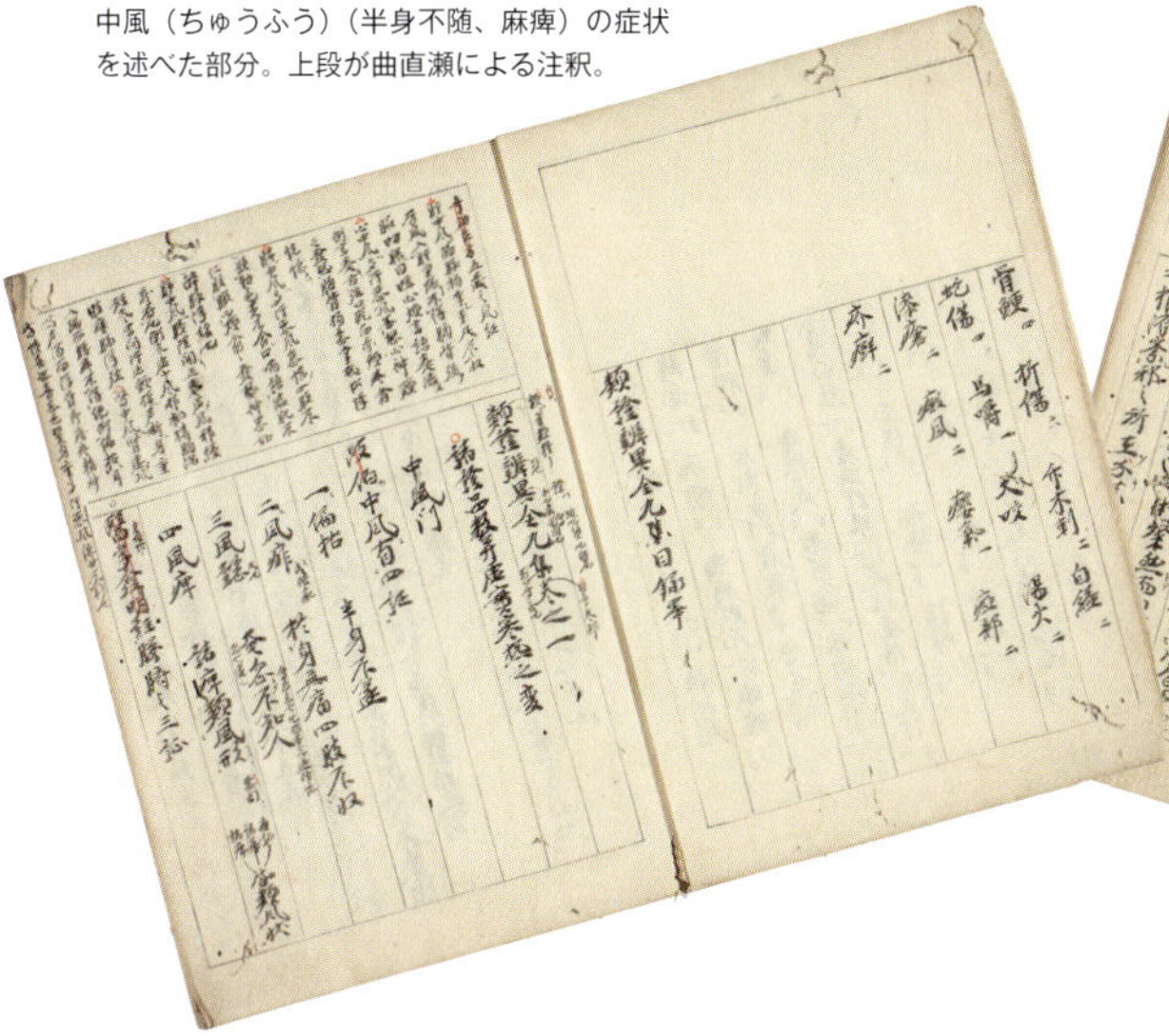

４巻３冊　月湖編釈　曲直瀬道三頭注
1452（明・景泰３）年陳叔舒序
1589（天正 17）年写

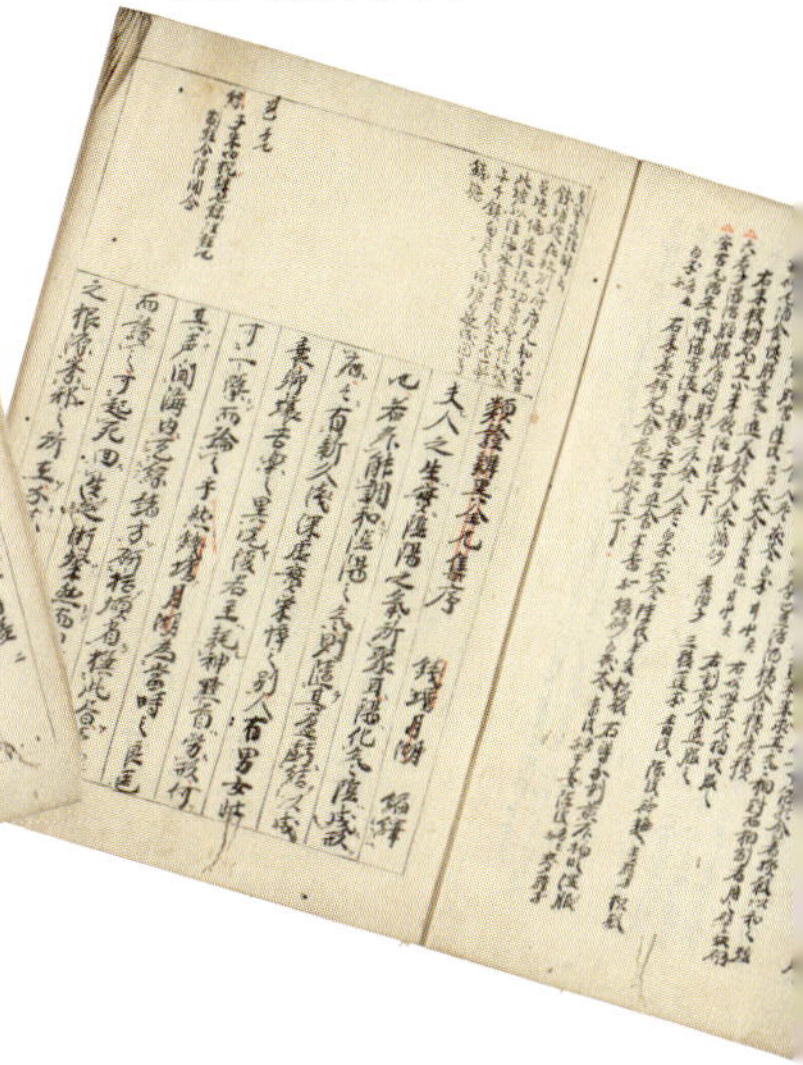

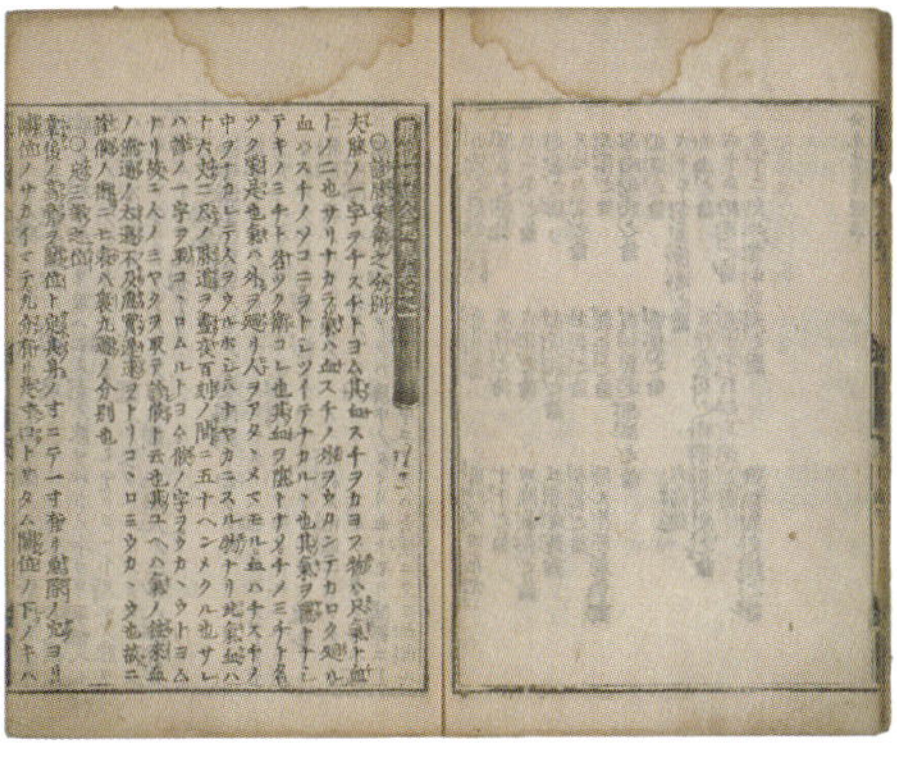

原典を汲んで和訳された『類証弁異全九集』。内容は４巻から７巻に増訂されています。左図版は 1633（寛永 10）年の整版本。京都大学附属図書館（富士川文庫）所蔵。

寺に入ります。京都生まれの曲直瀬は、幼くして両親と死別。近江の大光寺に引き取られたのち、13歳で京都の相国寺の塔頭《たっちゅう》で出家します。さらに二人は、下野国（栃木県足利《あしかが》市）の足利学校で教学や漢学、医学などを学びました。当時の寺院には本格的に医薬を学ぶための道が開かれており、医学教授の場として重要な役割を担っていたのです。

僧侶と医師を兼ねた者を僧医といい、古文献には「医僧」「法師医」「くすし僧」「くすり坊主」などさまざまな呼称で登場します。僧侶が医療に関わるようになった歴史は古く、仏教では、医療は衆《しゅ》生《じょう》を利する方途であり、医学の知識が僧侶の基礎教養の一つでした。医学が官や仏教の制約から離れて展開するまで、医薬学や医療の大部分はこうした僧医によって支えられていました。

（谷口綾）

全体新論《ぜんたいしんろん》

西洋医学がやってきた！精微《せいび》な解剖図《かいぼうず》と新たな医療、そしてキリスト教

医療宣教師ホブソンによる中国語の医学書

『全体新論』は、医療宣教師のベンジャミン・ホブソン（中国名は合信）が、医学教育のために中国語で著した書物です。１８５１（清《しん》・咸豊《かんぽう》元）年に刊行され、『西医略論《せいいりゃくろん》』『婦嬰新説《ふえいしんせつ》』『内科新説《ないかしんせつ》』『博物新編《はくぶつしんぺん》』とともにホブソン五書と総称されます。全40章で構成され、解剖学、内臓や神経・血管・受胎に関する生理学など、西洋近代医学の新知見がまとめられています。また、本書に載録された諸図版は、従来の中国医書を凌《しの》ぐ精微なもので、当時の伝統医学に大きなインパクトを与えました。

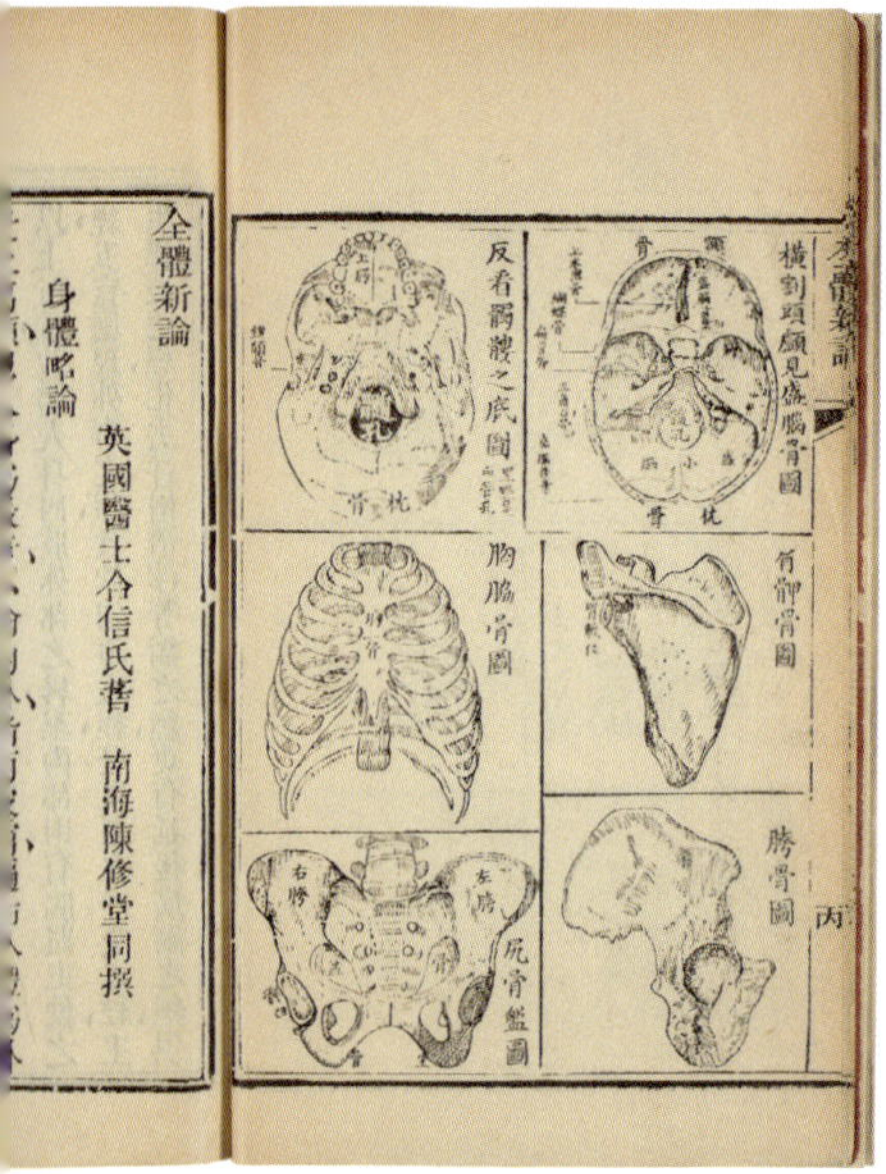

右図は骨格部の一部。19世紀前半の解剖学書に収録された図版を参照して作成されました。

ホブソンは、１８１６年にイギリスに生まれ、ロンドン大学医科大学を卒業後、医療宣教師となり、１８３９年にマカオに入ります。以後、中国医療伝道会が経営する病院に勤務し、１８４７年には広東《カントン》で恵愛医館を開設して医学書を出版し、本格的な医療伝道活動を行います。『全体新論』の執筆や図版作成は、陳修堂《ちんしゅうどう》や周学《しゅうがく》ら現地の中国人と協力して進められ、内容も中国古典や『素《そ》

問《もん》』『難経《なんぎょう》』などを引用して中国伝統医学に関連づける努力が払われています。一方で、本書には布教書的要素も多分に含まれ、聖書を引用したり、信仰の勧めが説かれたりと、彼の宣教師としての一面も見てとれます。

日本の医学界・仏教界への影響

『全体新論』は、中国での刊行後まもなく日本に舶来し、1857（安政《あんせい》4）年には和刻本《わこくぼん》（日本で刷られた本）が、1874（明治7）年には高木熊三郎《たかぎくまさぶろう》や石黒厚《いしぐろあつし》による翻訳本『全体新論訳解《ぜんたいしんろんやっかい》』が出版され、幕末から明治初年の医学教育に大きな影響を与えました。

しかし、本書のキリスト教的側面は、同時に仏教界の反発を招きます。安政の仮条約の締結以後、相次いで来日した宣教師の布教活動には、入華宣教師による中国語の著作が利用されたため、ホブソンの医学書も、外来宗教の影響を危惧《きぐ》した僧侶の反発の対象となりました。

真宗大谷派、伊勢・妙光寺《みょうこうじ》の僧侶霊遊《れいゆう》がこの状況を問題視し、とりわけ『全体新論』を強く批判したことは有名です。また、この時期に出版された和刻本は、『全体新論』の中のキリスト教の布教に関わる一部分が削除されています。

このような動きにもかかわらず、龍谷大学の写字台《しゃじだい》文庫には、ホブソンの『全体新論』と『婦嬰新説』が収められています。本願寺による当時の収集が、仏教の経典のみではなく、ひろく西洋近代医学も対象としていたことは、いま一度評価されるべきでしょう。（谷口綾）

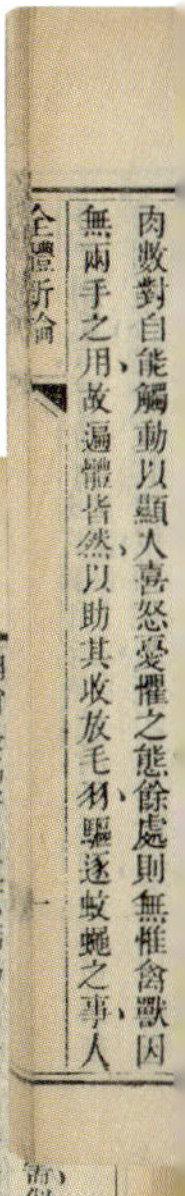

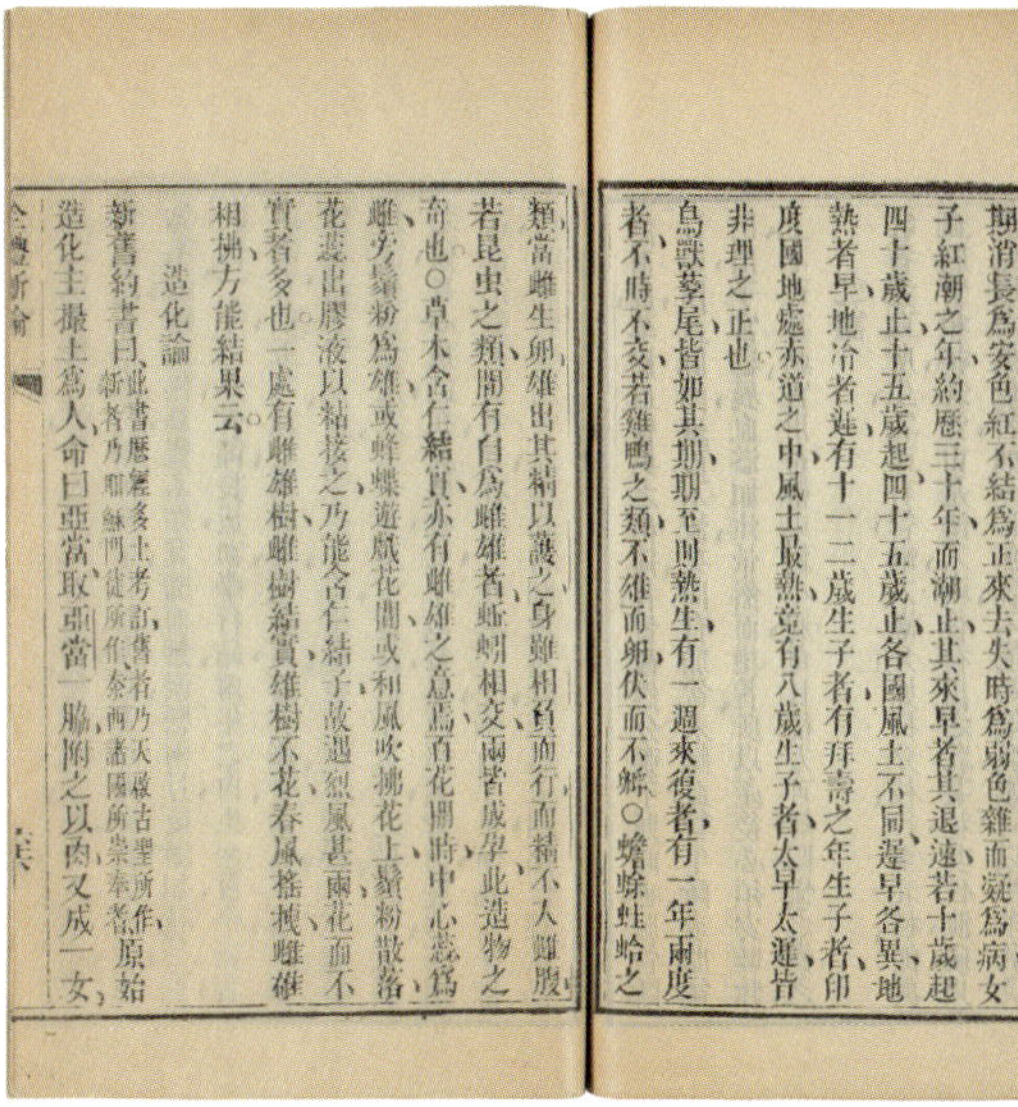

1冊　ベンジャミン・ホブソン Benjamin Hobson 合信著
陳修堂撰　1853（清・咸豊3）年葉志詵賛
1853（清・咸豊3）年刊　再版本

「造化論」に「新舊約書曰く、原始、造化主、土を撮（と）りて人を為（つく）り、命じて亞當（あびむ）と曰う」とみえるとおり、巻末の2節は、聖書の解説や信仰の勧めに充てられています。

解体新書《かいたいしんしょ》

暗号解読のような翻訳作業「ターヘル・アナトミア」から『解体新書』へ

5冊（序図1巻、4巻） ヨハン・アダム・クルムス Johann Adam Kulmus 著
ヘラルト・ディクテン Gerardas Dicten 訳
杉田玄白重訳　中川淳庵等校　桂川甫周閲　小田野直武画　1774（安永3）年刊

打阿係縷亜那都米（たあへるあなとみい）

『解体新書』は、ドイツの解剖《かいぼう》学者ヨハン・アダム・クルムスによる『解剖学表 Anatomische Tabellen』のオランダ語訳を、さらに日本語に翻訳したものです。第1冊が図版篇、第2～5冊が解説篇で、身体・骨格の各論、臓器等の説明が漢文で記されます。オランダ語からの本格的な翻訳は日本初の試みで、1774（安永《あんえい》3）年に刊行されました。『解体新書』は改訂版を含め国内に多数残されています。龍谷大学所蔵の『解体新書』は1774（安永3）年の初版本です。

原著となるクルムスの『解剖学表』は、1722年にドイツで刊行ののち、版を重ねるとともに、オランダ語、フランス語、ラテン語にも翻訳されて各国語版が普及します。オランダ語訳は、1734年に外科医ヘラルト・

ディクテンによって Ontleedkundige tafelen と題して刊行されました。日本語に翻訳した杉田玄白《すぎたげんぱく》や前野良沢《まえのりょうたく》が手にしていたのは1734年のオランダ語訳本です。『解体新書』では「打阿係縷亜那都米」（たあへるあなとみい）と表記されていたため、『解体新書』の元となった『解剖学表』は「ターヘル・アナトミア」という通称で知られるようになりました。

解剖図は衝撃の正確さだった！

杉田や前野たちが小塚原《こづかはら》（東京都荒川区南千住《みなみせんじゅ》）の刑場で罪人の解剖を実見した際、持参していた「ターヘル・アナトミア」の解剖図の正確さに驚愕《きょうがく》したというエピソードは有名です。当時の日本では、臓器の構造を五《ご》臓《ぞう》（肝、心、脾《ひ》、肺、腎《じん》）と六腑《ろっぷ》（胃、胆、小腸、大腸、膀胱《ぼうこう》、三焦《さんしょう》）に大別し、それぞれの生理機能を観念的に捉《とら》えていました。解剖学に基づいて客観的に捉える西洋医学の身体観は、彼らにとって新鮮で衝撃的なものでした。

苦心の末にまとめられた『解体新書』

『解体新書』翻訳の経緯は、晩年の杉田による回顧録《かいころく》『蘭学事始《らんがくことはじめ》』で詳述されています。オランダ語の翻訳は、中津《なかつ》藩医の前野、若狭《わかさ》藩医の杉田と中川淳庵《なかがわじゅんあん》、官医の桂川甫周《かつらがわほしゅう》の4名で行われました。翻訳作業は難航を極め、彼らは職務の傍《かたわ》ら月に6、7回ほど集まり、前野にオランダ語を習いながらの訳読が3年近く続けられました。中心となった前野は、訳者として名を残すことを辞退したため、『解体新書』の刊行は、残るメンバーと協力者で進められました。

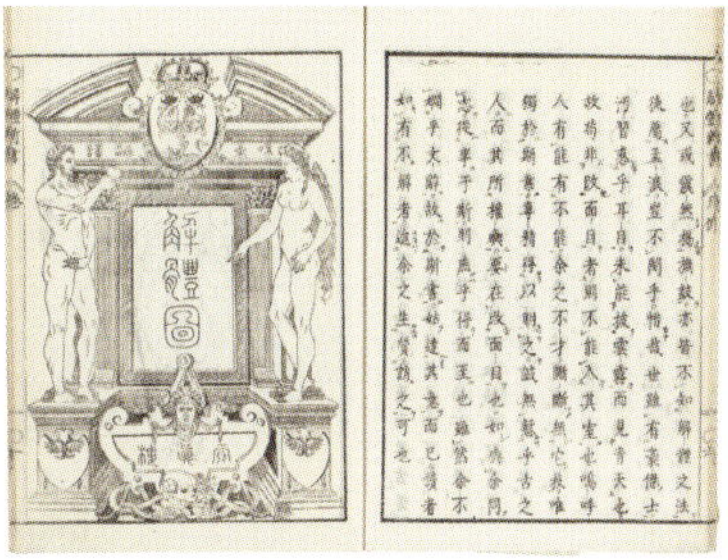

小田野による扉絵。スペインの解剖学者ワルエルダの解剖書のうち、オランダ語訳本の表紙絵をもとに作画されたと考えられています。

図版を担当したのは、当時江戸に出向していた秋田藩士の小田野直武《おだのなおたけ》で、杉田と親交があった平賀源内《ひらがげんない》を通して作画の依頼を引き受けました。のちに彼は西洋画の手法を取り入れた「秋田蘭画《あきたらんが》」の担い手となり、その代表作「不忍《しのばずの》池図《いけず》」は国の重要文化財に指定されています。

（谷口綾）

舎密開宗《せいみかいそう》

日本で初めて「化学」を体系的に紹介した幕末の書

約10年の歳月をかけた「化学」への情熱

『舎密開宗』は、幕末の洋学者・宇田川榕庵《うだがわようあん》（1798—1846年）が訳述した日本最初の体系的な化学書です（図1）。榕庵は津山藩医・宇田川玄真《げんしん》の養子となり漢方医学を学んだ医者ですが、洋学者たちと交わりオランダ語を学ぶなかで、多数のオランダ書を和漢書と読み比べて医学・薬学・動物学・植物学・化学に関する多くの書物を刊行しました。

1837（天保《てんぽう》8）年から10年ほどをかけて刊行された『舎密開宗』は、榕庵の代表的な訳述書です。「榕庵訳」とありますが、彼は翻訳しただけではなく、底本に独自の編集を加えています。底本は、イギリスの化学者W・ヘンリー（1774—1836年）の初等化学書（An Epitome of Chemistry, 1801年）をJ・B・トロンムスドルフ（1770—1837年）が増注しドイツ語訳したものを、さらにA・イペイ（1749—1820年）が増注したオランダ語訳本（1803）ですので、イギリス発、ドイツ経由のオランダ化学書でした。

底本に依拠しながら、榕庵はフランスの化学者ラヴォアジエ（1743—94年）のオランダ語訳本やイペイらの他書も参考にして、さらに実験なども行いながら『舎密開宗』を書き上げます。日本に「化学」という分野が見られなかった時代に化学書を著した榕庵は、名称、概念、方法、器具、操作などすべてを日本語で消化し考える必要がありました。50歳を前にして病に倒れるまで人生最後の10年ほどをかけた『舎密開宗』の訳述は、彼の「化学」への情熱を物語っています。

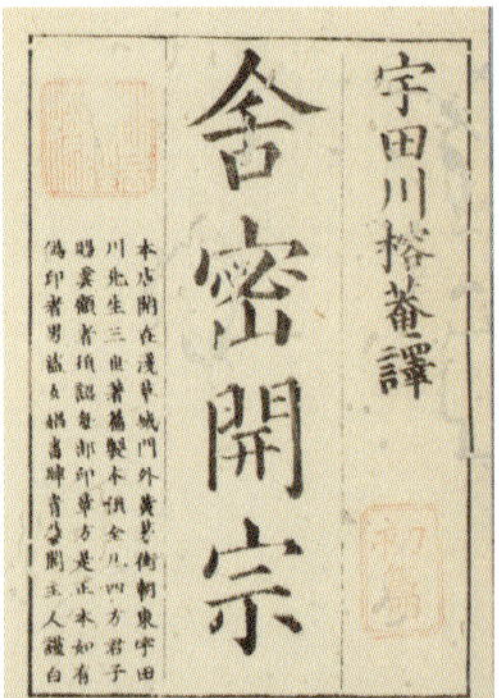

<図1>宇田川榕庵訳『舎密開宗』初篇
内編18巻　外編3巻　7冊
1837（天保8）—47（弘化4）年頃刊
彩色図入　縦25.8×横18.0cm

酸素・窒素《ちっそ》など元素名の名付け親

「舎密《せいみ》」はオランダ語の chemie（化学）の音訳であり、「開宗《かいそう》」は物の大本への道を開くという意味をもっています。榕庵は日本における化学の開宗に尽力しました。

彼は書いています。「化学は広大な学問領域をもち、諸《しょ》般《はん》の技術を支配し、その境界を物理学に接しながら固有の領域をつくっている」。「有形《ゆうけい》の物体」を研究する物理学者に対して、「物体がきわめて微細になって形を見ることも変化を調べることも不可能となる」世界を研究し分析するのが化学者であり、「医術」や「製薬」にとっても「化学」は有効であると。

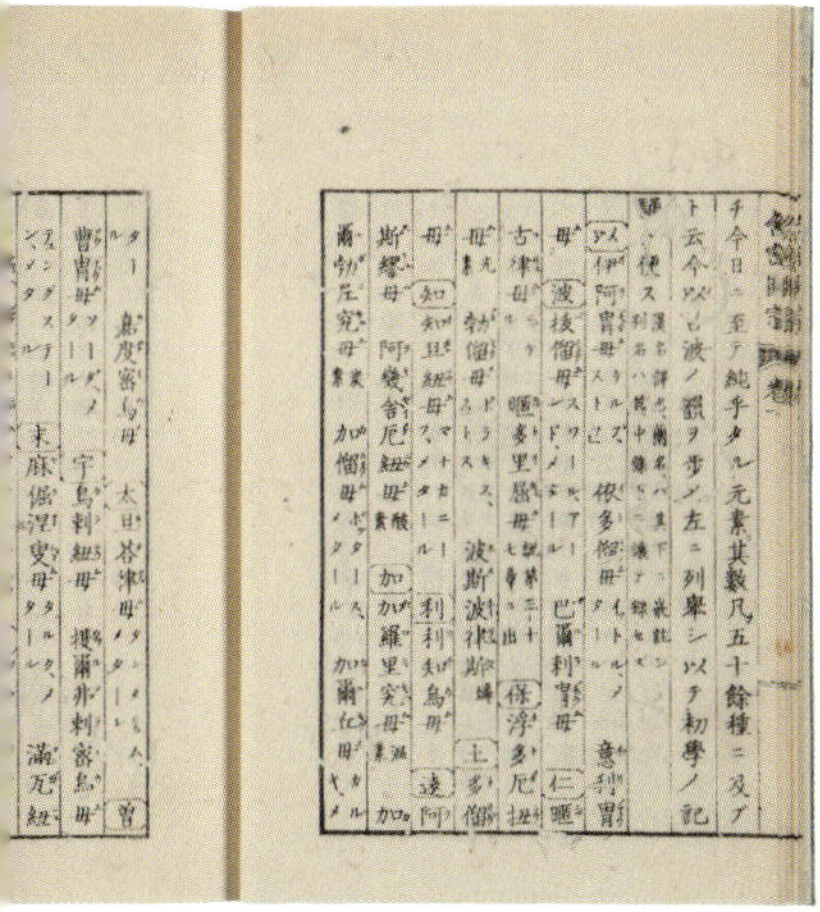

＜図２＞50を超える元素の列記。15番目に酸素が挙げられている。

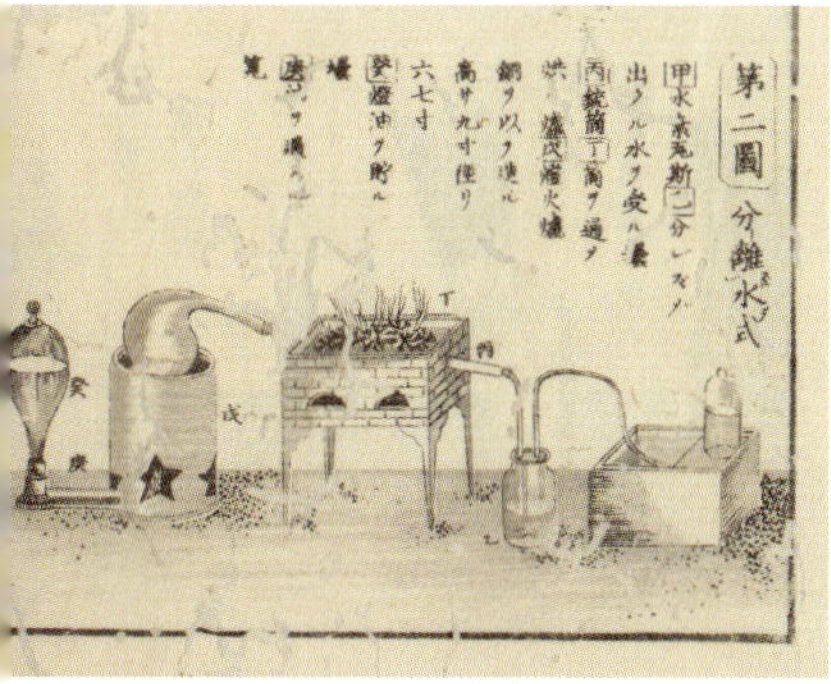

＜図３＞水を分解する方法。甲 水素ガス、乙 分解せずに出た水を受ける瓶、などが記されている。

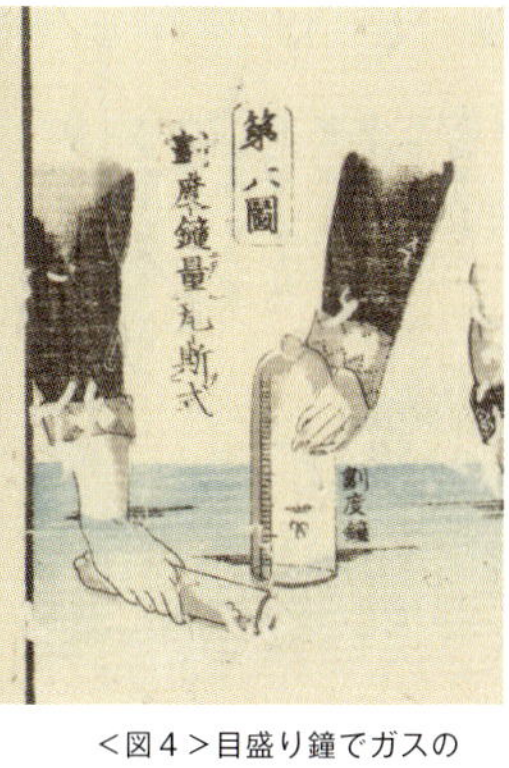

＜図４＞目盛り鐘でガスの体積を測る方法

榕庵は元の純体として「元素《げんそ》」という言葉を使い、当時「純一な元素は約五十余種に達した」と説明して、いろはの順に並べられた元素には「阿幾舎厄紐母《ヲキセイゲニウム》 酸素」「亜曹知究《アソーチキュ》 窒素」など現在の元素名となった名称を記しています（図2）。また、当時西欧で知られていた「水を分解する方法」や「ガスの体積を測る方法」などを器具類とともに図解して説明を行っています（図3、図4）。一方で、熱にかかわる「温素・熱素」や光にかかわる「光素」なども元素として紹介しており、19世紀初めに発展途上だった西欧の化学の影響を受けた跡が見られます。『舎密開宗』は、「化学」という新しい分野を日本に導くとともに、そのために苦労した痕跡《こんせき》も確認できる日本科学史に遺《のこ》る貴重な一冊です。

（小長谷大介）

「治療に肝心《かんじん》なのは胃の機能」松岡玄達《まつおかげんたつ》が学んだ『薬性記』の講義ノート

松岡玄達自筆の講義ノート全 10 点。貞享年間（1684 – 88）に筆録されました。『素問（そもん）』『霊枢（れいすう）』『本草綱目（ほんぞうこうもく）』『格致余論（かくちよろん）』など、養志堂で受講した中国医薬書の講義内容がまとめられています。

若き日の本草《ほんぞう》学者・松岡玄達、勉学に励む

本草学とは伝統医学における薬物、いわゆる生薬《しょうやく》に関する学問のことで、本書は江戸時代中期の本草学者・松岡玄達が、浅井周伯《あさいしゅうはく》の医学塾「養志堂《ようしどう》」で受講した『薬性記』の講義ノートです。扉書《とびらがき》には「貞享二乙丑冬十有二月五日」とあり、１６８５（貞享《じょうきょう》２）年、松岡が18歳の時に筆記したものです。

松岡玄達は、１６６８（寛文《かんぶん》８）年に京都で生まれました。代々の医家の生まれですが、本草を稲生若水《いのうじゃくすい》に学び、本草学の分野で活躍します。１７２１（享保《きょうほう》６）年に、幕府の招請を受けて江戸に下り、国内の薬種を取り締まる「和薬種改会所《わやくしゅあらためかいしょ》」の設置を協議したことは有名です。代表的な著作に『用薬須知《ようやくすち》』や『食療正要《しょくりょうせいよう》』などがあり、門弟には小野蘭山《おのらんざん》や浅井図南《あさいとなん》らがいます。

龍谷大学には、『本草摘要講義《ほんぞうてきようこうぎ》』（114ページ掲載）も含め、松岡の講義ノートが10点所蔵されています。これらは1994（平成6）―97（平成9）年の龍谷大学による和漢古典籍調査で新たに確認されたものです。これまで知られなかった松岡の若き日の修学状況を示す、他所では確認されていない重要な史料です。

講義用に編集された『薬性記』

松岡の師・浅井周伯は京都出身の医師です。同郷の名医・味岡三伯《あじおかさんぱく》に学び、井原道閲《いはらどうえつ》、小川朔庵《おがわさくあん》、岡本一抱《おかもといっぽう》らとともに味岡門下の四傑と称されました。

当時の養志堂では、『素問《そもん》』や『本草綱目《ほんぞうこうもく》』などの中国の医薬書の講義が行われており、その際には、浅井が各書から抜粋して編集したテキストが用いられました。『薬性記』もその一つで、中焦《ちゅうしょう》（横隔膜からへそにかけての腹部の器官。脾《ひ》や胃など）に効果がある日本の上薬《じょうやく》（副作用が少なく常用できる薬）60種について、名称や由来、調剤加工法、効能、使用法などが記されます。

中焦を扱うのは、本書の冒頭で「療治スルニ、マヅ中焦ノ胃ノ府ヲ本ニスル事也。アルイハ下焦《げしょう》ノヤマイヲ療治シタリ、七情《しちじょう》ノヤマイヲ治スルニモ、薬ヲモチユルニ、ソノ薬力ハ、中焦ヨリナラデハ達セヌモノ也」とあるように、「治療には第一に胃の機能が肝要で、薬の効果はすべて胃から伝わっていく」からです。

浅井のまとめた『薬性記』自体は確認されていませんが、本書によってその内容が知られるということでも貴重な史料です。

（谷口綾）

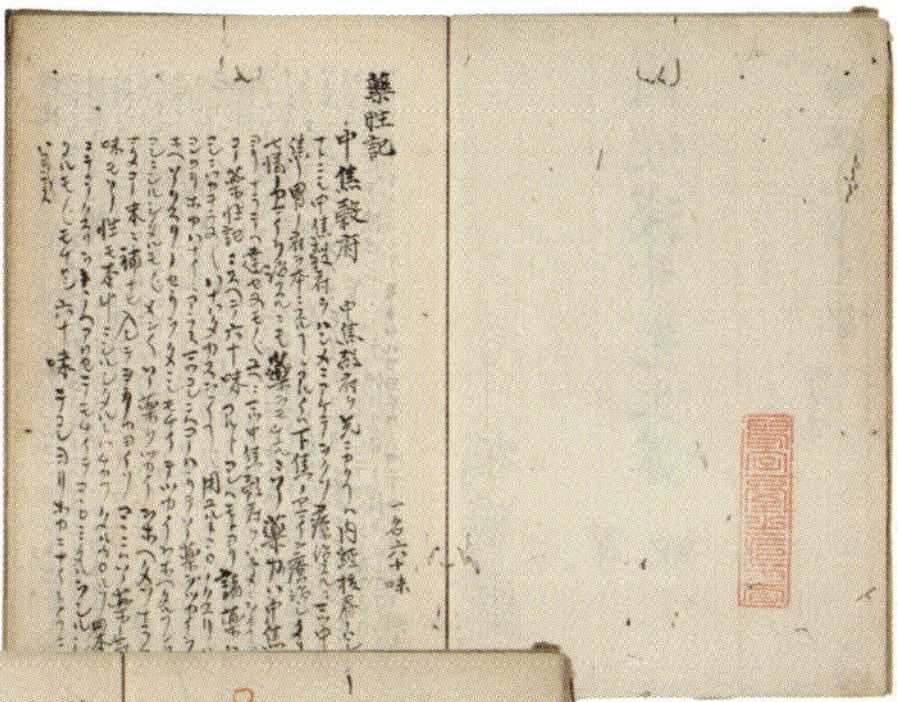

1巻1冊
浅井周伯講　松岡玄達筆
1685（貞享2）年写

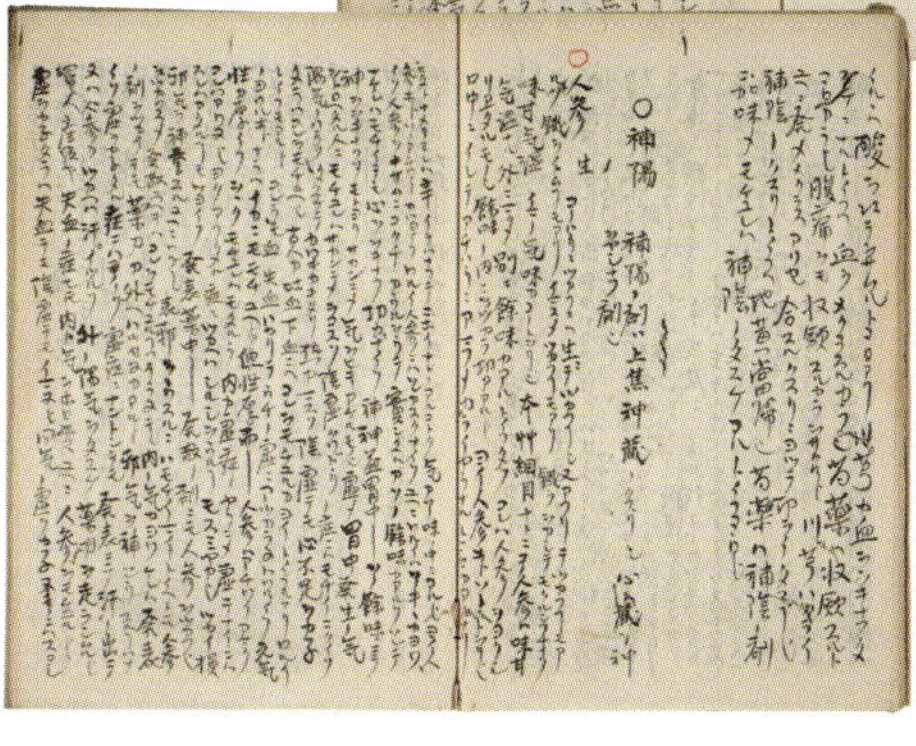

『薬性記』人参の条
この他、芍薬（しゃくやく）、大黄（だいおう）など、中焦に効果のある生薬の専門的な解説がつづきます。

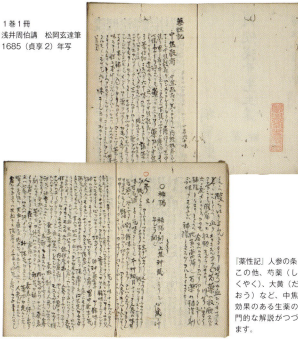

『本草綱目《ほんぞうこうもく》』の講義ノート 浅井周伯《あさいしゅうはく》に学んだ生薬《しょうやく》のいろは

『本草綱目』と『本草抜書《ぬきがき》』、『本草摘要』の関係

前ページに続き、本書も松岡玄達《まつおかげんたつ》が医学塾「養志堂《ようしどう》」でまとめた講義ノートです。本書の序文に「コノ本草抜書ハ、時珍ガ綱目ノ中ニオイテ、ツネツカフ薬ノ要ヲトツテカイタゾ」あるように、『本草抜書』は、養志堂を開塾していた医師・浅井周伯が李時珍《りじちん》の『本草綱目』に採録された生薬のうち135種の要点を抜粋し、薬学の講義テキストとしてまとめたものです。松岡はその講義を1686（貞享《じょうきょう》3）年に筆記し、「本草摘要講義」と題して本書をまとめました。

『本草抜書』は龍谷大学の他にも国内に5点残されていますが、いずれも編者が記されていません。また、『本草抜書』と同じ内容の書物が、編者不詳のまま『本草摘要』という名で1697（元禄《げんろく》10）年に京都で刊行されていて、これらの関係も不明のままでした。しかし、このノートが発見されたことで、浅井の講義テキストが『本草摘要』という名で刊行されていたことが判明しました。

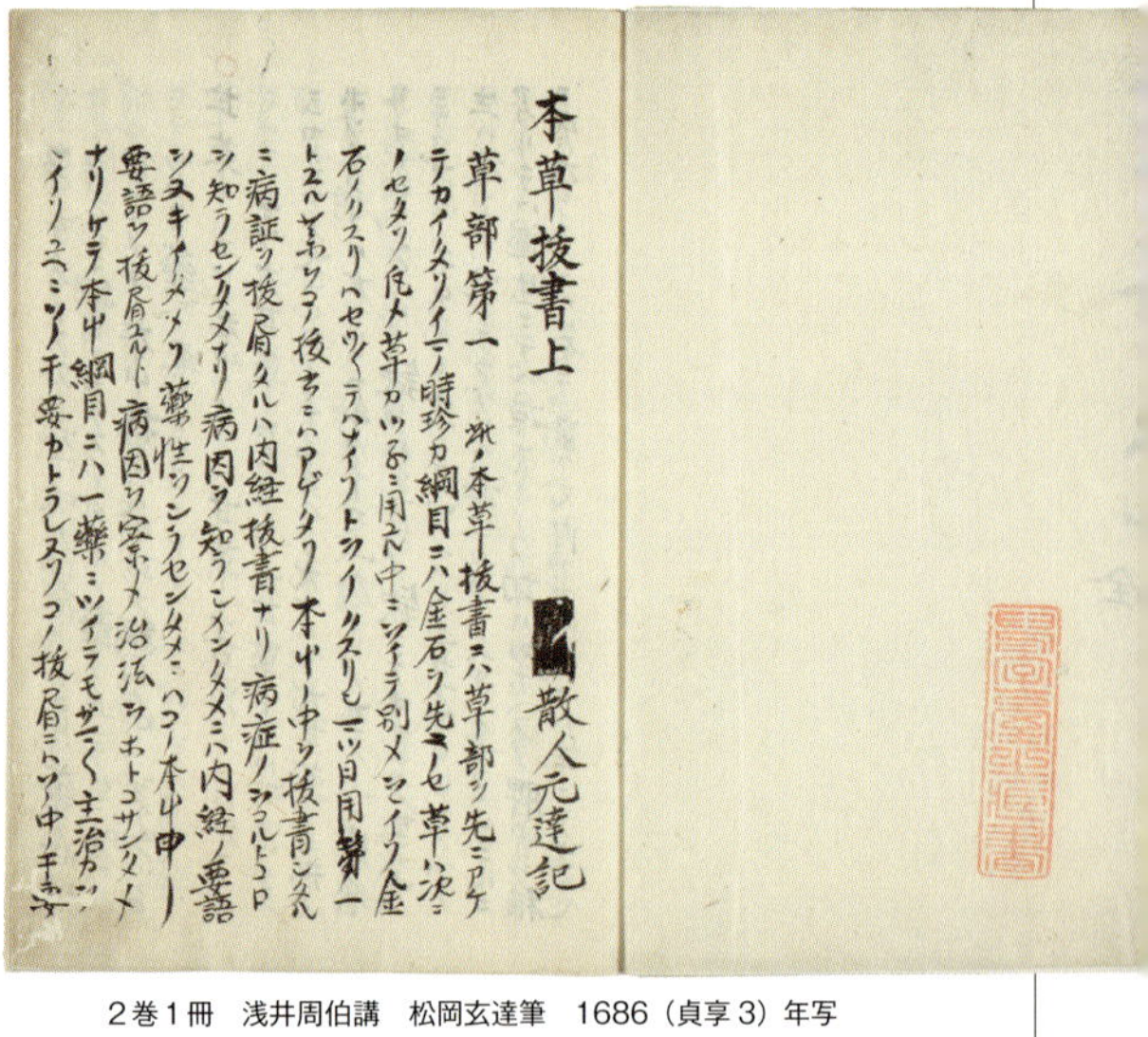
本草抜書上
散人元達記
草部第一

2巻1冊　浅井周伯講　松岡玄達筆　1686（貞享3）年写

原典よりもわかりやすく説明された生薬

本書では、生薬の効能や調剤法などが、片仮名混じり

の文体で記されています。たとえば、生姜《しょうが》については、「食物ノドクヲ解スルナリ。魚類ノ料理ニ生薑《しょうきょう》ヲ入ルモ毒ヲ解スルモノナレバナリ」とあり、もともと中国語で簡潔に書かれていた解毒《げどく》の効果がわかりやすく説明されています。

前ページの『薬性記』とこの『本草摘要講義』を比べると、薬種によっては内容が重なる部分もありますが、前者は専門的な内容を踏まえた特殊講義、後者は生薬を解説した一般講義であったことがうかがえます。

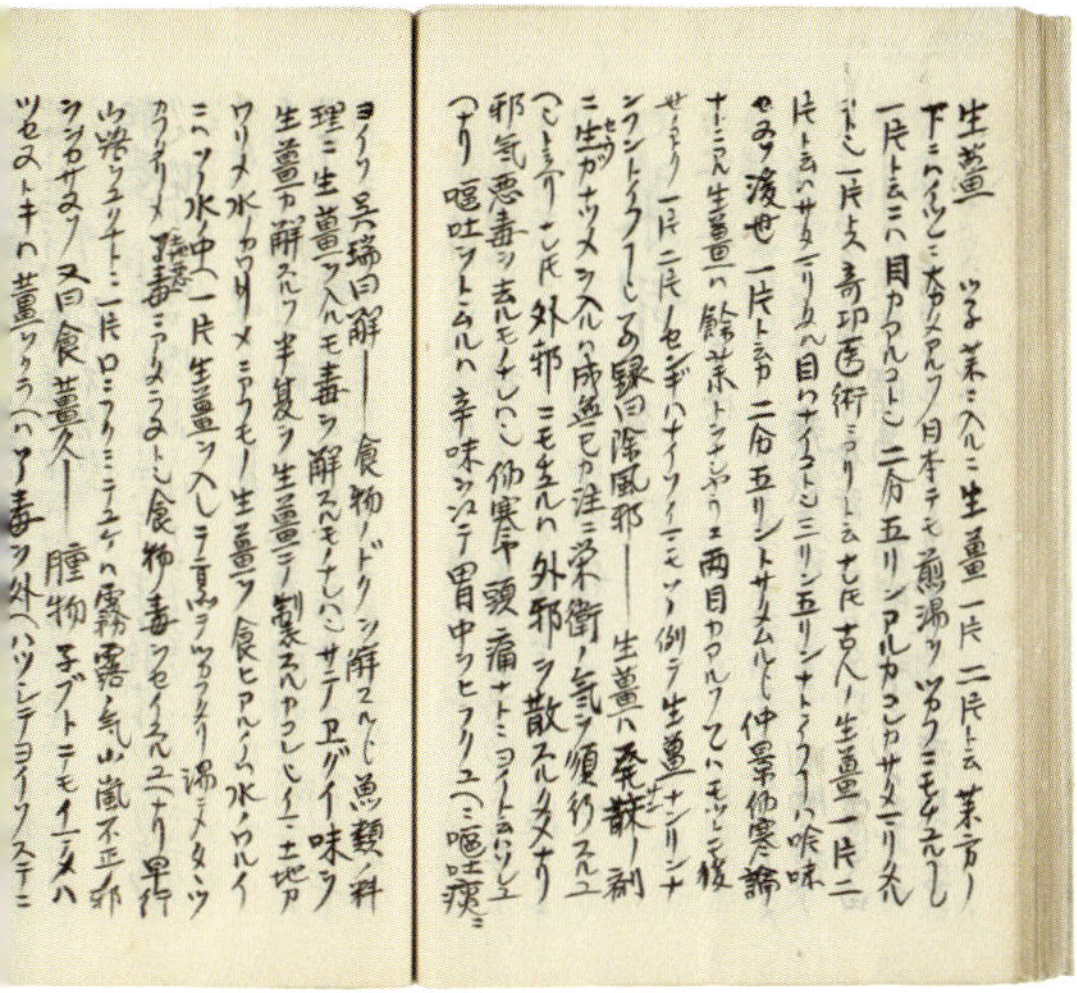

生姜をはじめ、甘草（かんぞう）、黄耆（おうぎ）、人参など、『本草綱目』中の漢方生薬がわかりやすく解説されています。

日本人向けに再編して伝授された本草の知識

李時珍は産薬地として有名な中国の蘄州《きしゅう》（湖北省黄岡《こうこう》市）生まれの人物です。『本草綱目』（52巻）は、彼がその生涯をかけてまとめあげた薬学書で、採録される薬種は１９０３種にものぼります。当時通用していた本草書の体裁を刷新し、実用性を重視して再編された本書は、１５９６（明《みん》・万暦《ばんれき》24）年頃に初版が刊行されて以降、国内外で何度も版が重ねられ、本草・薬理の分野に多大な影響を与えました。

日本には、１６０７（慶長《けいちょう》12）年頃にもたらされ、江戸期を通じて国内版の『本草綱目』が14回も印刷されました。『本草綱目』は画期的な本草書ですが、膨大で日常の利用には不便という欠点があり、さらに中国と日本の薬種の違いも考慮する必要がありました。それを補うべく、17世紀には『本草綱目』の中から日常の医療に緊要な薬剤を摘録し、内容を発展させた研究書が多く残されます。

浅井はこのような背景のもとに『薬性記』や『本草摘要』を編集したのであり、両書は当時の本草教学の一端をうかがえる貴重な史料です。

（谷口綾）

多才な辞書マニアによる未完の歌ことば辞書

新しい学問を都から地方へ伝える

『詞源要略』は龍谷大学図書館にのみ現存する歌語《かご》（和歌に用いる言葉。歌ことば）辞書で、しかも編者である清原宣賢《きよはらのぶかた》自筆の貴重な原本です。

清原宣賢（１４７５―１５５０年）は、吉田神道《よしだしんとう》を確立し、宗教界の第一人者たらんとした吉田兼倶《かねとも》の三男として生まれました。幼くして当代の大学者・清原宗賢《むねかた》の養子となって平安時代から続く儒学の名家清原家を嗣《つ》ぎ、

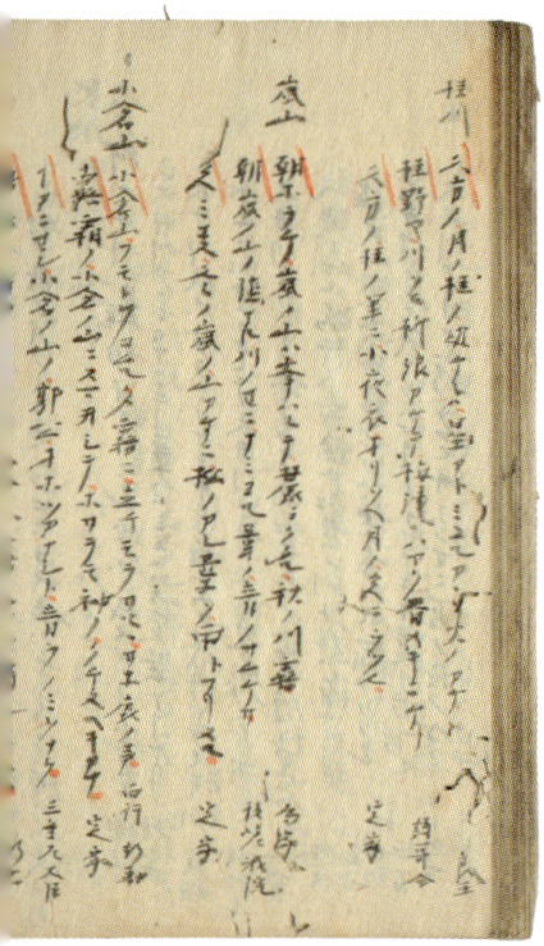

清原家儒学の大成者となります。また実父である兼倶からは『日本書紀』など神道・国史の古典学を受け、三《さん》条西実隆《じょうにしさねたか》ら当代一流の歌人と交流するなど和歌にも深い関心を持っていました。１５２９（享禄《きょうろく》２）年に出家し、宗尤《そうゆう》、または環翠軒《かんすいけん》と名乗っています。

宣賢は儒学研究に新たな学説を導入して新風を吹き込

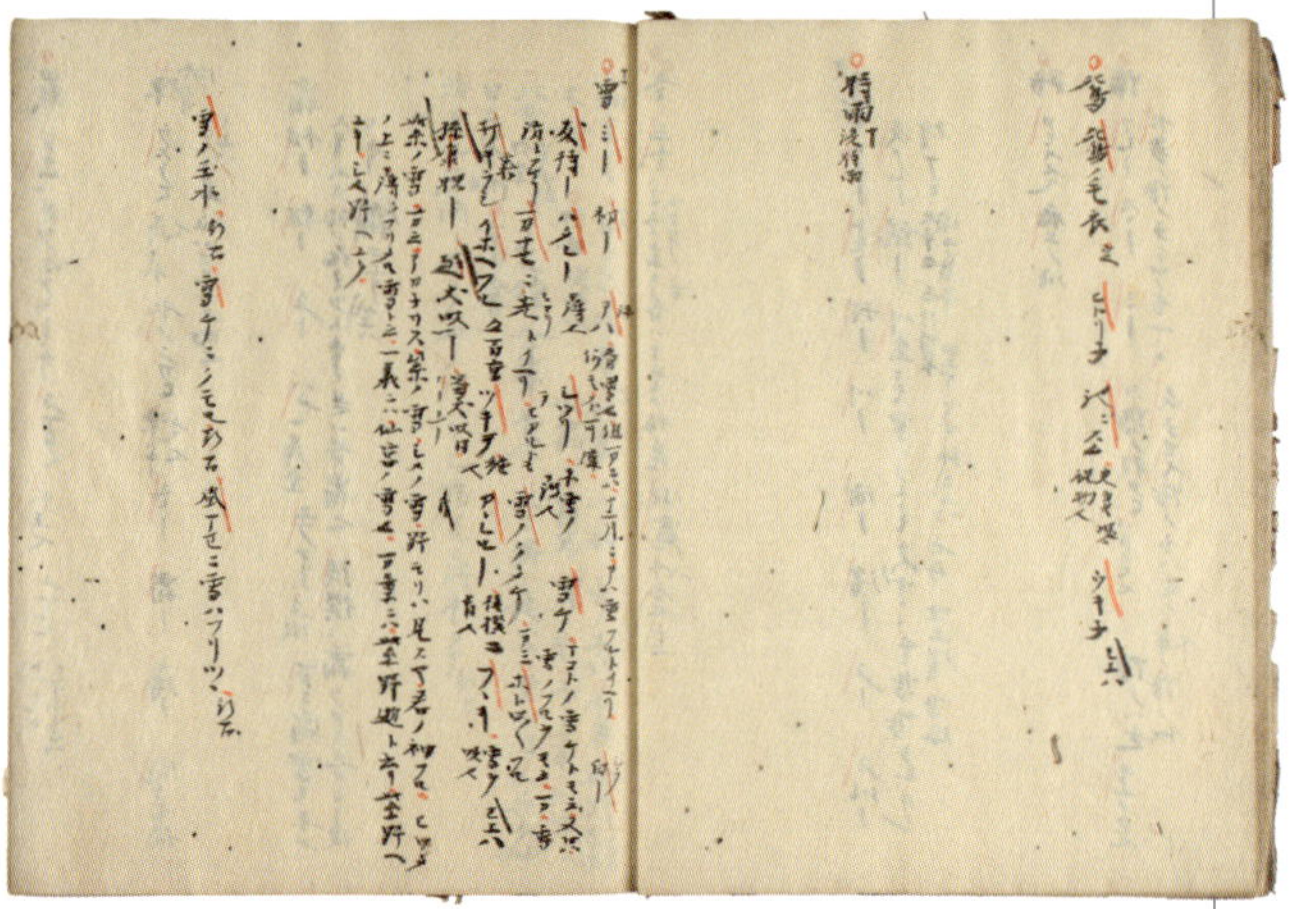

「鴛（おし）」「時雨」「雪」の歌語を記したページ。空白が目立ち、「時雨」はほとんど書かれていません。

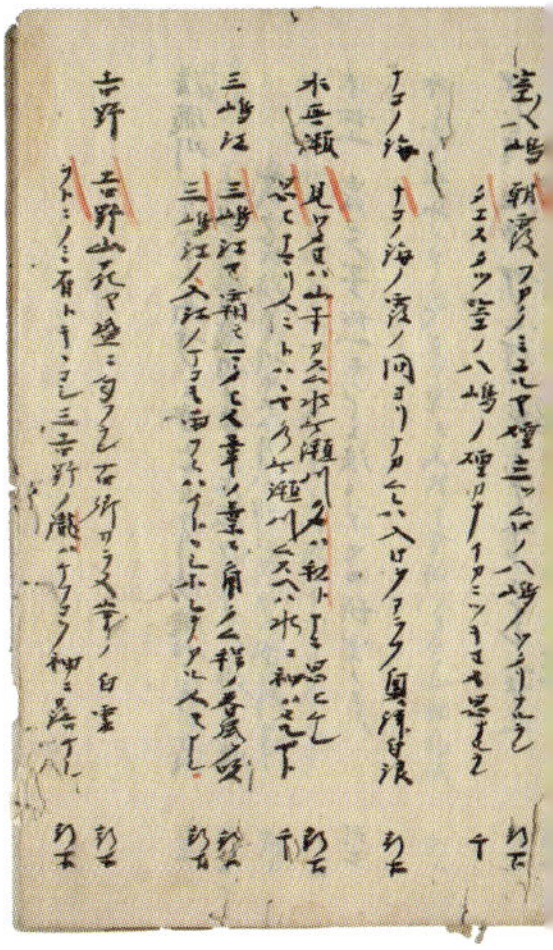

後半の歌枕のページ。「桂川」「嵐山」「小倉山」などの例歌と出典を挙げています。

みました。能登《のと》守護畠山義総《はたけやまよしふさ》や越前《えちぜん》守護朝倉孝景《あさくらたかかげ》といった自国に政治的安定をもたらし文化の隆盛を築いた大名たちは、新しい学問・思想を求めてたびたび宣賢を自国へ招き、『孟子《もうし》』『中庸《ちゅうよう》』『日本書紀』などの講義を聴講しました。

ことばを集めて辞書を編む

宣賢は学問を修めるに際して、既製の辞書を書写して利用していますが、自らも辞書の編纂《へんさん》に熱心でした。その一つが本書です。表紙に自筆で「詞源要略　環翠《かんすい》私集之《わたくしにこれをあつむ》」と記した題簽《だいせん》（書名を記した紙片）を貼付《ちょうふ》し、自らが編纂したことを明示しています。

ところで現代の辞書は、あいうえお順に言葉を配列して意味を記すのが普通ですが、当時はまだ辞書の形態は固定していませんでした。宣賢自身、いろは順に言葉を配した漢語辞書『塵芥《じんかい》』や歌語辞書『詞源略注《しげんりゃくちゅう》』、言葉を天象《てんしょう》（日・雨・風などの自然現象）・地儀《ちぎ》（山・川・海・野などの地理）などの項目に分類した漢語辞書『宣《せん》賢卿字書《けんきょうじしょ》』などを制作しています。目的・利用方法によってさまざまに言葉を分類していました。

『詞源要略』は、春・夏・秋・冬・天象・地儀などの項目ごとに歌語を配した前半部と、和歌に詠《よ》まれる名所（歌枕《うたまくら》）を項目としてその例歌を列挙した後半部に分かれています。前半部は『八雲御抄《やくもみしょう》』という鎌倉時代の歌学書からの引用が多く、「已上八《いじょうや》」と記して引用箇所を明示しています。

未完に終わった辞書

おもしろいのは本書には、全１４０ページのうち22ページも空白があり、記述があるページにも余白が多いことです。これは歌語や注記を書き込むスペースであったらしく、また未整理の項目もあり、『詞源要略』が成立途上だったことがわかります。宣賢は最晩年に朝倉氏の城下町一乗谷《いちじょうだに》に移り住み、中国古典の講義に明け暮れ、そこで亡《な》くなります。そして『詞源要略』も未完のまま残されたのでした。

（安井重雄）

多様な人々と心を交わすために！　和歌の場のルール・マナーブック

文学者たちの会合の場——会席《かいせき》

和歌は素戔鳴尊《すさのおのみこと》が最初に詠《よ》んだとされて以降現代まで続く文芸です。個人的に楽しむだけでなく、自作を人々の前で披露《ひろう》することが多く、平安時代には、歌会《うたかい》や歌《うた》合《あわせ》（二つのチームに分かれて勝負を争う競技）の場で盛んに披露されました。当時は身分制度が存在していたため、複数の人が集まる場における、それぞれの振る舞い方、和歌の提出の仕方などを決めておく必要がありました。そこで、ルール・マナーブック（作法書）が作られていきます。貴族も武士も地下人《じげにん》（位階・官職を持たない人々）も入り乱れて盛んに和歌を詠む中世（平安時代末期から戦国時代の頃）にはなおさらルール・マナーが必要になりました。そして次第に、和歌、連歌《れんが》、茶、俳《はい》諧《かい》などの会合の場を会席というようになります。

作者は不明、１４００年前後の成立か

本書は、奥書《おくがき》（巻末に記載された書誌情報）に「亡父《もうぶ》卿《きょう》新作《しんさく》」と記されていますが、残念ながら作者「亡父卿」が誰なのかわかりません。成立年次も明確ではありませんが、やはり奥書に「慈照院殿《じしょういんどの》」（足利義政《あしかがよしまさ》、１４３５—９０年）や歌僧《かそう》「堯孝《ぎょうこう》」（１３９１—１４５５年）の名が見え、記事内容からも１４００年前後に成立した可能性が高いと推定されます。これを書写して現代まで残したのは著名な学者清原宣賢（１１６ページを参照）で、彼が環翠軒《かんすいけん》と名乗った１５２９（享禄《きょうろく》２）年２月の出家以降に書写しています。

本書は他に伝存を聞かない貴重な和歌作法書ですが、

大正時代に京都大学による調査がなされたと見え、同大学には１９１４（大正３）年12月に本書を詳細な箇所まで丁寧に写した一本が現存しています。

実用性に富んだ、すぐに使える必携の書

記事には、藤原定家《ふじわらのさだいえ》（１１６２―１２４１年）作の作法書『和歌書様《わかかきよう》・和歌会次第《わかかいしだい》』の引用がたくさんあります。藤原定家は『新古今和歌集《しんこきんわかしゅう》』などの撰者《せんじゃ》となった大歌人で、その子孫は歌道家《かどうけ》（勅撰和歌集《ちょくせんわかしゅう》の撰者を輩出したり、宗匠《そうしょう》となったりする）として活躍しました。本書が成立した室町時代後期の歌壇《かだん》では、定家の子孫である冷泉家《れいぜいけ》と新興の飛鳥井家《あすかいけ》の両歌道家が競い合っていましたが、ともに定家を重んじています。本書の作者はどうやら飛鳥井家に近い人のようです。

内容はたとえば、「本式」（公的な晴《はれ》の場での会）の作法と「内々の時」（私的な会）の作法、１枚の懐紙に１首のみ書いて提出するときと２首・３首書くときの書き方、身分による官職や姓名の記し方などなど、当時の歌人にとってたいへん実用的な書物でした。

（安井重雄）

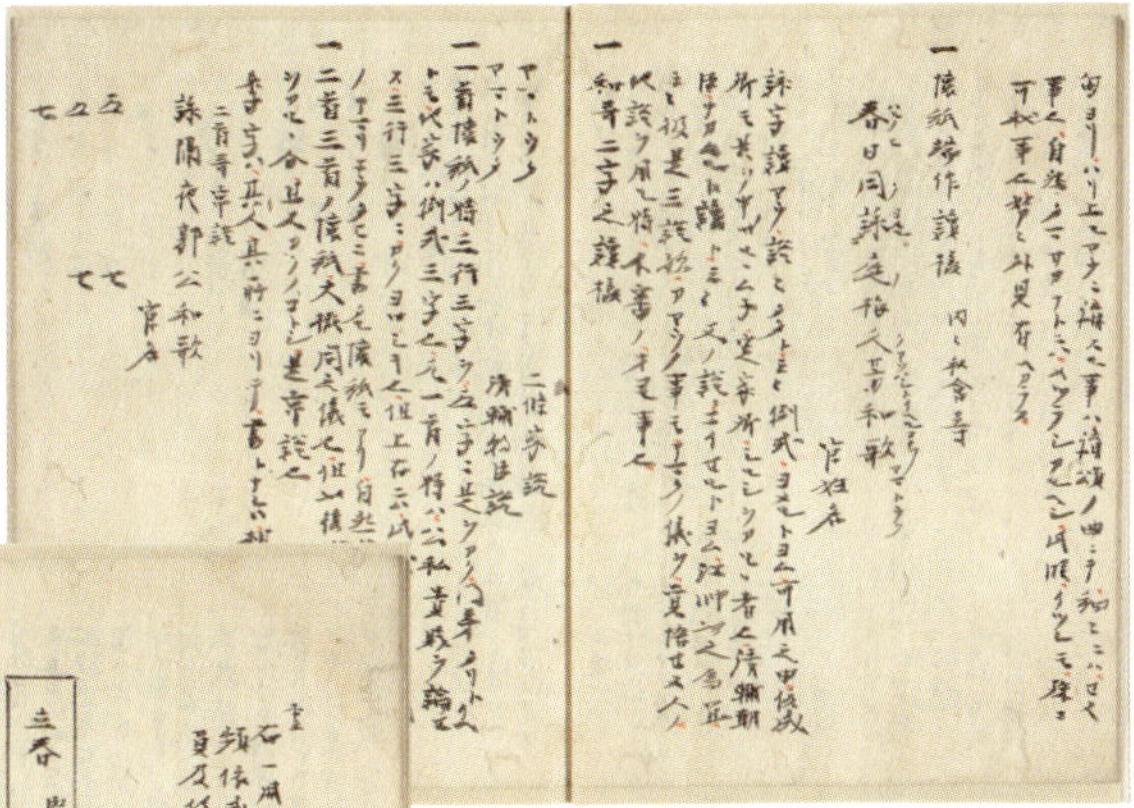

右ページ中央には、懐紙の読み上げ役になった時のためによみがフリガナで示してあります。

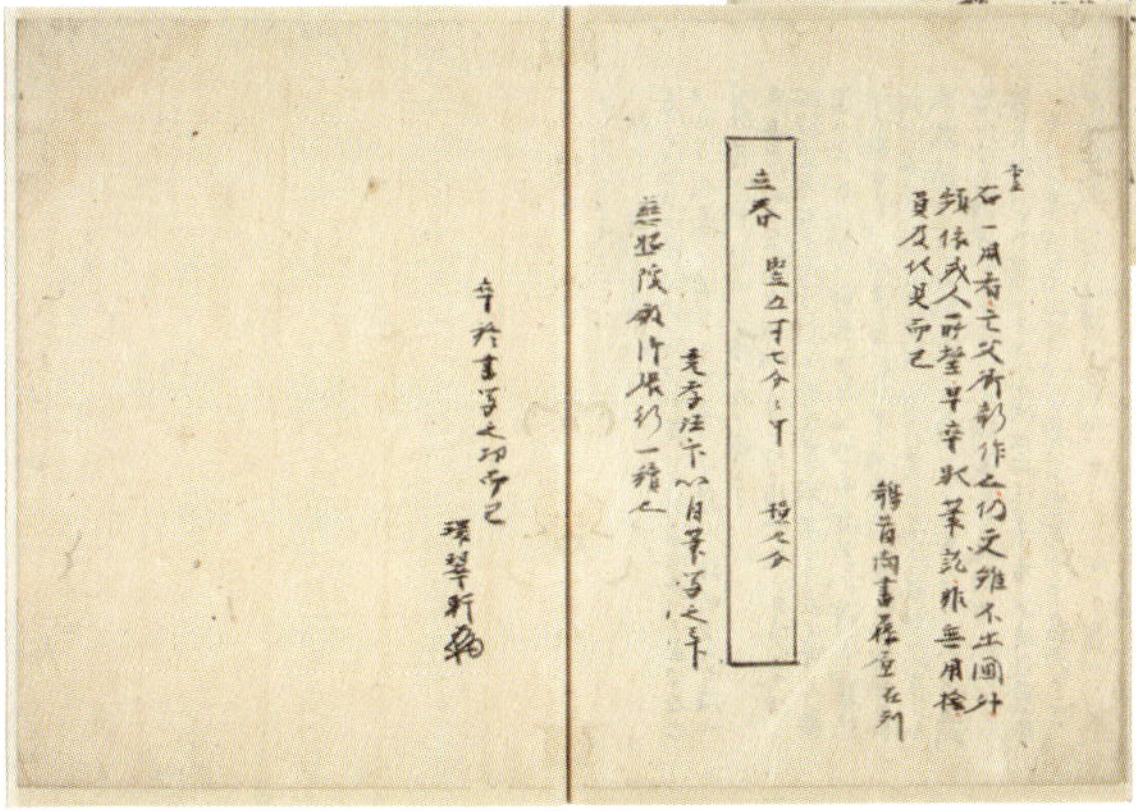

巻末。右ページに「亡父卿」「慈照院殿」の名が見えます。左ページは宣賢の名と花押（サイン）。

古《こ》今《こん》游《ゆう》名《めい》山《ざん》記《き》

中国へ里帰りして印《いん》だらけ！明《みん》時代にまとめられた古今の名山探訪記

流行していた探訪記モノ

古来、人々は山岳に想いを馳《は》せ、多くの記録を残してきました。中国明代後期（16世紀後半）に何鐙《かどう》によって編纂《へんさん》された『古今游名山記』もその代表的な作品です。書名が示すように、古今の著名人による中国各地の名山探訪記を収集した作で、当時流行した「遊記」文学の代表例となっています。明代には他に、徐弘祖《じょこうそ》『徐霞客《じょかきゃく》遊記《ゆうき》』や都穆《とぼく》『游名山記』等が知られるほか、日本でも谷文晁《たにぶんちょう》『日本名山図会《ずえ》』が編まれています。

12冊中11冊が中国へ里帰り

『古今游名山記』はもともと西本願寺歴代宗主《しゅうしゅ》の文庫である「写字台《しゃじだい》文庫」の蔵書として、全17巻（12冊）が揃っていました。しかし、その後に分散し、12冊目の第15巻から第17巻だけが明治時代に龍谷大学に寄贈《きぞう》され、第1巻から第14巻までの11冊は、第22代宗主大谷光瑞《おおたにこうずい》師が自身の蔵書として中国の大連《だいれん》に移し、戦後に大連図書館（旧名は旅大《りょだい》図書館）の所蔵となりました。1セットの本なのに2か所に分蔵されたのです。

合璧本《がっぺきぼん》の誕生

龍谷大学と大連図書館の2か所に分かれた『古今游名山記』は、それぞれ異なった歴史を刻みました。図版の下段・龍谷大学所蔵の『古今游名山記』（書影は巻15巻頭）には当初の「写字台之蔵書」楕円《だえん》型印だけですが、図版の上段・大連図書館所蔵の同本巻1巻頭には「写字台之蔵書」長方形印（❶）に加えて「大谷光瑞氏寄贈（❷）」

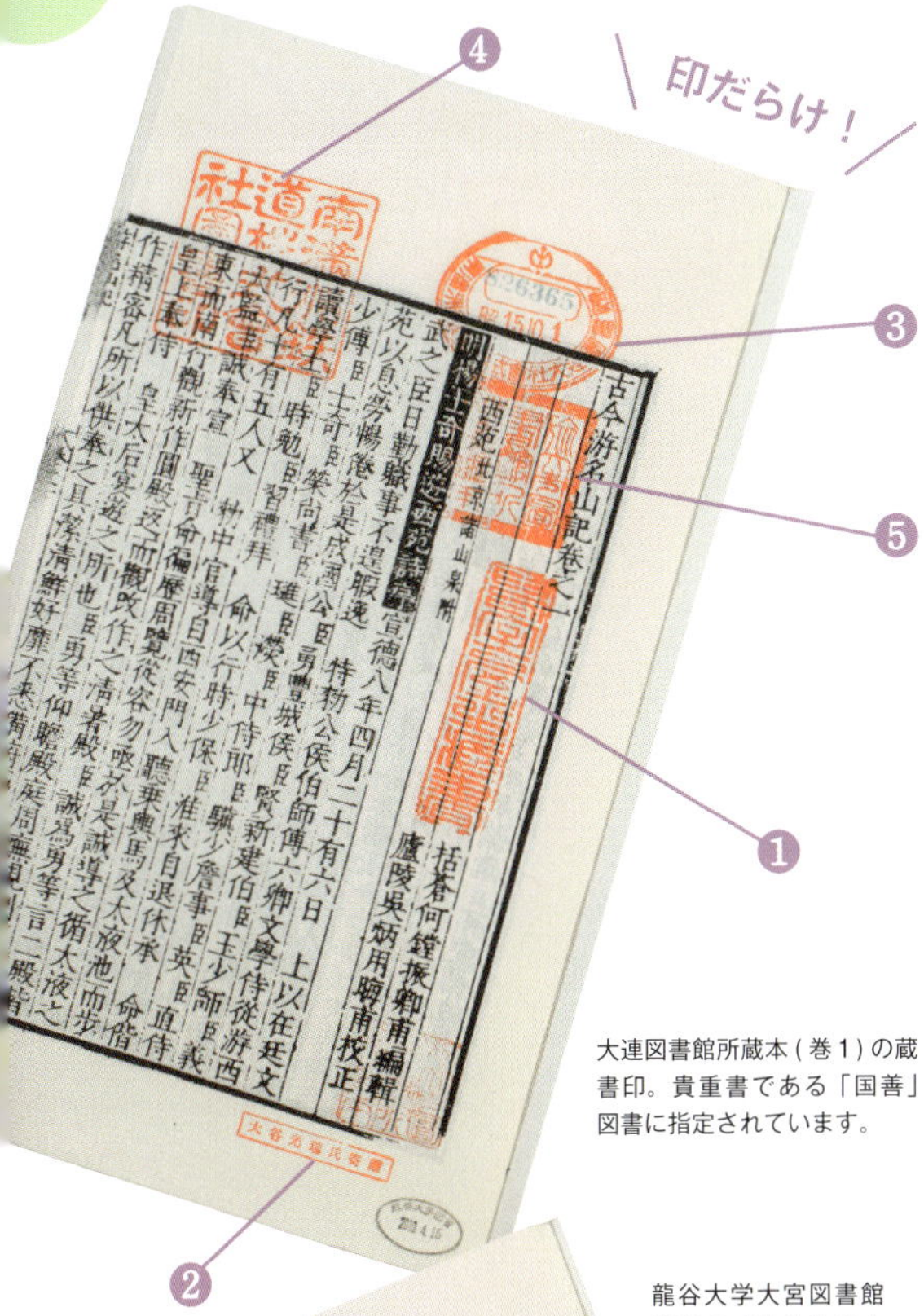

大連図書館所蔵本（巻1）の蔵書印。貴重書である「国善」図書に指定されています。

「南満洲鉄道株式会社大連図書館 昭15・10・1（③）」「南満洲鉄道株式会社図書印（④）」「旅大図書館所蔵善本（⑤）」の印が捺《お》され、数奇な運命がうかがえます。その後、2009年に両図書館関係者の努力で各々《おのおの》の所蔵本を合わせた「合璧」本が刊行されました。合璧本とは、お互いの不足を補いあって完成させた本のことで、それぞれの所蔵している底本を写真に撮《と》って印刷（影印《えいいん》）しています。また、製本についても明代に盛んになったといわれる「線装《せんそう》」（用紙を二つ折りにし、折り目でないほうを糸で綴《と》じる）という方法を採用、もとの本のスタイルのまま複製したのです。

合璧本の『古今游名山記』の巻頭には、出版（再版）時の龍谷大学・大連両図書館長の序文が載せられています。2つの序文ともに漢語表記だけですが、影印刊行に際しての経過や名山記の内容について簡潔に記載されています。

（木田知生）

龍谷大学大宮図書館所蔵の『古今游名山記』（巻15巻頭ページ）。

デジタルアーカイブコラム④

Digital Archives Column

大谷探検隊撮影 ガラス乾板

1902年から、仏教伝播《でんぱ》ルートにおける仏蹟《ぶっせき》調査・発掘を目的に、西域北道の庫車（クチャ）の西方のキジル千仏洞《せんぶつどう》へ向かった第一次探検隊は、どうやら当時発売されて間もなかったフィルムカメラ（Kodak Pocket-camera）と大判のガラス乾板《かんぱん》カメラの併用撮影を行ったようです。

フィルムカメラの特徴である「折り畳《たた》み式、レンズ内蔵」のコンパクトさと暗幕《あんまく》不要という利便性、そして、ガラス乾板カメラの特徴である極めて高い階調性と高い解像度で大判（半切《はんせつ》以上）の出力が可能という性能の違いをうまく使い分けたと推測できます。

この写真では、キジル千仏洞の35窟《くつ》から39窟の外観を撮影していますが、どちらのカメラを使用したかは不明です。しかしながら、窟内の暗部や天井付近に見える詳細壁面の様子を、デジタル補正と最新技術の超解像度処理により明瞭化できるようになりました。

（岡田至弘）

第一次探検隊の使用したイギリス製ガラス乾板（複製されたものも含みます）。1902年

探検隊と同型フィルムカメラ。

<窟内の部分拡大>
良好な解像度と階調性から、壁面の色を推定。

ガラス乾板　第一次探検隊撮影（1903年4月19日）
キジル千仏洞35窟から39窟外観。

第5章 大谷探検隊の精華《せいか》

Expeditions

大谷《おおたに》探検隊とは、本願寺第22代宗主大谷光瑞《こうずい》（鏡如《きょうにょ》、１８７６—１９４８年）が20世紀初頭にアジア各地に派遣した学術探検隊の総称です。中国西域における探検がよく知られていますが、ほかにもインド、ガンダーラ、モンゴル、チベットなど、調査地は広大な範囲に及びました。そして、仏教のみならず、地理学、歴史学、考古学などにかかわる多様な成果を挙げたのです。彼らが日本へ将来した（持ち帰った）発掘品や文書の一部は龍谷大学に所蔵されており、今も研究が続けられています。本章では、その多様な将来品をご紹介します。

コータン語《ご》 ザンバスタの書《しょ》

幻《まぼろし》の言語で編まれた、古代仏教王国の書

あらゆる文物を収集した大谷探検隊

左に掲載する断簡《だんかん》は、大谷《おおたに》探検隊がもたらした資料の一つです。大谷探検隊とは本願寺第22代宗主《しゅうしゅ》の大谷光瑞《こうずい》（１８７６―１９４８年）が組織し、主に１９０２年から１９１４年まで３回に渡りインドそしてシルクロードへと派遣した学術探検隊のことです。隊員は、20歳前後の若者がその大半を占めていました。大谷光瑞は実際に現地へ送り出す隊員たちに対して、「あらゆる言語、あらゆる文字、仏教のみならずあらゆる思想文化に関連する文物を収集すること。そして行程記録をつけること」と指示しました。それに従い隊員たちは細かな日記を付けました。彼らが収集した資料は、完全な形で残るものが少なく、この断簡も橘瑞超《たちばなずいちょう》（１８９０―１９６８年）が、コータン地域からもたらしたと伝わっています。大谷探検隊の将来資料は、現在、龍谷大学が所蔵する資料だけでも「13種類の文字、15種類の言語」にのぼります。

仏教の聖典はもともと、横書きだった!

さて、この断簡（切れて離れてしまった文書など）は、正式な書名は不明ですが、ザンバスタという人物の要請でまとめられたため、一般に「ザンバスタの書」と呼ばれています。24章で構成され、表裏６行ずつ４００枚を超える写本だったようです。そのうち龍谷大学が所蔵するこの断簡は第18章の最後に相当する２９４枚目の左半分で、その他はロシア、イギリス、アメリカ、インド、ドイツそして日本などに分散して保管されています。

日本では、縦書きのお経が知られていますが、もともとはインドやその周辺、スリランカや東南アジアでは横書きが主流でした。筆記法は、ヤシ科の植物の葉（貝多《ばいた》羅葉《らよう》）を長方形に整形して、先の尖《とが》った金属製のペンなどで引っ掻《か》くように文字を刻んでから油や墨などを塗り、

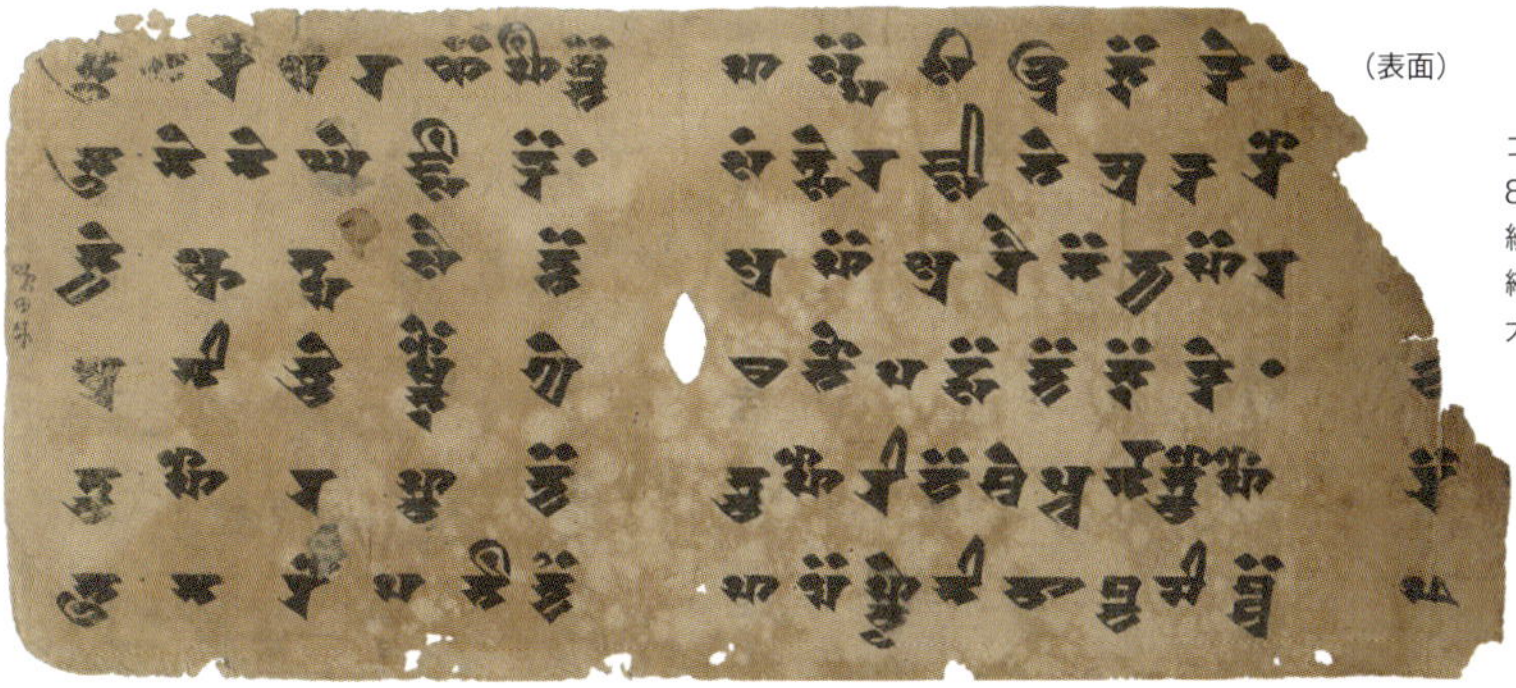

（表面）

コータン
８－９世紀
紙本墨書
縦 11.9 × 横 28.5cm
大谷　11062

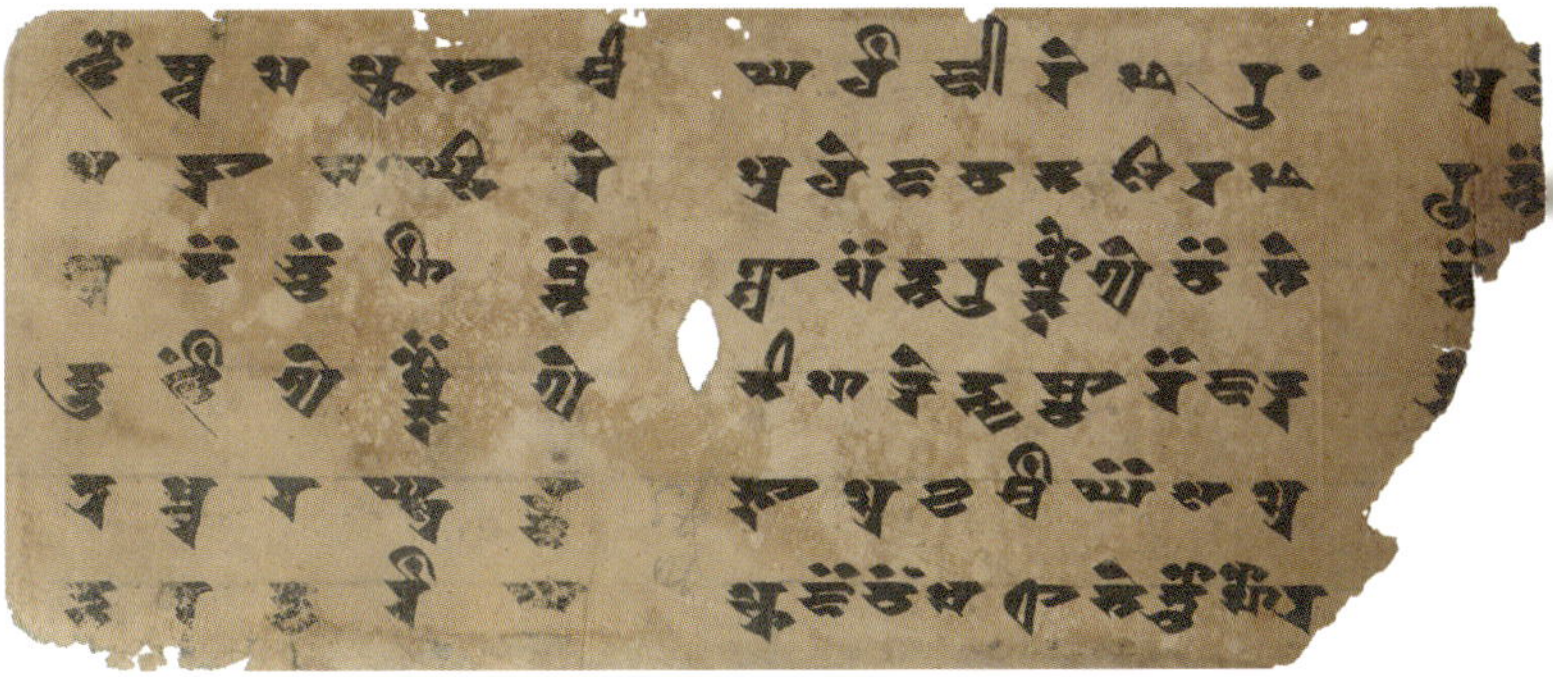

料紙に書かれているこの文字は、左から右へ向かって読む中央アジア・ブラーフミー文字で、母音と子音を組み合わせて書かれています。大胆に開けられた穴は、ここに紐や竹ひごを通して束状に留めておくためのものです。バラバラにならないから意外と便利らしいですよ。

（裏面）

拭《ふ》き取って文字を黒く浮かび上がらせる（あるいは、樺《かば》皮《ひ》に竹や木製のペンなどを使って墨などで文字を書く）ものです。これらを貝葉《ばいよう》（形）写本と呼んでいます。

この断簡に使われているコータン語は、主に西域のコータン（Khotan ホータン、古名：于闐《うてん》）というオアシス都市で11世紀初め頃まで使用されていたイラン語に属する言語です。コータンは、現在の新疆《しんきょう》ウイグル自治区（タクラマカン砂漠の南側）に位置し、早くに仏教が伝わり、7世紀には玄奘三蔵《げんじょうさんぞう》も旅した仏教王国でした。しかし、その様子は、仏教遺跡や遺物、そして文献資料からの情報でしか知り得ません。

ここには、サンスクリット語のsaṁskāra《サンスカーラ》にあたる語がみられ、仏教で重要な思想の一つ、「諸行《しょぎょう》無常《むじょう》（事象は常に変化し、そのままで存在するものは無いこと）」を知る、その重要性が解説されています。多くの仏教文献が引用されていて、ほかに同じ内容の資料がみられないことから、オリジナルの書と考えられています。

龍谷大学では、現在使用されている言語も多く研究されていますが、現代の日常生活では使われなくなった幻の言語を扱う研究者がこれらの資料を用いて研究しています。

（岩田朋子）

ウイグル語訳《ごやく》 天地《てんち》八陽《はちよう》神呪経《しんじゅきょう》

さまざまな宗教が混交し成立した仏教経典

天山《てんざん》ウイグル王国

唐、吐蕃《とばん》とともに中央ユーラシアの覇権《はけん》を競っていたウイグル可汗《かがん》帝国は、9世紀にキルギス族に敗れ、故郷モンゴル高原を去ることになりました。四散した部族の一部が、天山山脈東麓《とうろく》（中華人民共和国新疆《しんきょう》ウイグル自治区）に移住し、ベシュバリクとトルファンを拠点として建国したのが天山ウイグル王国でした。ウイグルの貴族たちは、それまでマニ教を信仰していましたが、移住先で篤《あつ》く信仰されていた仏教へと改宗します。現在、この地域に住む人々はイスラームを信奉しています。大谷探検隊が発掘した本資料は、ウイグルの人々が仏教を信仰していた時代の遺産なのです。

ヤールホト（トルファン） 10－11世紀
紙本墨書 縦29.3 x 横510.0cm 大谷 542

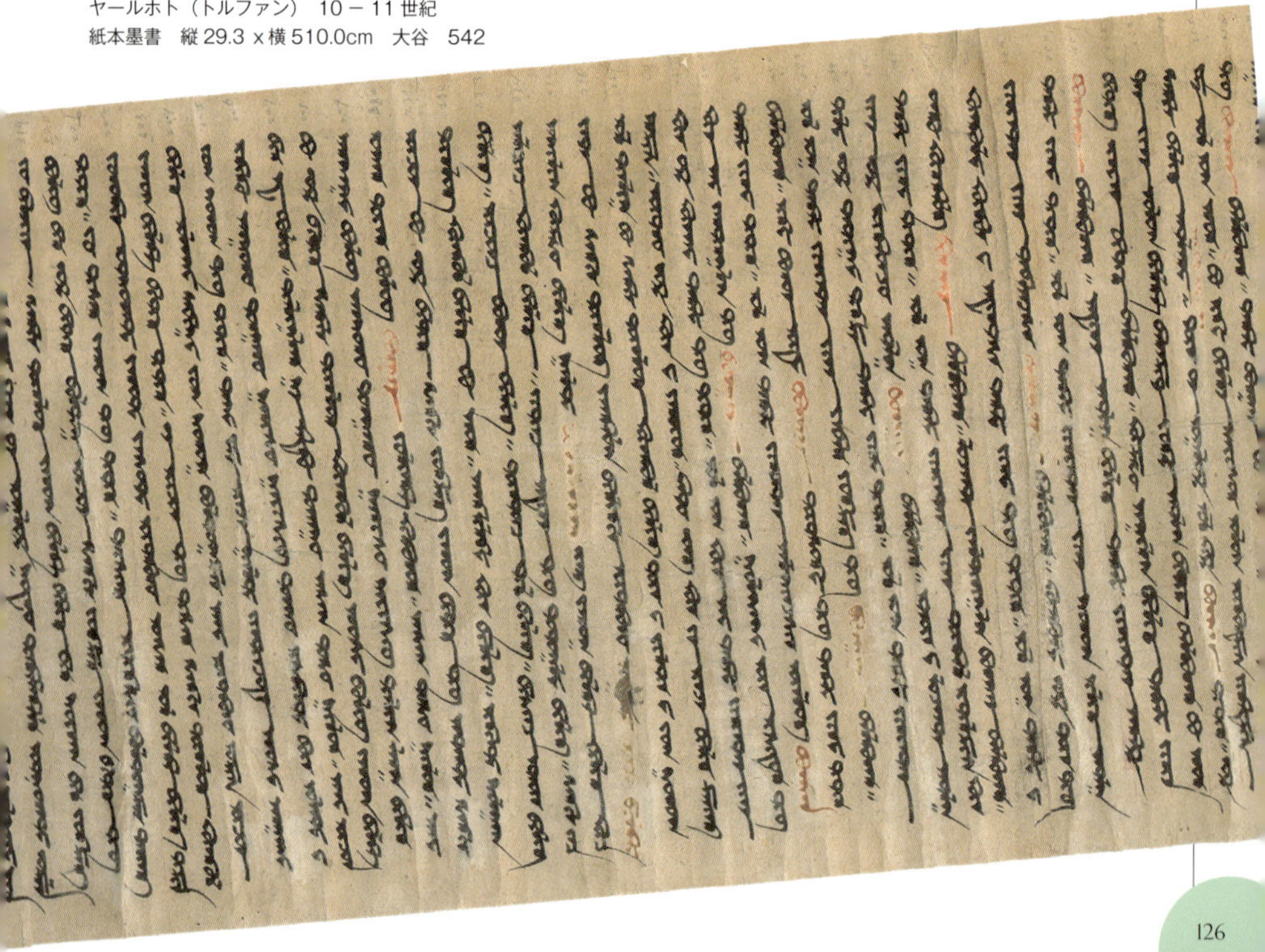

ウイグルの仏教

天山ウイグル王国の仏教には二つの大きな潮流がありました。一つは西域北道《さいいきほくどう》の中心オアシスであったクチャとカラシャールで栄えていた説一切有部《せついっさいうぶ》と呼ばれる上座部から派生した部派（１３９ページの解説を参照）、もう一つは中国の大乗仏教です。この『天地八陽神呪経』は、漢文の経典からウイグル語へと翻訳されたもので、後者のグループに属します。

ウイグル語訳『天地八陽神呪経』の特徴

『天地八陽神呪経』に説かれる内容は非常にユニークです。人生の節目となる場面で、この経典を読誦《どくじゅ》し、書写するならば、邪《よこしま》な考えにとらわれた人であっても、あらゆる苦難を免れると説きます。たとえば、家屋を建てる前に3度この経典を読誦し、そのあとで適切な方角に家屋を建てるならば家庭の諸々の事柄は円満になるなど、その教えは非常に現世利益的です。本経が成立した背景に、中国の伝統的な民間信仰の存在を読み取ることができます。このことから、この経典はインドで成立したものでなく、中国において作られたことがわかります。このような経典を「疑経《ぎきょう》（もしくは偽経《ぎきょう》）」といいます。

さらにウイグル語へと翻訳される過程で、光と闇の二《に》元論《げんろん》を説くマニ教の教えも混入しています。マニ教徒であったウイグル人にとって理解しやすいよう翻訳にも工《く》夫《ふう》を凝《こ》らしていたのです。そもそも遊牧民であったウイグルの人々にとって崇拝対象であった「天」、「地」という言葉が、経典のタイトルに入っている点も、彼らが本経に親しみを感じた理由の一つであったことでしょう。本資料は、シルクロードのさまざまな宗教が融合していたことを示す貴重な資料です。

ウイグル文字は縦書きですが、行は左から右へと読み進めます。経文中に朱書きされた言葉は「仏 burxan」や「菩薩 bodis(a)v(a)t」を表します。長さ約5メートル（４０５行）は、現存するウイグル語の巻子本《かんすぼん》としては最長の資料です。

（橘堂晃一）

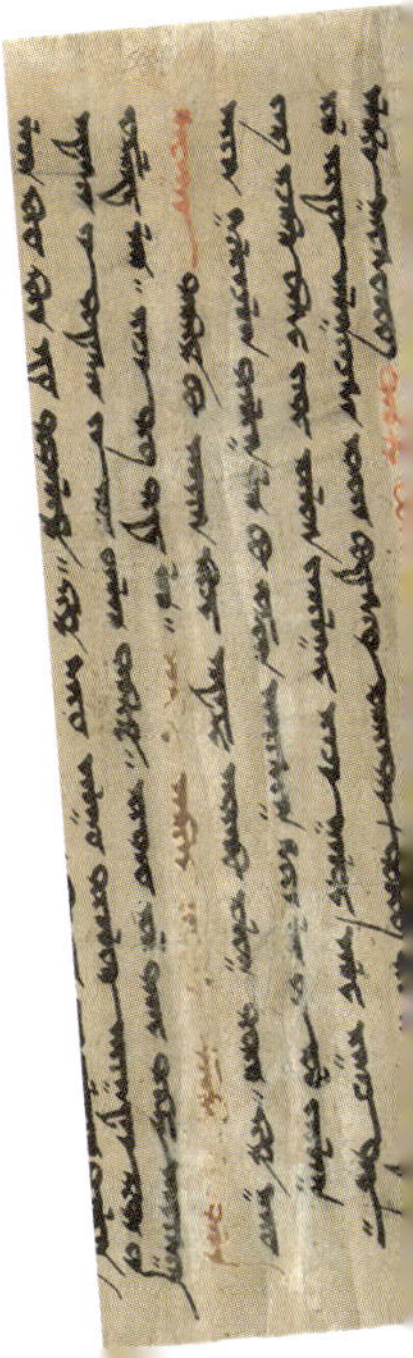

形で内容が大体わかる!? 泥粘土《どろねんど》で封印《ふういん》して送った文書

ガンダーラ語をカローシュティー文字で表記

木を削って横長の木片とし、カローシュティー文字を使用して墨書されています。ガンダーラ語が用いられますが、一部中央アジアの言語の影響も見られます。カローシュティー文字は古代アラム文字に由来し、右から左へと横書きします。前3世紀中頃ガンダーラ（西北インド）でアショーカ王碑文に使われたのが最初で、その後ガンダーラで発行されたコインや仏教寄進銘、仏典などに用いられました。3世紀以降ガンダーラでは使われなくなり、この頃からタクラマカン砂漠の南方オアシスを支配した鄯善国《ぜんぜん》で木簡などに用いられ、5世紀頃まで使用されました。木簡類は中国のコータン、クチャ、ニヤ、ミーラン、楼蘭《ろうらん》、営盤《いんばん》などの遺跡で発見されていますが、ニヤ遺跡から出土する例が圧倒的であり、合計すると800点以上の木簡類が発見されています。コータンでは、2世紀頃と推定される『法句経《ほっくきょう》』の断片も見つかっています。

中央アジア主要地図

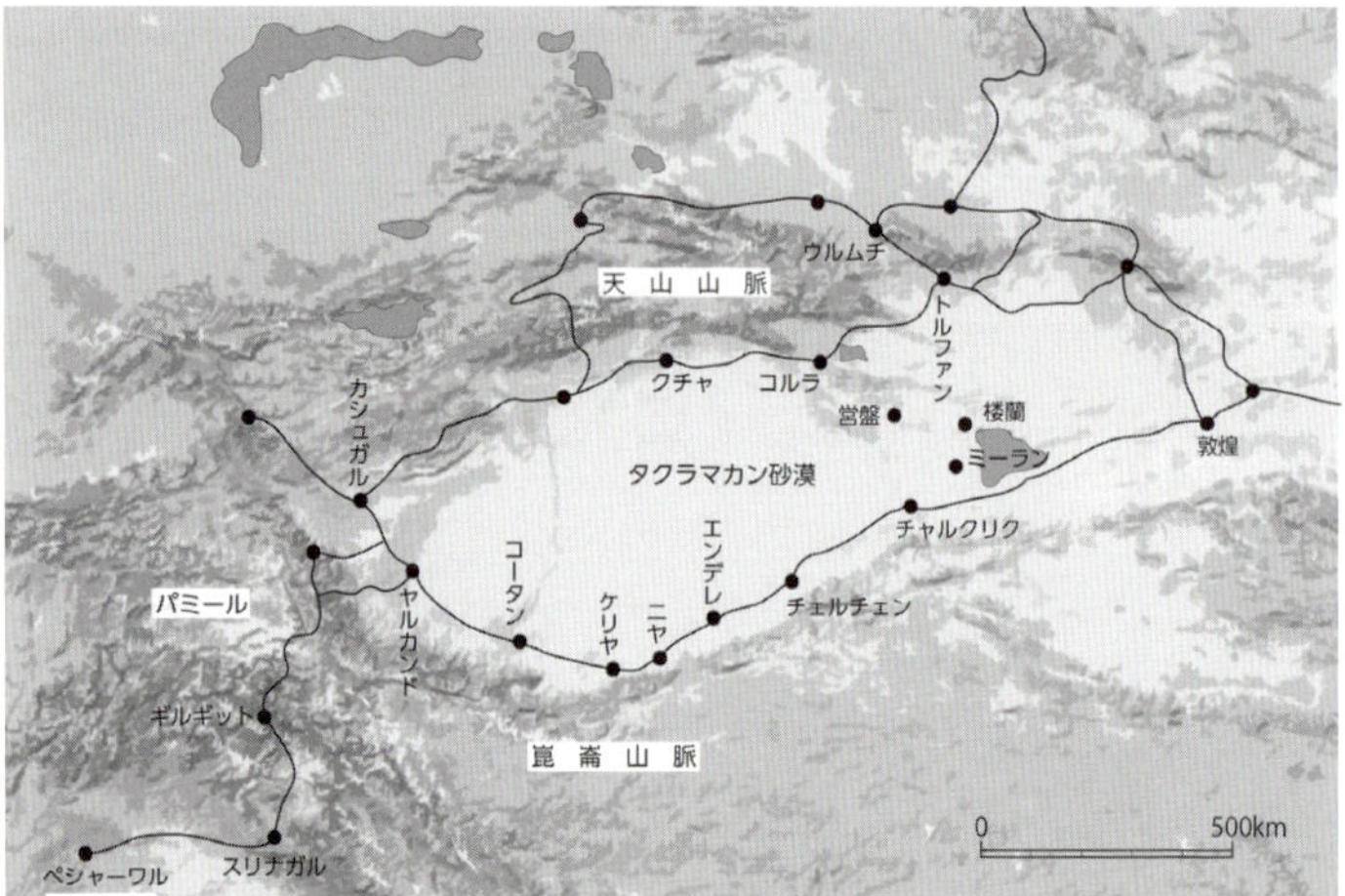

❶

❷

❸

❹

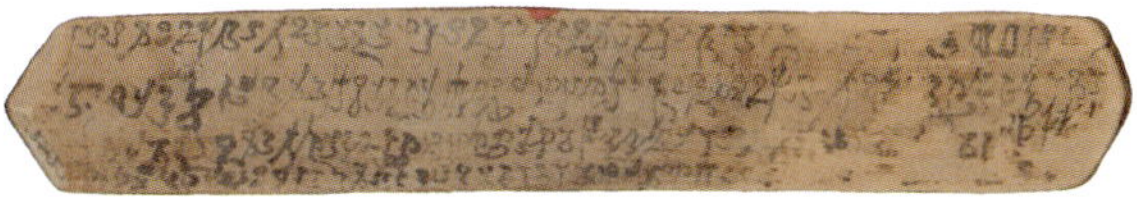

❺

ニヤ遺跡周辺　4世紀頃
木簡墨書　❶5.6 × 15.4、❷7.4 × 18.8、❸4.5 × 19.0、❹6.3 × 16.0、❺3.8 × 24.7cm　大谷　11101 ~ 11105

徴税リストや土地の契約書を厳密に封印

木簡は大谷探検隊の収集資料で、香川黙識《もくしき》編『西域《さいいき》考古図譜《こうこずふ》』（国華社、1915年）に掲載され、和闐《コータン》出土と紹介されました。また木簡には「吐峪溝《とよくこう》」（トルファンのトユク千仏洞《せんぶつどう》）というラベルが貼られていますが、いずれも資料整理の際に生じた誤りと考えられます。

5点の木簡のうち、比較的文字が鮮明に残るのは❸と❹、❺です。内容は徴税に関わるリスト（❸）と、土地の売買に関する契約書（❹、❺）です。登場する人名や官職名、使用される度量衡《どりょうこう》の単位は、ニヤ遺跡で発見された木簡に登場するものとよく一致します。橘瑞超《たちばなずいちょう》がニヤ遺跡の周辺で入手したものでしょう。

木簡は楔形《くさびがた》（❸）、矩形《くけい》（❶、❷、❹）、横長の六角形（❺）に成形されています。楔形木簡は王が各地の官吏《かんり》に与えた命令書に使用されたと考えられますが、❸はおそらく用済みの命令書が2次利用されたのでしょう。矩形木簡は契約文書や官吏間のやりとりなどに使用されました。楔形・矩形ともに、もとは文面が見えないように宛て先が書かれた蓋《ふた》で覆《おお》われ、紐《ひも》で縛られたうえ泥粘土で封印して用いられました。

（市川良文）

朱《しゅ》地《じ》連珠《れんじゅ》天《てん》馬《ま》文錦《もんにしき》

東西の文化が融合された、シルクロードらしい「死者の顔を覆《おお》う布《シルク》」

大谷探検隊、中国の古墳を発掘する

　1912年、第3次大谷探検隊の吉川小一郎《よしかわこいちろう》は、現在の中国・新疆《しんきょう》ウイグル自治区のトルファン近郊で、古墳の発掘調査に乗り出します。のちにアスターナ・カラコージャ古墳群として知られることになる重要遺跡の、世界で最初の調査でした。ミイラ化した被葬者《ひそうしゃ》とともに多くの副葬品が出土しましたが、その中でも美しい絹の錦（複数の色糸を使用して文様《もんよう》を表した織物）は目を惹《ひ》く存在でした。

西方の文様を東方の技術で

　その一つが、写真の錦です。薄い朱色の地に、円を連ねてさらに大きな円形を作り出す「連珠円文《れんじゅえんもん》」を配置し、その中に2頭の翼を持つ馬、すなわち天馬が向かい合って表現されています。天馬の間と足元、そして連珠円文が複数並べられることで生じる接点や空白の部分には、細かく植物文様が織り出され、豪華な印象を与えます。天馬や連珠円文といったモチーフは、ペルシャ世界などの西アジアに起源するものですから、それがシルクロードを通じて中国方面まで伝わっていることを示しているのです。

　一方でこの錦は、文様となる色糸を経糸《たていと》としてあらかじめ配置する「経錦《たてにしき》」という技法で織られています。この技術は古代中国で発明されたもので、長く伝統的な技法として継承されました。すなわちこの錦は、西方の文様と東方の技術が融合した、実にシルクロードらしい作品ということになるのです。

豪華な絹織物の「面覆《めんおお》い」

　ところで、錦の下部に文様などを織り出さない単純な平絹《ひらぎぬ》が縫い付けられています。縫い目は錦の周囲全体に残っているので、当初は全体が平絹で縁取られていたと考えられます。他の発掘事例を考慮すれば、この錦は被葬者の顔を覆う「面覆い」として使用されていたのでしょう。豪華な錦は、当時の西域における葬送文化についても我々に教えてくれているのです。

（岩井俊平）

天馬が向かい合う、西方的な文様。下の方をよく見ると、上下が反転したまったく同じ文様が織り出されています。
７世紀　アスターナ（トルファン）　縦 13.9 × 横 10.4cm

朱地連珠鳥形文錦《しゅじれんじゅとりがたもんにしき》・白地連珠闘羊文錦《しろじれんじゅとうようもんにしき》

縫い合わされた上下逆《さか》さの絹織物と、切り取られた三角形の謎《なぞ》

動物の頭の部分が切り取られている

朱地連珠天馬文錦《しゅじれんじゅてんまもんにしき》（１３０ページを参照）と同様に、この絹織物も第3次大谷探検隊の吉川小一郎《よしかわこいちろう》がトルファンの古墳から発掘したもので、異なる2枚の錦を縫い合わせているのが特徴です。写真で上の方に配置されている錦は、上下が逆さになっており、連珠円文《れんじゅえんもん》（１３０ページを参照）の中に鳥を表しています。構図から考えれば、もう1羽の鳥が向かい合うように配置されていたはずです。写真の下の方に配置されている錦は、同じく連珠円文の中に翼を持った2頭の動物を表し、足元には花のような文様が織り出されています。動物の頭の部分から上は、大きく三角形に切り取られていて、一体何の動物だったのかわからなくなっています。

翼を持った羊？

当初、この動物は天馬ではないかと考えられていました。しかしよく見ると、向かって右側の動物の頭から、角《つの》のようなものが生えています。さらに双方の尻尾《しっぽ》を見ると、垂れ下がるのではなく、丸くなっているのがわかります。こうしたことから、この2頭は羊である可能性が高いのです。「翼を持った羊」という表現は珍しく、見たことがある人は少ないでしょう。しかし実際に、同じアスターナ古墳群からはまったく同じ文様の錦が出土していて、2本の角がはっきりと残っているため、確かに羊だと認識できます。

死後の世界の従者たち

興味深いのは、羊だと認識できる証拠とされている

「同じ文様の錦」も、まったく同じように三角形の穴が開けられていることです。そしてそれは、古墳の中に副葬されていた、小さな人形（俑《よう》と呼ばれます）に衣服として着せられていたのです。このことから、龍谷大学が所蔵する写真の錦も、俑の衣服だったことがわかりました。つまり、三角形の穴はいわばVネックの部分で、互いに上下逆さになるように縫い合わせていたのも、俑にかぶせた際にどちらも正しい方向になるような工夫《くふう》だったのです。古墳から出土した俑は、中国文化圏では死後の世界で被葬者《ひそうしゃ》に仕える従者たちだと考えられているので、豪華な絹の衣服を着た従者たちに囲まれて生活する、天国のような場所がイメージされていたのかもしれません。

（岩井俊平）

翼を持った羊が向かい合う構図。連珠円文の中に動物を配する文様は、6－8世紀頃にユーラシア全体で広く流行しました。
7世紀　アスターナ（トルファン）
上：縦3.6×横3.7cm、下：縦9.6×7.3cm

紺地文字入三日月文錦《こんじもじいりみかづきもんにしき》

アラビア文字が仏教経典の表紙に⁉

表裏合わせて「速《すみ》やかな勝利」

　連続する三日月に包まれるように、アラビア文字が織り出された非常に珍しい錦（複数の色糸を使用して文様《もんよう》を表した織物）です。１行ごとに、「勝利」を意味するファタハ（فتح）と「近い」を意味するカリーブ（قريب）が交互に表されていて、後者は表から見ると鏡文字《かがみ》になっています。つまり、裏から見たときに正しく読めるように織られているわけです。また、「ファタハ」の文字は朱色の糸を使用して織られていたようです。残念ながら今はすっかり色あせてしまっていますが、一番下の段だけ、かろうじて朱色になっているのが写真でもわかります。

　ふたつの単語を合わせて「速やかな勝利」と翻訳されますが、これはイスラームの聖典クルアーン（コーラン）からの引用でしょう。したがって、中国ではなく、西アジアや中央アジアで制作された可能性が考えられます。さらに、このような三日月文も、東ローマ帝国やサーサーン朝ペルシャといった地域で好んで使用されていた文様ですから、この錦の原産地（あるいはこの文様の発祥の地）が中国ではなく、より西方の世界であることを示しています。

アラビア文字はエキゾチックな文様？

　この錦は大谷探検隊が収集したものですが、当初はウイグル語で書かれた10―11世紀頃の手紙の断片などが貼り付けられていました。反故紙《ほごがみ》を錦に貼って補強し、仏教経典などの表紙に転用することが中国ではしばしば行われていたので、この事例もそのひとつと考えられます。つまり、アラビア文字を読めなかった中国の人々は、シルクロードの交易を通じて伝来したこの錦の文字がエキゾチックな文様のように見えたため、わざわざ補強を

文字は、クーフィー書体と呼ばれるものに近い。現在では色あせていますが、「ファタハ」の文字は朱色の糸で織られていたようです。
9－10世紀　トルファン？　縦13.8×横24.0cm

施《ほどこ》して、大切な経典を飾る表紙に転用したのかもしれません。制作技法などから判断すると、この錦が織られたのは、付着していた手紙の年代をやや遡《さかのぼ》る9－10世紀頃のようです。

大谷探検隊の成果には、まだ謎が多い

これまでこの錦は、先述した他の2点の錦（130－133ページを参照）などと同様に、トルファンのアスターナ・カラコージャ古墳群から出土したものとされてきました。ところがこの古墳群では、9世紀以降の墓が発見されていません。したがって、10－11世紀の反故紙が付着していたこの錦が、古墳の中に入っていたはずはないのです。錦に反故紙を貼って経典の表紙にする事例は敦煌《とんこう》でも多く知られていますから、大谷探検隊がこの錦をどこで入手したのか、改めて検討する必要がありそうです。探検隊将来品の研究は、このようにして少しずつ進んでいくのです。

（岩井俊平）

伏羲女媧図《ふくぎじょかず》D

上半身は日本に、下半身は中国に！国をまたいで所蔵される男女神

墓室の頂部に木釘《きくぎ》ではりつけられていた

本図は、1912年、第3次大谷探検隊員の吉川《よしかわ》小一《こいち》郎《ろう》が、トルファン地方カラコージャ古墳群の発掘により入手、将来したものです。大谷探検隊がもたらした伏羲女媧図は龍谷大学に4点、天理大学附属参考館に1点、韓国ソウルの国立中央博物館に3点、旅順博物館に2点が所蔵されています。

本図は、背景の濃い紺青《こんじょう》に茶色の衣装を身に着けた二神が神秘的に描かれています。従来、死者の棺《ひつぎ》を覆《おお》うために用いられたとされてきましたが、近年の研究では、図の角部《かど》に小さな穴が残存していることから、墓室頂部に木釘ではりつけられていたという説も出されています。

図柄は、中国古代神話に登場する二神を描いています。右側が男神の伏羲で、左側が女神の女媧です。両者は斜《なな》めに向き合い肩を組んでいます。伏羲の左手は肘《ひじ》だけが残り、矩《さしがね》（直角を測る定規《じょうぎ》）を持っていたはずの部分は欠けています。女媧は右手の人差し指を水平に伸ばし、周辺の墨の形からコンパス状のものを握っていたことがわかります。女媧の左手には機織《はたお》りで織り目を整えるために使う筬《おさ》のようなものがかろうじて見えます。女媧は頬《ほお》に紅《べに》をさし、額《ひたい》には花鈿《かでん》という唐代に流行した化粧法《けしょうほう》が見えます。

伏羲は、文字を作り人々に漁猟《ぎょりょう》・牧畜を教えたとされ、女媧は、婚姻《こんいん》の制度や度量衡《どりょうこう》（測量の単位）を定めたとされています。伏羲・女媧の二神とも、上部は人身、

本図には欠けている下部は蛇身《じゃしん》をなしており、さらに下部は互いに交接した形をなしています。１９７２年に本図に接続する下半身と伏羲の左手の部分が、アスターナ２２５号墓より発掘され、現在はウルムチの新疆《しんきょう》ウイグル自治区博物館に所蔵されていることが確認されました。これによって吉川小一郎が調査した地点が明らかとなったのです。他国の調査と比較することによって、大谷探検隊の活動の詳細も今後さらに明らかになっていくことでしょう。

周囲には、古代中国の日月星辰《じつげつせいしん》（日・月・星）が配されており、中央アジアに住んだ漢人が、中国本土の文化をいかに受容していたかを推測させる資料ともなっています。

なお、浄土七祖《じょうどしちそ》の一人である道綽《どうしゃく》が『安楽集《あんらくしゅう》』で引用する『須弥四域経《しゅみしいききょう》』（中国撰述教典の一つで、現存しない）に「伏羲・女媧」が言及され、菩薩名をそれぞれ「宝応《ほうおう》声《しょう》」「宝吉祥《ほうきっしょう》」と呼ぶと記されています。仏教が中国神話を取り込み、民間信仰との調和を計ったものと解されます。

龍谷大学にある４図のうち、比較的状態が良好なものの一つです。（三谷真澄）

トルファン　縦73.5×横107.5㎝

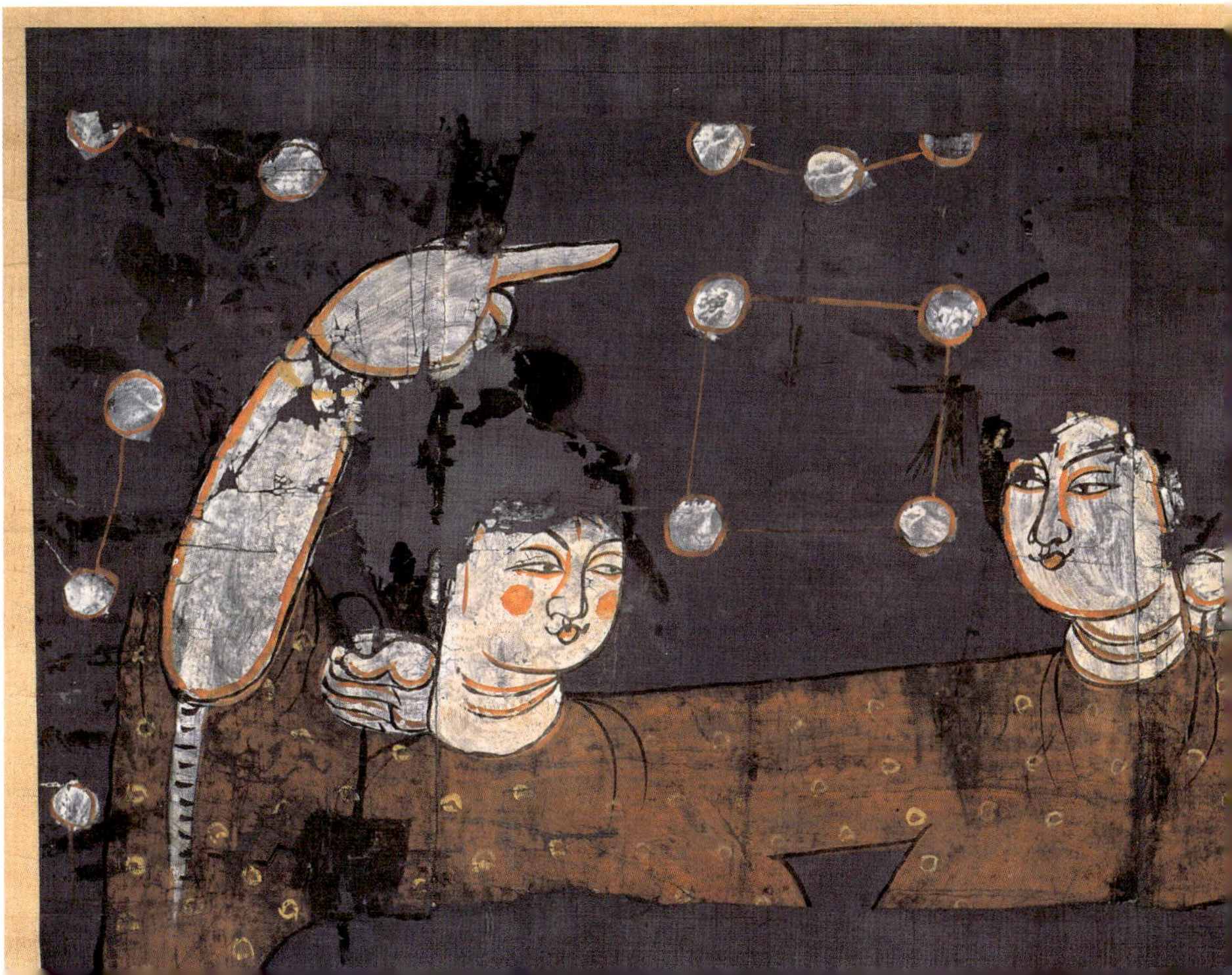

トカラ文《ぶん》寺院《じいん》出納《すいとう》文書《もんじょ》（亀茲《クチィ》語《ご》寺院《じいん》小麦《こむぎ》支出《ししゅつ》文書《もんじょ》）

シルクロード天山南路《てんざんなんろ》で栄えた亀茲《きじ》の華やかな文化と経済

亀茲語は一体どこからきたのか？

亀茲語はインド・ヨーロッパ語族のトカラ語派に属しています。この語派は2つの言語から成り立ち、それぞれ漢代以来の焉耆《えんぎ》、亀茲というオアシス王国と密接に関係していました。20世紀初頭、ヨーロッパの研究者は、この2つの言語が、紀元1―4世紀頃にTocharistan《トハリスタン》（現在のアフガニスタン北部）で栄えた貴霜朝《クシャーン》の言語であると考え、焉耆《えんぎ》語をTocharian A、亀茲語をTocharian Bと名付けました。そのため、本文書は『西域考古図譜』でも「覩貨邏《トカラ》語文書寺院出納記録」と紹介されていますが、この「覩貨邏」はトハリスタンのことで、唐代三蔵法師・玄奘《げんじょう》による翻訳です。

しかし、亀茲語（一部の研究者は現在も「トカラ語B」と称しています）の資料はアフガニスタン周辺では見つかっておらず、中国でのみ出土していて、年代はおおよそ4―10世紀と考えられています。

絢爛《けんらん》たる仏教文化

亀茲国は盛況を誇り、王室は前漢の王女を娶《めと》って、4世紀頃には仏教が広く普及しました。高僧として知られ

天山南部の現在の主要なオアシス都市。青色の部分は漢代から唐代における亀茲国の勢力範囲、星印はキジル石窟の位置を示しています。

る鳩摩羅什《クマラジュウ》は亀茲の王族出身で、385年に涼州《りょうしゅう》に赴き、401年から長安で『妙法蓮華経』などの大乗仏典を漢訳しましたが、亀茲国で長く栄えたのは大乗仏教ではなく、上座部仏教に属する説一切有部《せついっさいうぶ》でした。現地の僧侶はサンスクリットを学び、戒律を重視しましたが、肉食は禁じられなかったため、玄奘などの仏教徒から「小乗」と見なされました。

亀茲では音楽や芸術が発達し、近年世界文化遺産に認定されたキジル石窟《せっくつ》寺院には、数多くの絢爛《けんらん》たる壁画が残されています。

物品の購入や納税をおこなった記録

648年に亀茲国は唐王朝に征服されましたが、王室は依然として仏教を保護しました。この文書は、第1次大谷探検隊の渡邊哲信《わたなべてっしん》が1903年4月にキジル石窟で発見した可能性が高いとされています。草書のブラーフミー文字で書かれ、年代や寺院の名称は不明ですが、ある年の冬の小麦の支出の記録です。小麦は製粉や牛乳から作られたギーおよび唐風の「醤《ジャン》」（古代の味噌に相当）の購入、納税に充《あ》てられています。このことは、唐代に至っても、亀茲の仏教寺院が経済的基盤を有していたことを物語っています。

（慶昭蓉〈荻原裕敏 訳〉）

3行目には記録を監督した2人の上座の名前、Dharmarakṣite および Ślawarme、上下の赤枠部分にはそれぞれ「10月」「11月」と書かれています。

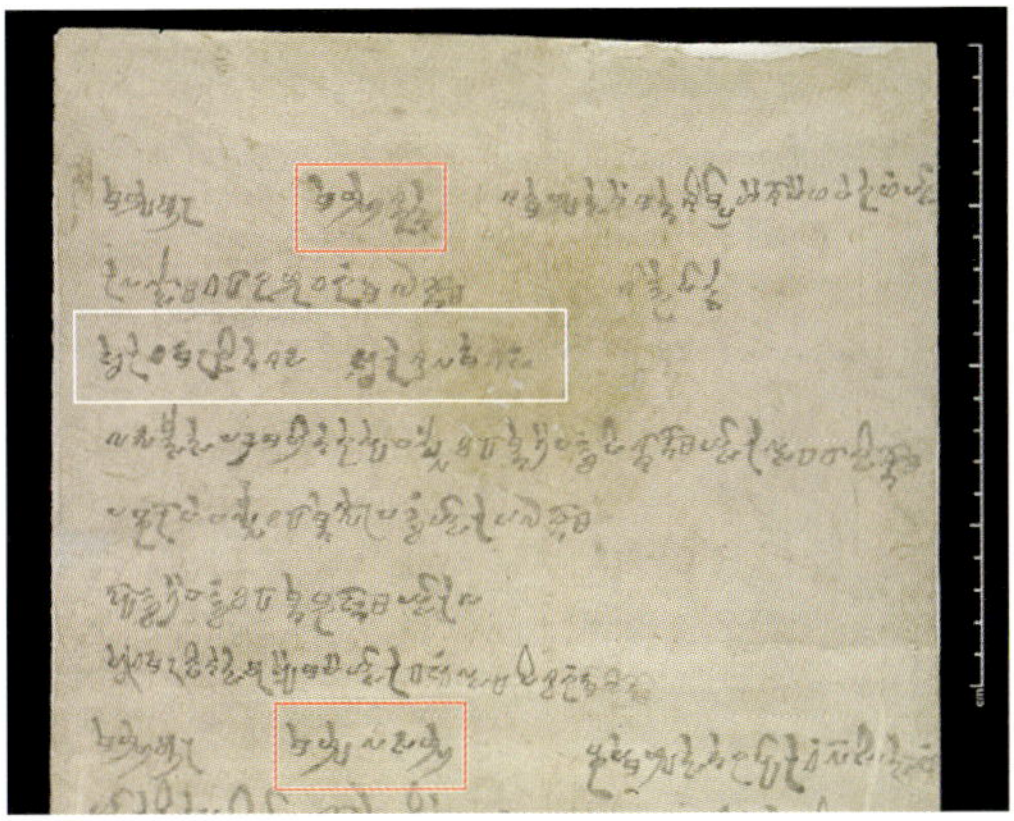

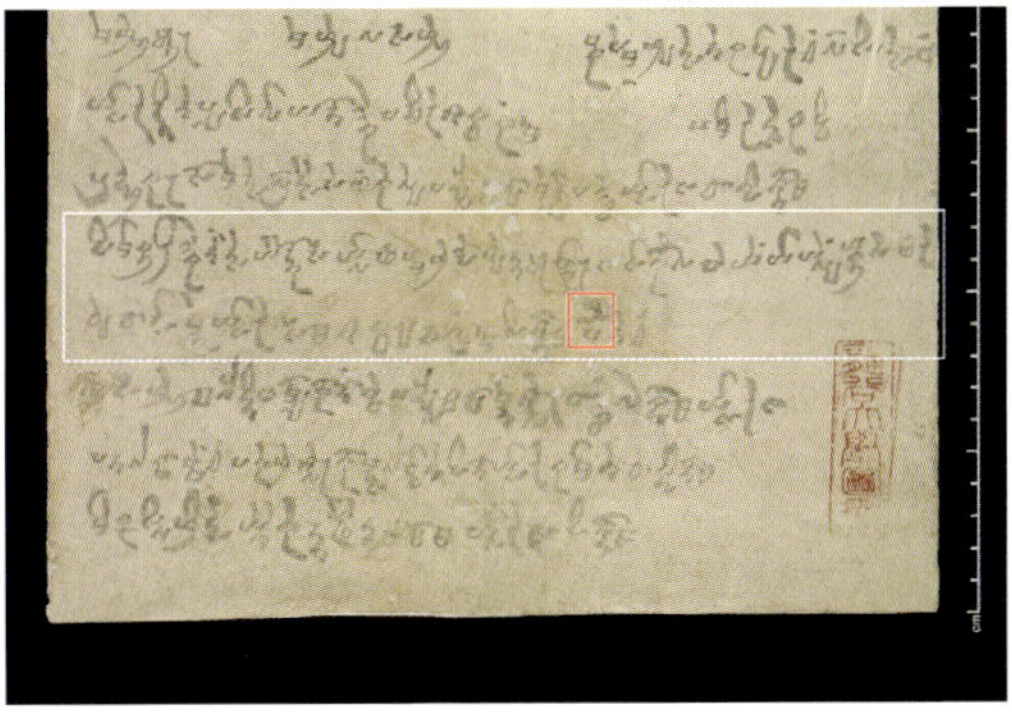

11～12行目には軍隊への小麦の支出が記載されています。12行目末尾（赤枠部分）には、唐代の行政文書の形式の一つである「抄」からの借用語 Ṣau「領収書」が見られます。

庫車（クチャ）地域　約8世紀（唐）　大谷　541

ラサ鳥瞰図《ちょうかんず》

シルクロードだけじゃない！チベットへも向かっていた大谷探検隊

アジア全域を視野に入れた活動

大谷探検隊の活動は、狭義には１９０２年から１９１４年にかけて３次にわたる内陸アジアへの探検を指しますが、広義には１８９９年から１９２３年の間におこなわれた諸活動を指し、中国、インド、チベットを含むアジア全域を視野に入れたものでした。その中で、チベットに派遣されたのが青木文教《あおきぶんきょう》（１８８６—１９５６）でした。

青木文教は、１９１３年から１９１６年にかけて、チベットの首都・ラサ市内に住み、ダライラマ13世の秘書を務める一方、ラサ市井《しせい》の人々の生活を実体験しました。この資料は、青木が作製に関わった地図で、１９０５年から１９１５年までの市域を鳥瞰的に描いています。20世紀初頭のラサの都市構造を示す貴重な資料であるとともに、当時の地図作成の職能を持った人々の存在や技法などを示す資料ともなっています。

ラサをさまざまな視点で描いた地図

最上部には//gangs ljongs bod rgyal khab dbus su gyur pa dpal gyi chos 'khor lha ldan zhing gi bkod pa'i sa kra //「雪域西蔵国中央（ウー）に成就した吉祥なる法輪・ラデン（ラサの別名）の地を配した地図」とタイトルが書かれています。

地図上方が東を示し、地図上部中央にトゥルナン寺（チョカン寺）・左上にラモチェ寺、左下にポタラ宮、右に流れている川は、キチュ河です。また鳥瞰図の下に、チベットの位置やラサの位置を示す、縮尺の異なる4枚の地図が切り貼りされています。下部中央には青木文教により英文でラサ市略史が書かれており、ソンツェンガムポ王による仏教導入期の7世紀前半に建設されたこと、昔「ra sa（ヤギの地）」と呼ばれ、これが「lha sa（神の地）」となったこと、チョカン寺の釈迦牟尼《しゃかむに》仏像の由来などが示されています。

また右下に"THE BIRD'S EYE SKETCH OF "LHASA" BY A NEPALESE PHOTOGRAPHER OF LHASA IN 1905—1915" と書かれており、この鳥瞰図作成にネパール人が関与していたことがわかります。

（三谷真澄）

縦 168.0 × 横 134.0cm
青木文教コレクション

西夏文《せいかもん》 六祖壇経《ろくそだんきょう》

忘れ去られた西夏語《せいか》に翻訳された、禅の教えを広める説法集

国が滅びたあとも使い続けられた西夏文字

大谷探検隊収集の非漢字文献資料の一つです。西夏文字は、契丹《きったん》文字・女真《じょしん》文字と並んで擬似《ぎじ》漢字と言われ、西夏（1038―1227年）の初代皇帝李元昊《りげんこう》によって制定、1036年に交付された文字です。タングート族の言語である西夏語（チベット・ビルマ系言語）を表記するために作成された漢字的な表意文字であり、6000字ほどがあります。西夏国が滅びた後も、モンゴル元朝《げんちょう》下で優遇されたため、文字は14世紀末頃まで主として仏教文献の上に活《い》かされてきましたが、その後は使用されなくなり、忘れ去られました。近年、文字の解読がすすみ、構成原理が解明されましたが、まだ不明な点も多く残されています。

慧能《えのう》の説法集『六祖壇経』

『六祖壇経』の西夏語訳は、1071年に完成したと考えられていますが、本資料は西夏文字の草書体で書写されており、時代はさがります。

『六祖壇経』は、禅宗第6祖である慧能（638―718年）の主要な教えを収録したもので、彼が大梵寺《だいぼんじ》でおこなった説法集です。語録という性格の本書に「経」と名付けられているように、禅宗の中でも特に重要視されました。

その内容は北宗禅《ほくしゅうぜん》に対して南宗禅《なんしゅうぜん》の優位をうたい、頓悟《とんご》（長く厳しい修行をすることなく一足《いっそく》とびに悟りを開くこと）・見性《けんしょう》（自分に本来備わる仏としての本性を見抜いて悟ること）の思想を説いています。南頓北漸《なんとんほくぜん》と

いい、南宗《なんしゅう》では、自己の仏性《ぶっしょう》を頓《すみやか》に悟るものであるとして禅の正系の立場を取り、北宗《ほくしゅう》は修行を経て漸《だんだん》に悟るものだとして傍系とされました。慧能の弟子の神会《じんね》以降、広く受け入れられ、後世の禅宗の定説となりました。

本性《ほんしょう》は、それ自体煩悩《ぼんのう》に汚されず、本来清浄《しょうじょう》であることに気づくことが悟りであるとし、「見性成仏《けんしょうじょうぶつ》」が強調されました。

この文献は敦煌《とんこう》・朝鮮半島・日本に広く流伝《るでん》して数多くの異本を生み、なかでも敦煌本は最も古いテキストを残しています。そうした『六祖壇経』の成立史の中で、西夏語訳本のもつ意味は大きいものとなっています。

最近、本資料と同様に、大谷探検隊収集で、現在中国の旅順《りょじゅん》博物館に蔵される『六祖壇経』漢字写本の図版が出版されました（郭富純・王振芬整理『旅順博物館藏敦煌本六祖壇経』上海古籍出版社、２０１１）。（三谷真澄）

出土地不明　13－14世紀
紙本墨書　縦24.0×横29.5cm
大谷　11090

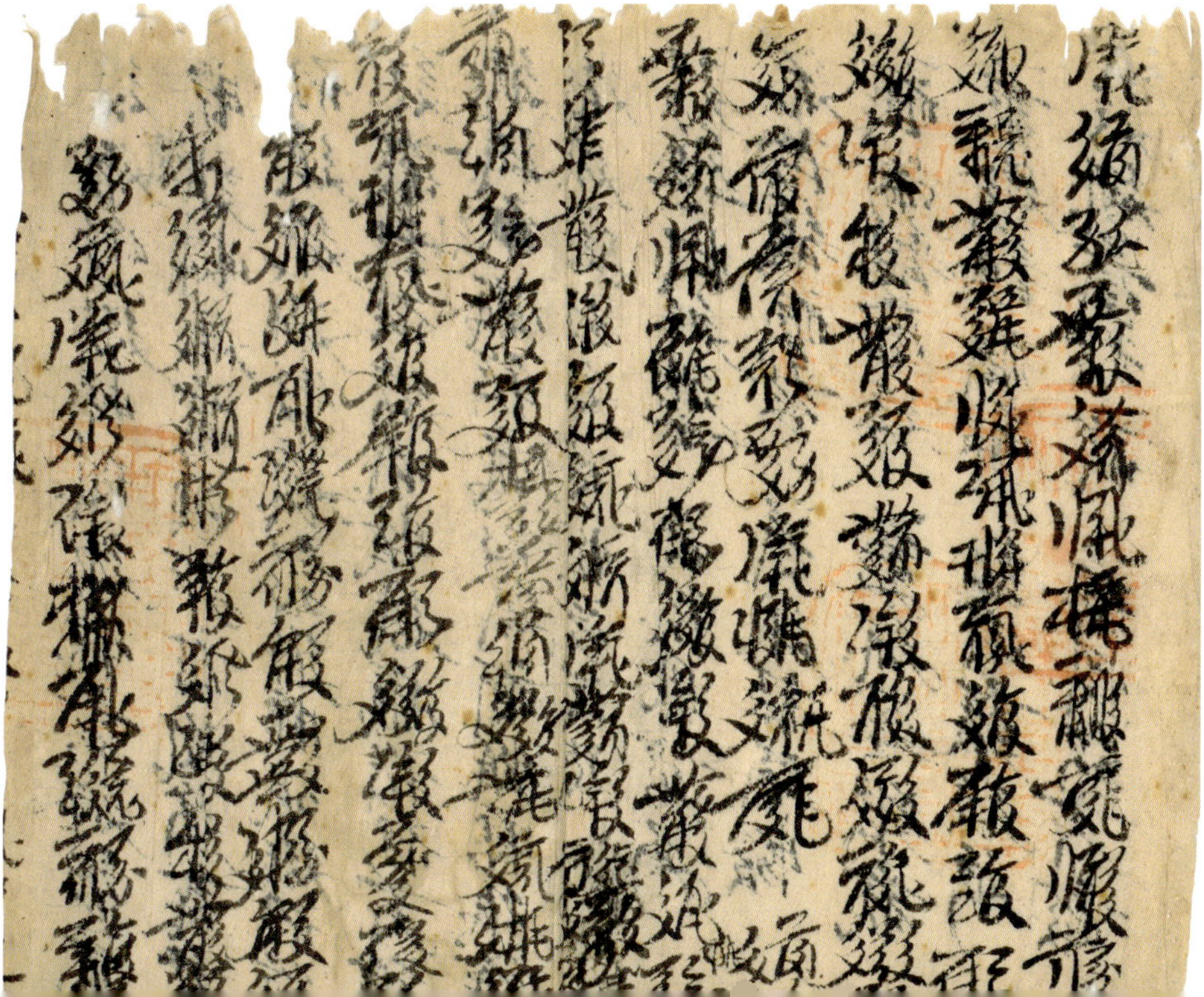

青龍《せいりゅう》（給田文書《きゅうでんもんじょ》）

リサイクル紙が織りなす豊かな墓葬《ぼそう》文化

リサイクルされた公文書

天山《てんざん》山脈東麓《とうろく》のオアシス都市トルファン。そこに興亡した数多の国の都城として機能した高昌故城《こうしょうこじょう》の北側にアスターナ・カラホージャ古墳群があります。ここは4世紀から8世紀にかけて、約500年にわたって造営された在地の漢人豪族《かんじんごうぞく》の集合墓地でした。

20世紀初め、本願寺《ほんがんじ》宗主《しゅうしゅ》・大谷光瑞《おおたにこうずい》が組織した大谷探検隊は中央アジアからさまざまな資料を将来しましたが、その中にアスターナ・カラホージャ古墳群から出土した多数の文書断片があります。そこには唐代の西州《せいしゅう》高昌《こうしょう》県の官庁で作成された一連の土地関係文書断片が含まれていました。

なぜ官庁で作成された公文書が、墓室《ぼしつ》から見つかるのでしょうか。官庁で作成された文書は一定の年数が経《た》つと不要となり、寺院や民間に払い下げられた後、墓の副《ふく》葬品《そうひん》の紙鞋《しあい》（紙製の靴）や紙帽《しぼう》（紙製の帽子）、さらには紙帯《したい》（紙製の帯）などを補強するための裏打ちとして使用されることがありました。この青龍も官庁から払い下げられた土地関係文書を再利用して制作されたものです。

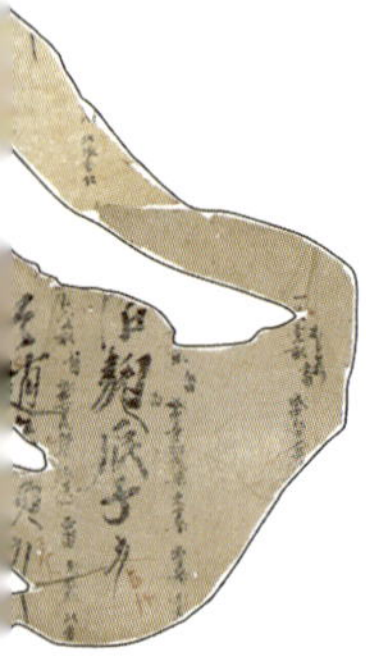

墓室を彩る四神《しじん》

青龍の姿は一連の文書を貼《は》り合わせて何層かの厚紙状にし、表面に彩色した龍を描いてから裁断《さいだん》し、輪郭に沿って穴を穿《うが》って墓室の壁面《へきめん》に掛けたものと考えられてい

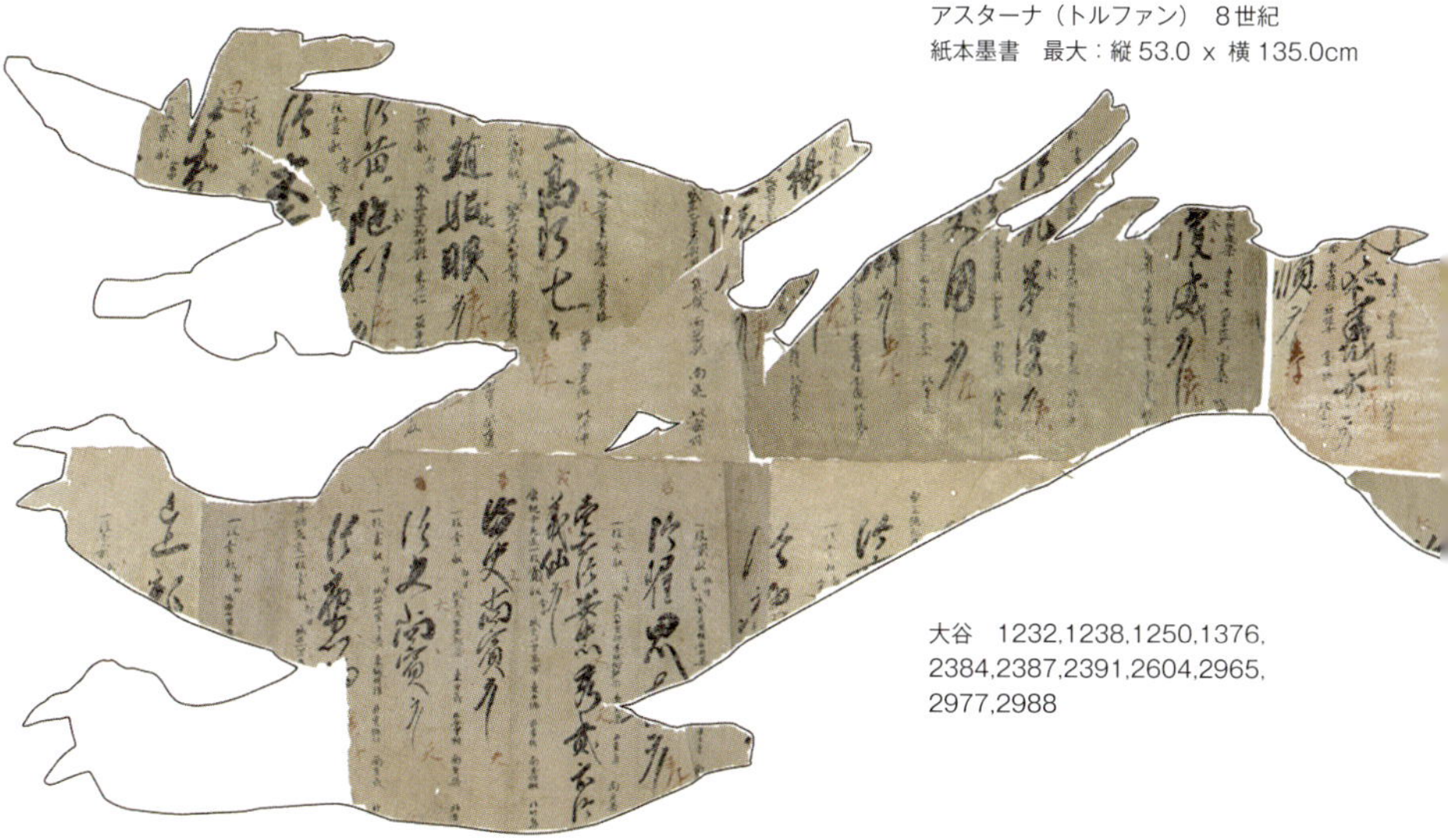

アスターナ（トルファン）８世紀
紙本墨書　最大：縦 53.0 x 横 135.0cm

大谷　1232,1238,1250,1376,2384,2387,2391,2604,2965,2977,2988

ます。上の図版は下貼《したば》りのうちの1層、合計11点の「給《きゅう》田文書《でんもんじょ》」断片をつなぎ合わせて復元されたものを基本としています。別の層の下貼りの文書断片に西暦745（天宝《てんぽう》4）年の紀年《きねん》があるので、この青龍はそれ以降に制作されたことがわかります。「給田文書」とは、土地を給付するための台帳で、唐代高昌県の均田制《きんでんせい》施行の状況を示す貴重な史料です。さらに、この青龍の復元によってトルファン地域の墓葬の習俗《しゅうぞく》も明らかになりました。なお、表面の鮮やかに彩色された青龍の図像の一部は、中国の旅順《りょじゅん》博物館に保管されています。

龍や虎を副葬品《ふくそうひん》として死者とともに埋葬する習俗は古く、河南《かなん》省から遺骸《いがい》の左右に龍と虎の形状に貝殻《かいがら》を敷《し》き詰《つ》めた紀元前5000年頃の墓が発掘されています。漢《かん》代になると青龍・白虎《びゃっこ》・朱雀《すざく》・玄武《げんぶ》の四神の思想が形成され、墓の壁画にも四神の図像が登場します。唐代に入ると四神は墓の不祥《ふしょう》をはらう守護神《しゅごしん》として壁画の主要な構成要素となりますが、8世紀後半のトルファンでは、壁画の代わりに紙製の四神を制作して墓室の壁に掛けたのでしょう。青龍の他、朱雀・玄武の図像の一部も確認されています。

（橘堂晃一）

李柏尺牘稿《りはくせきとくこう》

１７００年前の〝紙〟に書かれた文書《もんじょ》を ほぼ完全な状態で発見！

世界最古級の重要文化財

「李柏尺牘稿」２通は、１９０９（明治42）年に第２次大谷探検隊の橘瑞超《たちばなずいちょう》がローラン（楼蘭）で発見したとされるものです。「李柏文書《りはくもんじょ》」とも言われ、前涼《ぜんりょう》の４代目張駿《ちょうしゅん》のもとで西域長史《さいいきちょうし》として活躍した李柏が、焉耆《えんき》の国王に出した漢文書簡の草稿（下書き）で、ほかにも数十片の断片があります。「西域長史」は、西域統制のために設けられた官職で、李柏の名は『晋書《しんじょ》』「張駿伝《ちょうしゅんでん》」に出るのみです。本資料は彼の事績を示す唯一無二の資料であるとともに、当時の職務内容を示す貴重な史料ともなっています。使者が西域諸国を歴訪するにあたり、李柏がもたせた訪問先の各国王に宛てたものと考えられています。冒頭「西域長史　関内侯（李）柏　頓首頓首」と出ており、西域各国との関係がうかがわれます。

書写年代は３２８（東晋・咸和《かんわ》３）年と考えられており、４世紀初頭の中国で使用された書体を示す貴重な資料です。また、１７００年も前に紙に墨で書かれた文書がほぼ完全な状態で発掘されたのはきわめて異例で、紙の文書としては世界最古級とされています。図版の２通は１９５３（昭和28）年11月４日に国の重要文化財に指定されました。

現在は修復の上、龍谷大学図書館に保管されています。修復にあたって、古典籍デジタルアーカイブ研究センターの紙質分析等の研究成果をもとに、紙質や墨書などを忠実に再現したレプリカが作成されました。

２０１７（平成29）年６月30日、大谷コレクションを保管する中国・旅順《りょじゅん》博物館と龍谷大学世界仏教文化研究センターとの間で研究友好協定書の調印を行い、同年11月６日には同館開館１００周年記念式典において「李柏尺牘稿」のレプリカを寄贈《きぞう》しました。

（三谷真澄）

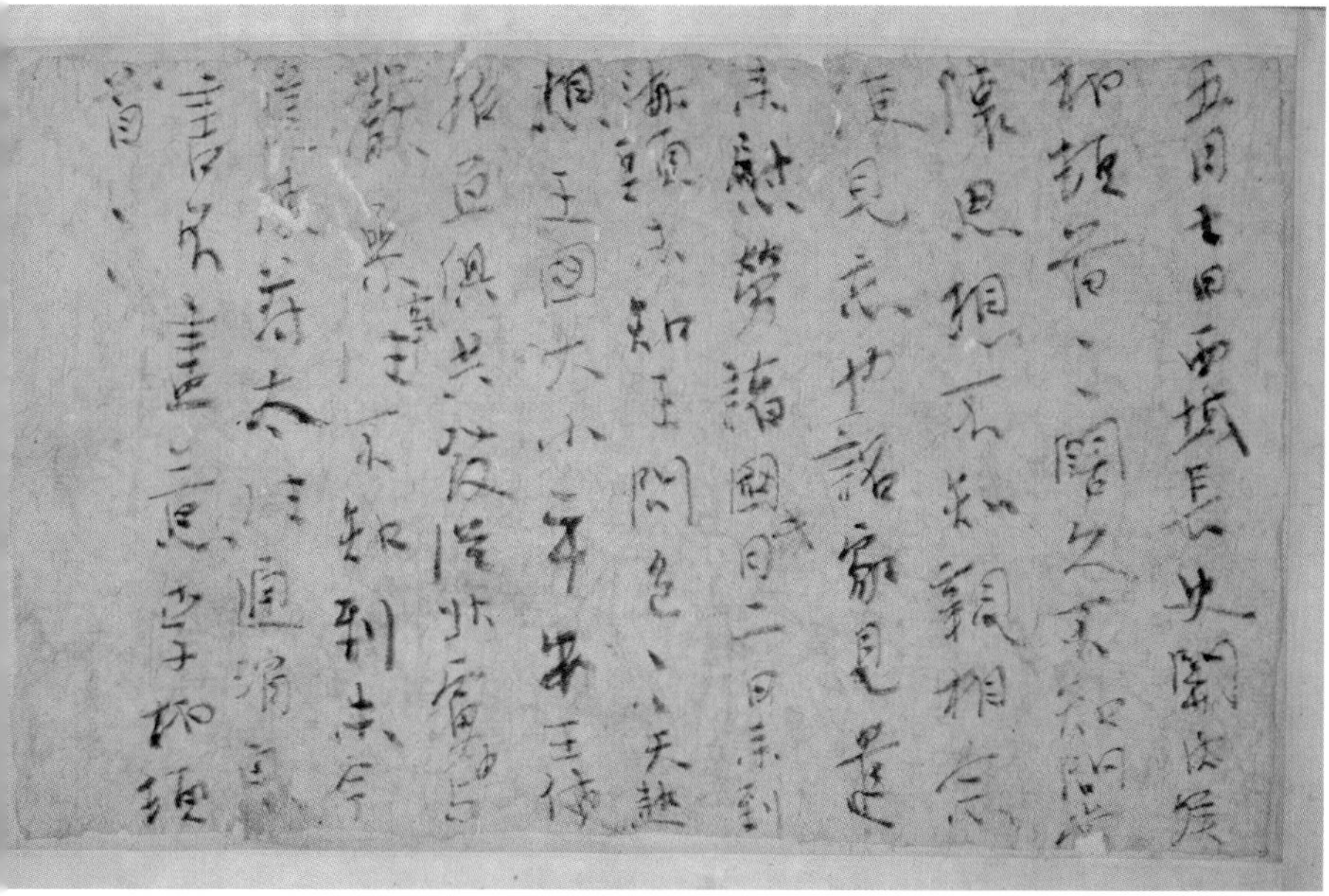

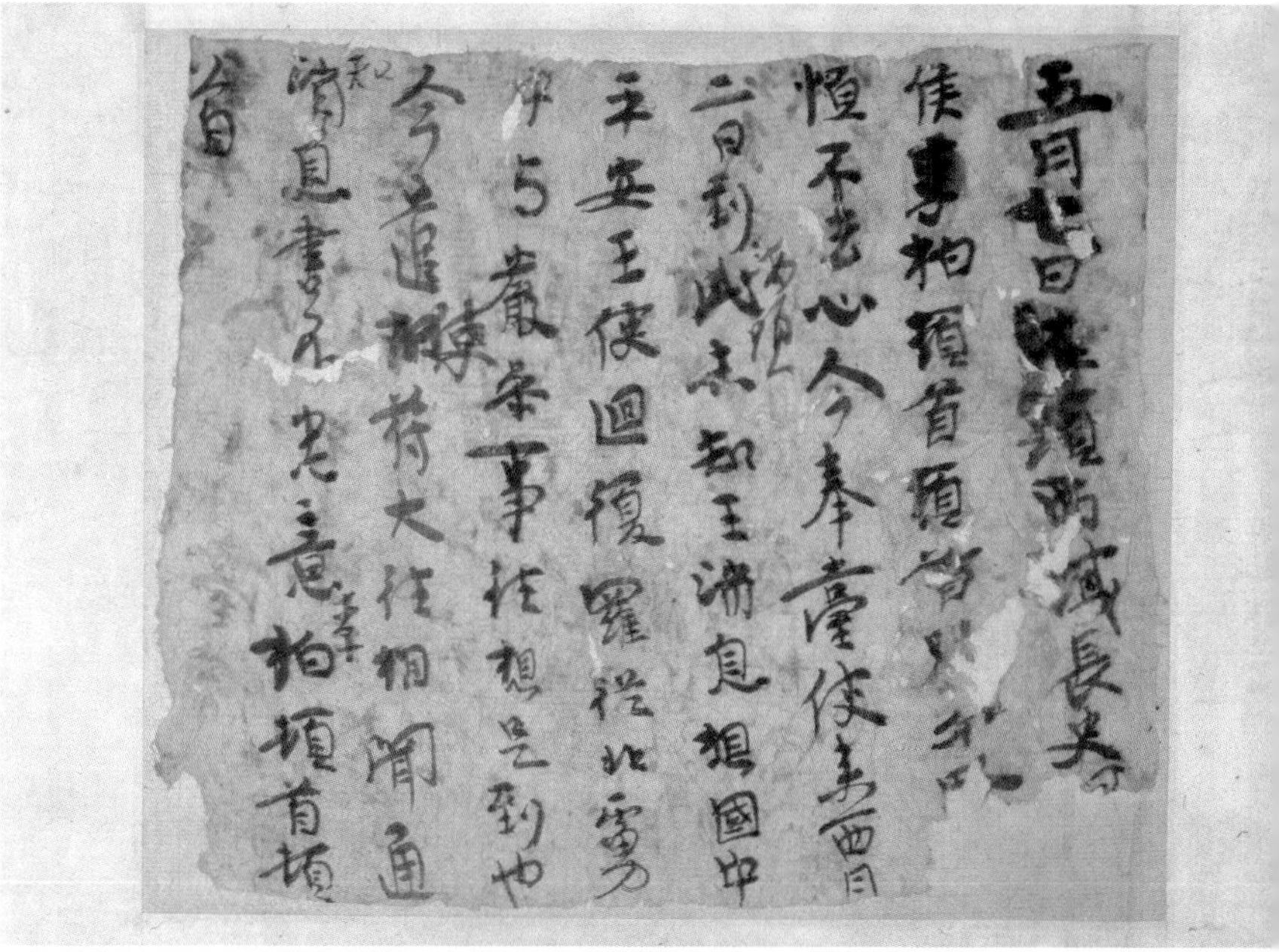

ローラン　前涼 324 － 328 年　紙本墨書　２通　国指定重要文化財
上：縦 23.8 ×横 39.5cm　下：縦 23.5 ×横 28.3cm　大谷　538

敦煌本《とんこうぼん》　本草集注《ほんぞうしっちゅう》

裏紙が現存最古の資料だった！歴史的な大量発掘「敦煌本」

表面は敦煌本唯一の完本

本書は大谷探検隊収集資料のうち、漢字文献資料の一つで、敦煌本（敦煌文書《もんじょ》）とは19世紀末に敦煌の石窟《せっくつ》寺院で見つかった数万点の古文献のことです。

表面に『比丘含注戒本《びくがんちゅうかいほん》』、裏面に『大智度論《だいちどろん》』と『本草集注』を書写する巻子《かんす》本です。後に『比丘含注戒本』を書写するため、反故《ほご》となった『本草集注』の紙背《しはい》（裏面）と『大智度論』巻五十（巻末８紙）の紙背を継いで完成させたもので、紙継ぎ部分の糊《のり》付け跡がそれを示しています。

書写年代は、『大智度論』が７世紀の第４四半期前後、『本草集注』が７１８年、『比丘含注戒本』が７８０年前後とされています。従来、学者や世間の関心は、現存最

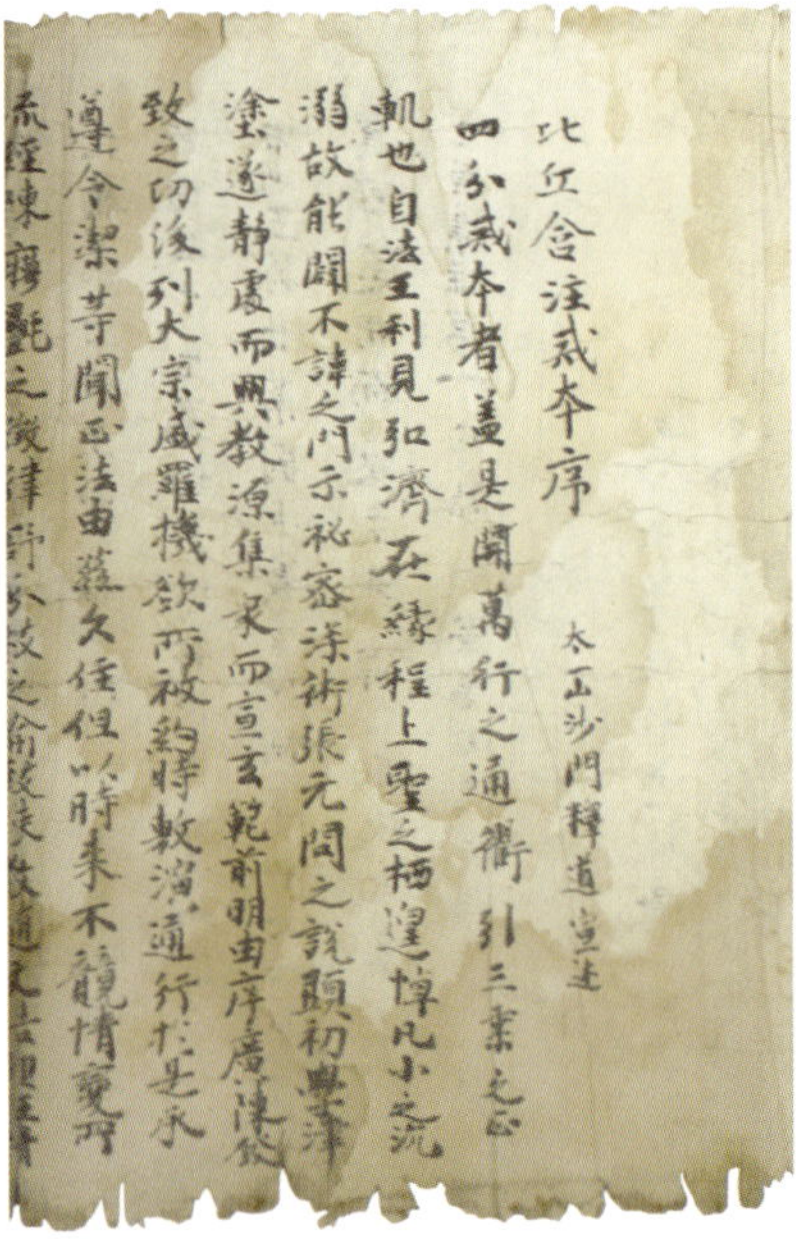

『比丘含注戒本』　冒頭

敦煌　８世紀　紙縦幅 27.5 ～ 27.9㎝
全長 2022.2㎝　大谷　540

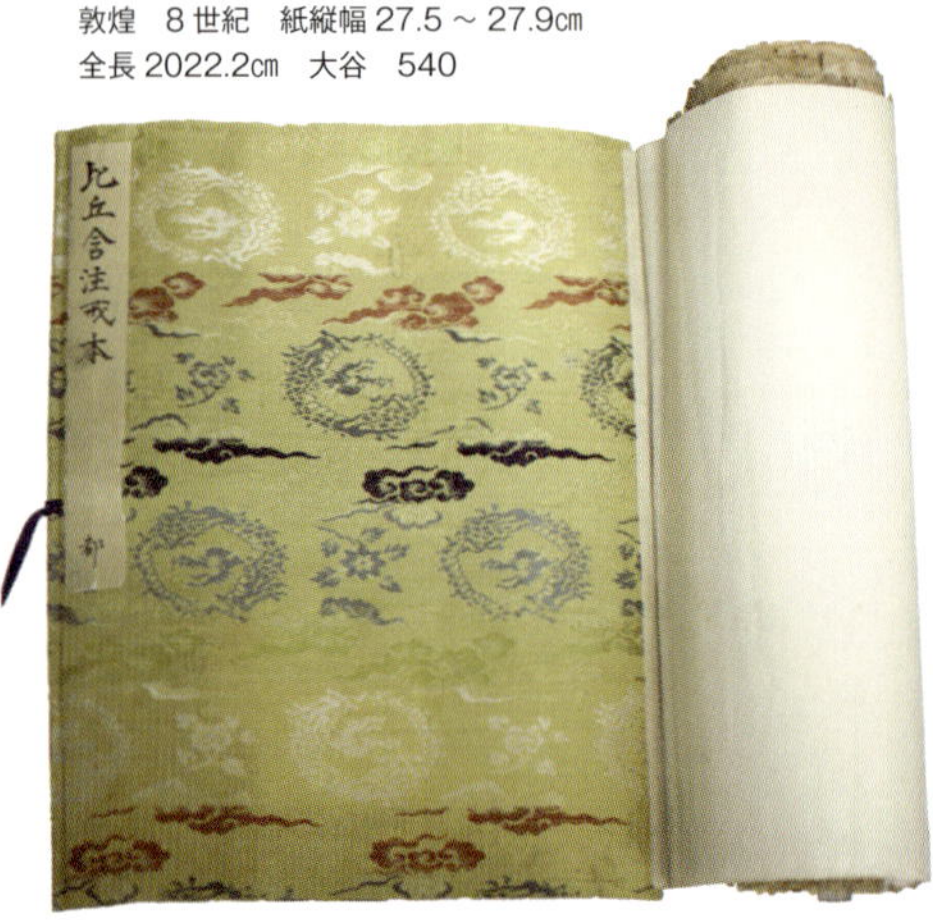

古のテキストを伝える『本草集注（序録）』に集中してきましたが、その資料的価値や敦煌文書の性格、歴史的背景、用紙の再利用の実態を示す上で、いずれの文献も重要性は高いと考えられます。特に、『比丘含注戒本』は、敦煌本中唯一の完本であり、同類写本30数点中の祖形を伝えるものとして重要な写本です。

良質の紙に丁寧に写された『本草集注』

『本草集注』は、全722行からなり、写本の形状は、唐の官庁文書に使用される良質の楮紙《こうぞがみ》で、毎紙約28×40センチ、ヘラで押して罫《けい》を引き、毎行14字詰、所々に双《そう》行注《ぎょうちゅう》（小字で2行に分かち書きされた注）が書かれています。一巻のうち3枚に異紙が使用されています。本文中の段落ごとに、頭に朱で見出し点をうち、また後半部は薬名の箇所にも若干、頭に朱点、時には黒点をうっています。

『本草集注』の末部には開元《かいげん》6（718）年の奥書《おくがき》が見えます。

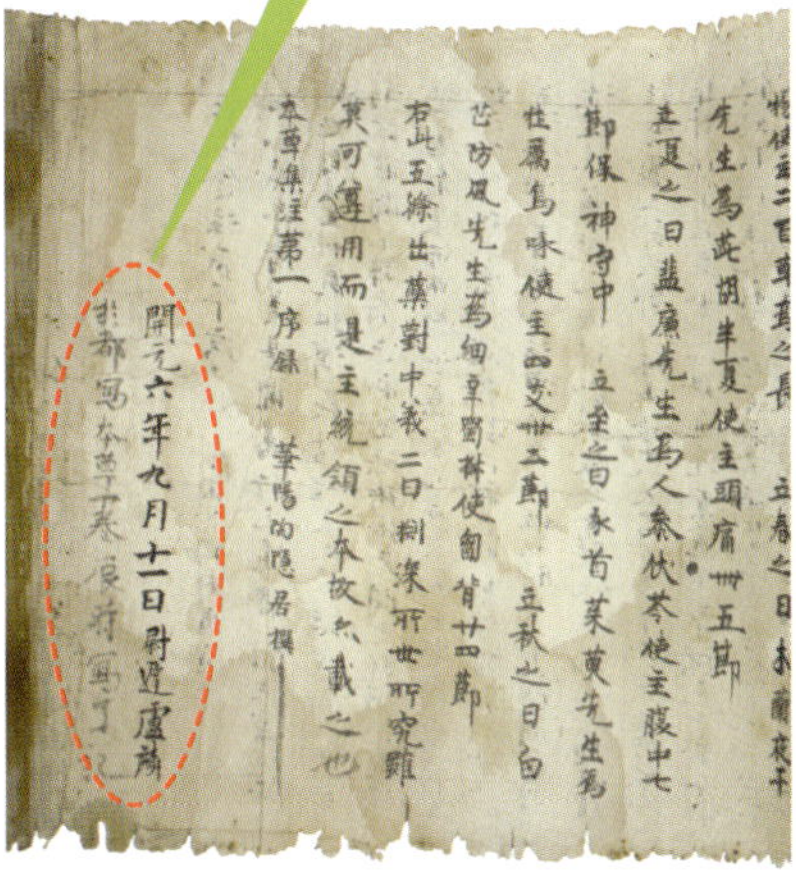
於都寫本草一巻　辰時寫了記」
の文字が見える。

『本草集注』末尾

敦煌で現地の人たちから購入した本か

本資料は、龍谷大学善本叢書《ぜんほんそうしょ》の一巻として、上山大峻責任編集『本草集注序録・比丘含注戒本：敦煌写本』（法藏館、1997）に原寸大の図版と録文とを含む研究成果が刊行されています。その序文に『新西域記』によると、第三次大谷探検隊の時、吉川小一郎氏が橘瑞超氏と合流すべく敦煌で待機していた明治四十四年（一九一一）年九月頃から、翌年一月二十六日に橘瑞超氏と会って二月六日に敦煌を出発するまでのあいだ、王道士や現地人から多数の古写本を購入したことが知られます。おそらくその時に、本資料も購入したのではないかと推定される」とあります。

（三谷真澄）

デルゲ版《ばん》チベット大蔵経《だいぞうきょう》

チベット語に翻訳・再編集された細長〜い大経典

チベットで10年、学僧として過ごした多田等観《ただとうかん》

多田等観（１８９０―１９６７）は、大谷光瑞《こうずい》によってチベットに派遣された人物で、チベットで一市民として生活を送った青木文教《あおきぶんきょう》（１４０ページ参照）とは対照的に、チベット仏教の学僧として10年間セラ寺で僧院生活を送りました。１９１６年、外国人初のチュンゼの学位を得た後、滞在中にゲシェーの学位（最高学位）を授与されました。彼の帰国した１９２３年をもって広義の大谷探検隊の終結と見ることができます。彼は多くのチベット語文献をもたらし、仏教学の発展に貢献しましたが、そのうちの一部が本資料です。

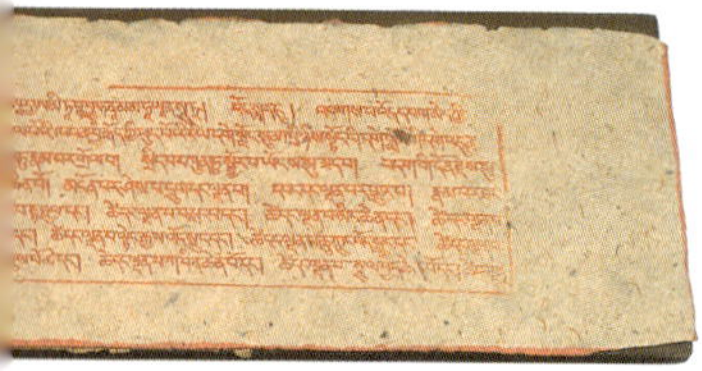

チベットではカンギュルとテンギュルの2分類

多田の将来したデルゲ版チベット大蔵経２セットは、それぞれ西本願寺（光寿会）と自坊の西船寺《さいせんじ》（秋田県）に納められました。

インドでは、仏典を経《きょう》・律《りつ》・論《ろん》の「三蔵《さんぞう》（tri-pitaka）」と分類しますが、チベットでは、カンギュル（bka' 'gyur／仏の教えの翻訳）とテンギュル（bstan 'gyur／註釈書の翻訳）という分類となっています。龍谷大学所蔵本

チベット　19－20世紀　紙本印刷　縦12.3×横63.6cm

は、本願寺に納められた経典のうちのカンギュルであり、テンギュルは東京大学に所蔵されています。

さまざまな版が作られたチベット大蔵経

9世紀初頭には主要な経論のチベット訳が完了し、14世紀初めにツァン地方のナルタン寺で編集が加えられ、現存するチベット大蔵経の原型が成立しました。

最初の木版印刷本が15世紀に北京《ペキン》で開版された後も、チベットでは長らく写本が流通していましたが、18世紀になってからチベットでも開版されるに至りました。版本のチベット大蔵経は、初版が開版された順に、北京版、リタン版、チョーネ版、ナルタン版、デルゲ版があります。

デルゲ版は、デルゲ王テンパ・ツェリンの命で開版されました。合計313帙《ちつ》4209部からなります（帙とは、布等で包装されひとまとまりになったもの）。形状は、横長大型の判型で糸などで綴《と》じられず、表裏両面に印刷されています。文字は左から右、上から下に読み、右下の最終行で表面が終わった後、下から上にめくりあげて裏面を読み進めていきます。1葉に7行詰め、表面には左上冒頭にニダ（日月）点が付せられ、左端に帙記号と葉番号が記されています。

デルゲは現在、中国四川《しせん》省甘孜（カンゼ）蔵（チベット）族自治州徳格《とくかく》県にあり、そのパルカン（印経院）には、約30万本の版木が所蔵されています。

本資料は、中国や日本の浄土教各宗で重要視された『無量寿経《むりょうじゅきょう》』のチベット訳で、冒頭に「聖宝積の法門、千百のうちの第五章、聖無量光荘厳《しょうむりょうこうしょうごん》、第一巻」とあり、漢訳の『大宝積経《だいほうしゃくきょう》』無量寿如来会《むりょうじゅにょらいえ》第五に相当するものとなっています。

（三谷真澄）

菩薩頭部《ぼさつとうぶ》

豊かな表情に、ガンダーラの面影《おもかげ》を見る

端正な顔立ちはガンダーラの影響を感じさせます。右ほおがやや広いことから、斜め向きの像だったのでは、との指摘も。
5－6世紀　カラシャール　高 10.5cm

仏教の来た道、その確かな証拠

ガンダーラ地域（21ページを参照）で大いに発展した仏教は、中国へと伝わります。その道は、急峻《きゅうしゅん》な山々と砂漠が続くなかに、点々とオアシス都市が存在する古くからの交易路、すなわちシルクロードの一部でもありました。本像が出土したと考えられるカラシャールは、現在の中国・新疆《しんきょう》ウイグル自治区にあって、中国の古い史料では「西域《さいいき》」と呼ばれる場所に当たり、ガンダーラと中国を結ぶまさに中間地点ということになります。

粘土を乾かすだけ！ 日本にも伝わった制作方法

西域で出土する仏像の多くは、石でもストゥッコ（漆《しっ》喰《くい》／23ページを参照）でもなく、粘土で造られています。それも、土器のように窯《かま》などで焼成《しょうせい》することはなく、粘土を乾かすだけです。乾燥地帯に適した制作方法ですが日本の「塑像《そぞう》」でも使用されました。裏側の壊れた部分を見ると、像のほぼ中央を、円柱状の穴が縦方向に貫《つらぬ》いていることがわかります。これは、木材の芯棒《しんぼう》の痕跡《こんせき》で、その周囲に粘土を貼《は》り付けて全体を成形していたことを示しているのです。

切れ長の目、まっすぐ通った鼻筋、そしてかすかな笑みを湛《たた》えた豊かな表情は、同じ時代のガンダーラで制作された仏像とよく似ていて、両地域が密接に関係していたことを明らかにしてくれます。小型の仏像は、型を使用して大量に生産されたと考えられるものが多いのですが、本像の場合、その痕跡はなかなか見つかりません。髪の毛の表現がやや硬く画一的に見えるので、ここは型で造っている可能性があります。

大谷探検隊員・野村栄三郎《のむらえいざぶろう》の将来品《しょうらいひん》

本像は、１９０８年に派遣された第2次大谷探検隊の野村栄三郎が日本にもたらしました。しかし、龍谷大学に寄贈《きぞう》された１９９６（平成８）年の時点では、すでに出土地が不明確になっており、さまざまな推定がなされたようです。これまでに出土している類例を調べていくなかで、非常によく似た仏像がカラシャール周辺から多く出土していることが判明し、改めてカラシャール出土と考えられるようになりました。探検隊の将来品については、まだまだ研究をしなければならないことが残っているのです。

（岩井俊平）

デジタルアーカイブコラム⑤

Digital Archives Column

天山植物標本

上：
第3次採検隊・吉川小一郎　1912年6月23日採集・作成

下：
植生情報を加えた、推定復元CG　2016年11月作成

採集地は「吐魯番より古城子に到る嶺（12500尺内外）附近にて採集せる者也。45年（1912）6月23日」と大谷探検隊の吉川《よしかわ》小一郎《こいちろう》が著しています。20・0×14・2センチの台紙8枚に28種の植物標本が貼付され、現在も残存する形状、色、厚みから採集当時の植物が推測されます。現在、国際敦煌《とんこう》プロジェクト（IDP）のデータベースに、全8枚の標本画像を公開しています。図版の台紙では、左の植物に1、右の植物に2と番号が振ってあり、次のように推定されています。

1　**黄白火絨草**
学　名：Leontopodium ochroleucum
ウスユキソウの仲間　キク科
分布：新疆北部、西部、南部（清河、泥勒克、阿爾泰山、天山）、青海、西藏。海抜2300〜4500メートル。

2　**小花棘豆**
学名：Oxytropis glabra
オヤマノエンドウの仲間　マメ科
分布：山西、内蒙古、陝西、甘粛、青海、新疆。

ここから当時の植生と気候について、貴重な情報が得られるといえます。

（岡田至弘）

第6章 人間・科学・宗教

Collection

龍谷大学における教育・研究活動は、380年にわたる長い歴史の中で着実に深められてきました。仏教を軸足にこの世界を認識しようとする試みは、必然的に人文科学・自然科学の双方に及び、現在では両者の垣根を取り払い「人間・科学・宗教」が融合する新たな「知」の創造を目指して前進しています。本書の最後に、龍谷大学における多様な研究活動を象徴する、重要な研究資料の数々をご紹介します。

公卿補任《くぎょうぶにん》

戦国公家《くげ》の人生をかけた書写事業により守られた日本史研究のビッグデータ！

古代から明治維新まで続いた公卿の一覧

古代の日本では、すべての役人が位階《いかい》と官職《かんしょく》によって序列化されていました。その最上層にあり、朝廷政治を主導したのが、位階が三位《さんみ》以上、官職が参議《さんぎ》以上の公卿です。この公卿について、最初の天皇とされる神武《じんむ》天皇より明治維新まで、1年ごとにすべての公卿の名前や年齢、その経歴や父母の名前など、事細かに記したのが、『公卿補任』です。

中世以降、政治の実権は朝廷から武家へと移っていきました。しかし、武家の実力者も自分を権威づけ、上下関係を明確にするため、公卿になりましたので、これは朝廷や公家の研究のみならず、前近代日本史研究における基本史料の一つと言えるでしょう。

『公卿補任』の危機を救った山科言継《やましなときつぐ》

戦国時代、戦乱によって京都は荒廃し、多くの貴重な書物も散逸《さんいつ》してしまいました。これは『公卿補任』も例外ではなく、危機意識を持った後土御門《ごつちみかど》天皇は、1502(文亀《ぶんき》2)年、三条西実隆《さんじょうにしさねたか》ら公家たちに命じて『公卿補任』の書写事業を行わせました。

ところが、その後、これも多くが失われましたので、公家の山科言継は1529(享禄《きょうろく》2)年から1570(元亀《げんき》元)年まで、人生の大半をかけて諸本を集めて書写し、書き継ぎました。現在、各所に伝わる『公卿補任』は、多くがこの山科家本の流れをくんでいます。

龍谷大学図書館蔵『公卿補任』と山科言経《ときつね》

龍谷大学図書館が所蔵する『公卿補任』(以下、龍大本)

も山科家本の写本なのですが、貴重なのは、言継の息子・言経自筆の奥書《おくがき》があることです。しかも、龍大本のことは、じつは言経の日記にも記されており、成立過程がわかるというのも注目されます。

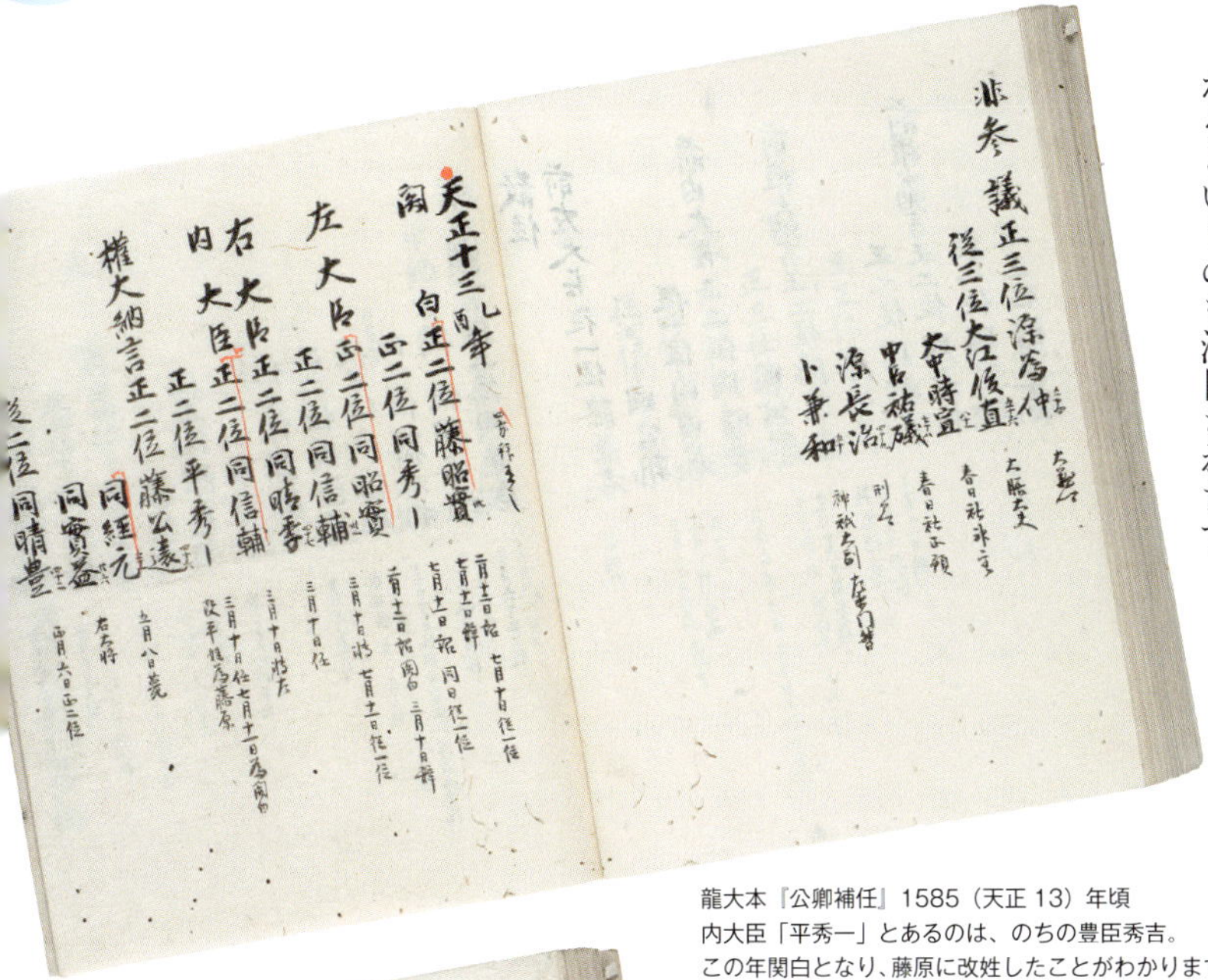

龍大本『公卿補任』1585（天正 13）年頃
内大臣「平秀一」とあるのは、のちの豊臣秀吉。
この年関白となり、藤原に改姓したことがわかります。

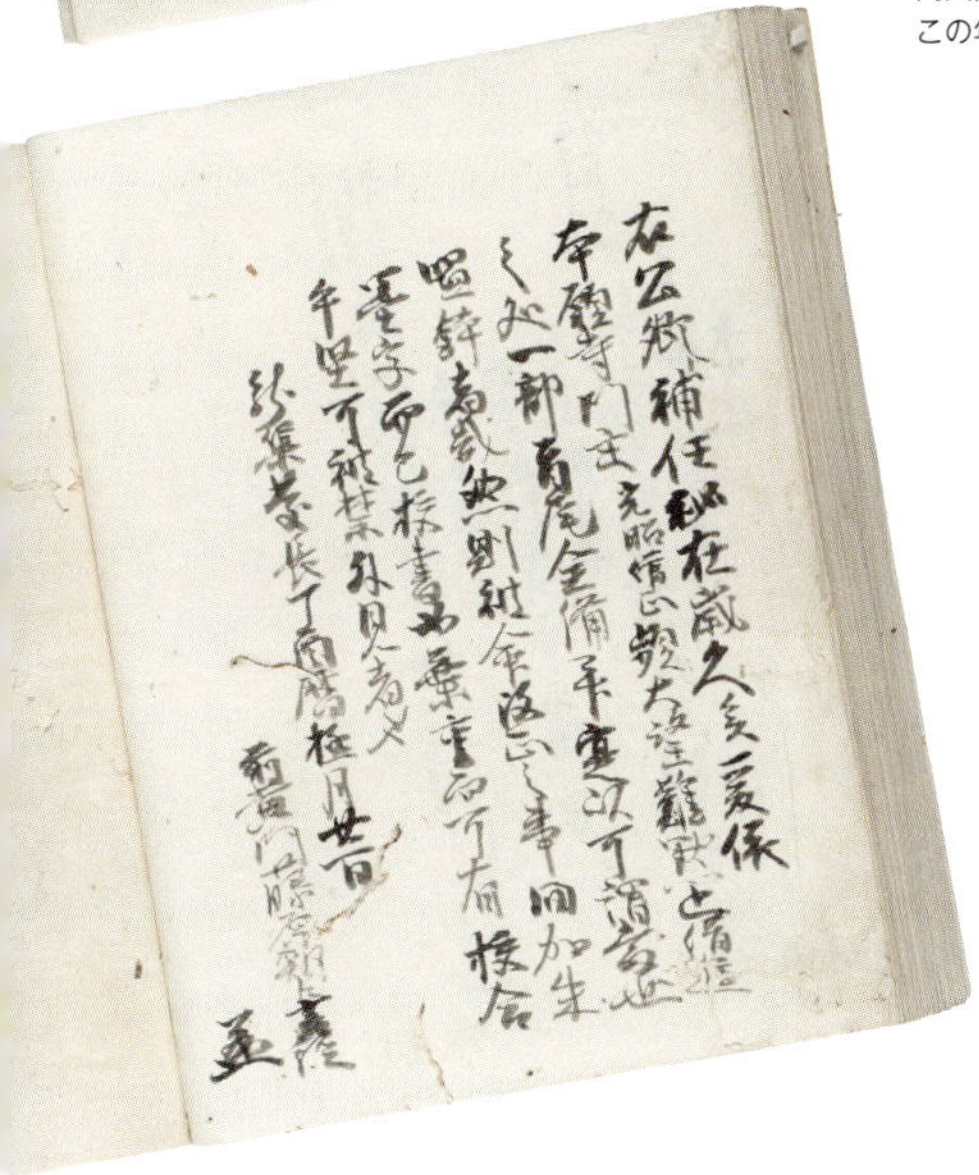

第 20 冊の巻末に記載された山科言経自筆の奥書。
本願寺門主光昭僧正の依頼で貸し出したこと、写本完成後、校正を頼まれ朱墨を加えたことが記されています。

それによれば、言経は文禄《ぶんろく》元年（１５９２）から慶《けい》長《ちょう》２年（１５９７）にかけ、数度にわけて本願寺に『公卿補任』を貸し出しています。これを本願寺側で写したのが龍大本にあたるのですが、さらに言経は本願寺の依頼でこれを校正し、このことを示すために奥書を記したのです。本願寺が『公卿補任』を必要とした理由は定かではありませんが、言経に校正を依頼し、その奥書まで書かせたことから考えると、正確な情報が必要だったようで、単なる教養のためではなく、公家との交渉事などに利用しようとしたのかもしれません。

（樋口健太郎）

類聚古集《るいじゅうこしゅう》

どのように『万葉集』を読むか。万葉歌を学び活《い》かすために

難読であった『万葉集』を便利な形に再編集

『類聚古集』の古集とは、当時「古万葉集」といわれた『万葉集』のことで、『万葉集』20巻そのものの写本ではなく、所収の4千5百数首をいったん解体して、項目別に部類し再編成（類聚）した著作です。平安後期の官人学者、藤原敦隆《あつたか》（生年未詳―1120年）の編。部類の方法は、短歌・長歌などの歌体に大別、さらに四季の主題や歌材別に分類しています。

和歌の掲出法は『万葉集』の本文をまず掲げ（万葉仮名／漢字表記の部分）、その横に訓《くん》をかなで載せています（左図参照）。本文は、現存しない『万葉集』の原本を追求するために貴重であり、別提《べってい》の訓は、現在の一般的な訓《よ》み方と異なる古い訓を伝えていて、研究史的に高い価値があります。

紺色表紙の中央に貼られた題簽（だいせん）に「萬（万）葉集」とみえます。

歌作りや歌学の研究に大いに活用される

敦隆は、その著「和歌類林序《わかるいりんじょ》」で「万葉集は部類相同じからず、編列准拠すること難《かた》し」と、不統一な『万葉集』の配列をわかりやすく部類して示すべき思いを述べてい

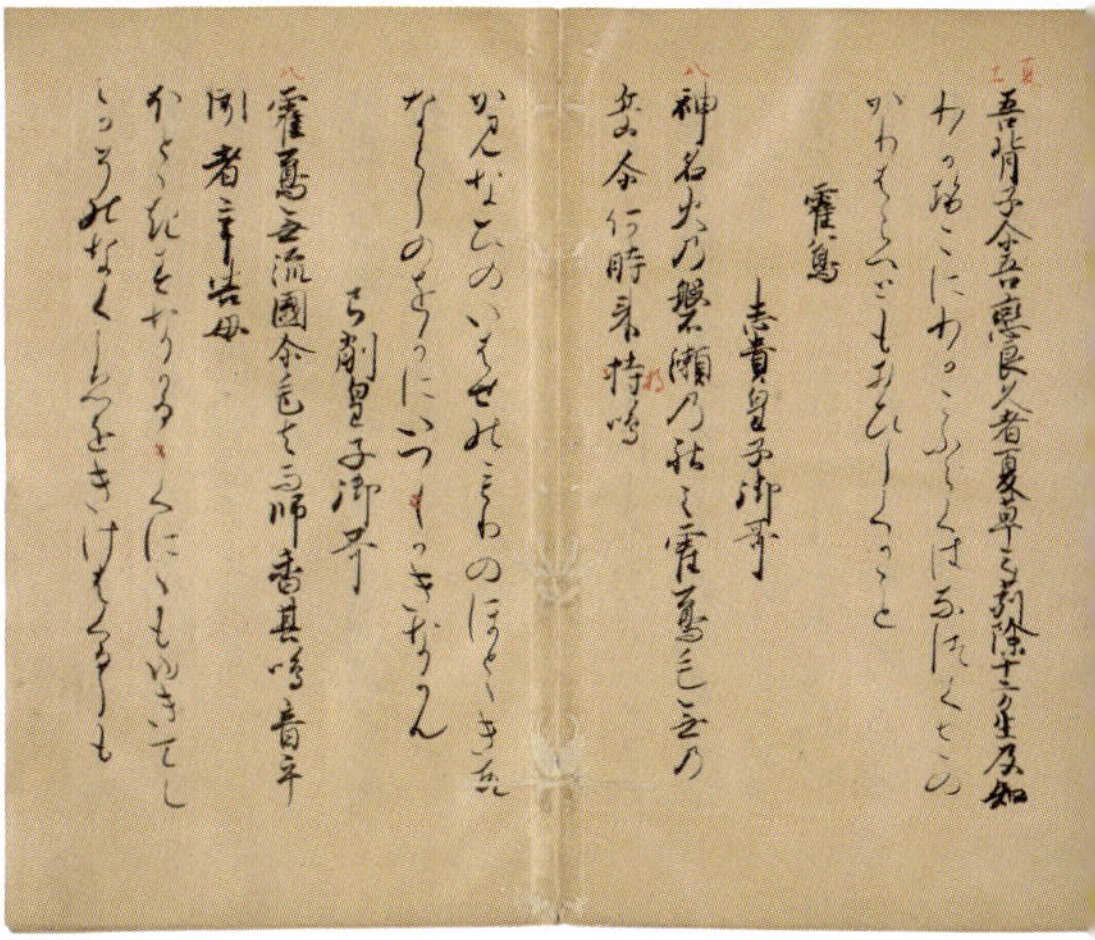

第２冊の第28丁ウラ・第29丁オモテ。掲出の万葉歌は巻十一の2769番歌、巻八1466・1467番歌の３首ですが、本書では「夏部」の「草」（１首め、項目名は前丁）と「霍公鳥（ほととぎす）」という部類項目のもとにまとめられています。

ます。また分類的に詩歌を並べることは、時代の要請でもありました。万葉歌を摂取した新しい歌風で知られる平安後期を代表する歌人、源俊頼《みなもとのとしより》（敦隆は舅《しゅうと》にあたる）は、その作歌の際に、大いに活用したといいます。歌学の面からも膨大な万葉歌を辞書的に集成した本書は、その歌語を検索するのに、大変便利でした。同時代の『綺《き》語抄《ごしょう》』（藤原仲実《なかざね》による歌語注釈書）が参考にしています。『万葉集』への関心の高まりとともに、以後も、御子左《みこひだり》家《け》（歌道の家）を率いた藤原俊成《しゅんぜい》、定家《ていか》といった専門歌人たちに、作歌の参考書として利用され、また歌論の資料として広く読まれました。

　俊成は「木工助《もくのすけ》敦隆と申す者の部類して四季たてたる万葉集、あまた人のもとに持ちたる本なり」（『古来風体抄《こらいふうていしょう》』）といい、定家も書写しています（『明月記《めいげつき》』・寛喜《かんぎ》2年7月14日条）。同じく歌道家である六条藤家《ろくじょうとうけ》で重んじられ、出身の顕昭《けんしょう》は「敦隆、博覧のものにて、万葉集よくよく料簡《りょうけん》して、部類するばかりなれば広く尋ね勘《かんが》へて……」（『六百番陳状』）などと述べ、著作である『袖中抄《しゅうちゅうしょう》』に利用しています。

宝のなかの宝もの

『和歌現在書目録《わかげんざいしょもくろく》』（１１６６―６８年頃成立）にはすでに書名・著者・巻数が記されており、当時は多数流布《るふ》していたことが想像されますが、現在では龍谷大学図書館蔵本が唯一、伝来する写本です。

　本来の20巻のうち、九、十、十八、二十の4巻を欠いており、敦隆の著した原本ではありませんが、書写年代は古く、成立後あまり時を経ていない写し（4人の分担筆写）と考えられます。１９５３（昭和28）年3月には国宝に指定されました。

（鈴木徳男）

琵琶法師《びわほうし》のプロデュース！ 魅力的な物語はこうして生まれた

琵琶法師のためのテキストを作ろう！

かつて本の多くは書写によって広まっており、写す人によって内容が書きかえられることもありました。13世紀の中頃に成立した平家一門の興亡を描く『平家物語』にも、内容の異なる多くの諸本が残っています。そのなかで覚一《かくいち》（不明―1371）という琵琶法師の編集した平家物語は覚一本《かくいちぼん》と呼ばれ、現在、多くの人がこれをもとにして平家物語を読んでいます。龍谷大学が所蔵する平家物語もこの覚一本です。

覚一の流派は、名前に「一」をつけたことから一方《いちかた》流《りゅう》と呼ばれています。覚一は一流の琵琶法師であっただけでなく、組織の整備や拡充などに腕を振るった経営者でもありました。70歳を過ぎ、琵琶法師の最高位・検校《けんぎょう》であった覚一は、流派のテキストを編纂《へんさん》しようと考えていました。今後、弟子たちの中で、平家物語の正しい本文をめぐって争いが起きてはいけないと考えたからです。そこで覚一は、自分が師匠から受けた本文だけでなく、秘曲も含めて口述筆記させました。そうして1371（応安《おうあん》4）年に完成したのが覚一本平家物語です。巻末には「これは弟子達の教科書として作成したのであり、流派の者以外には見せたり、書写させたりして

龍谷大学大宮図書館中央エレベーターの三階部分にすり込まれている平家物語の序文。龍谷大学所蔵本は美しい筆跡でも知られています。

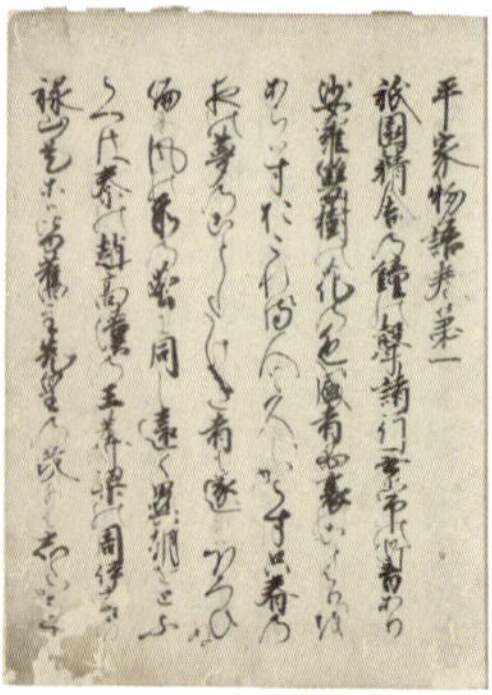

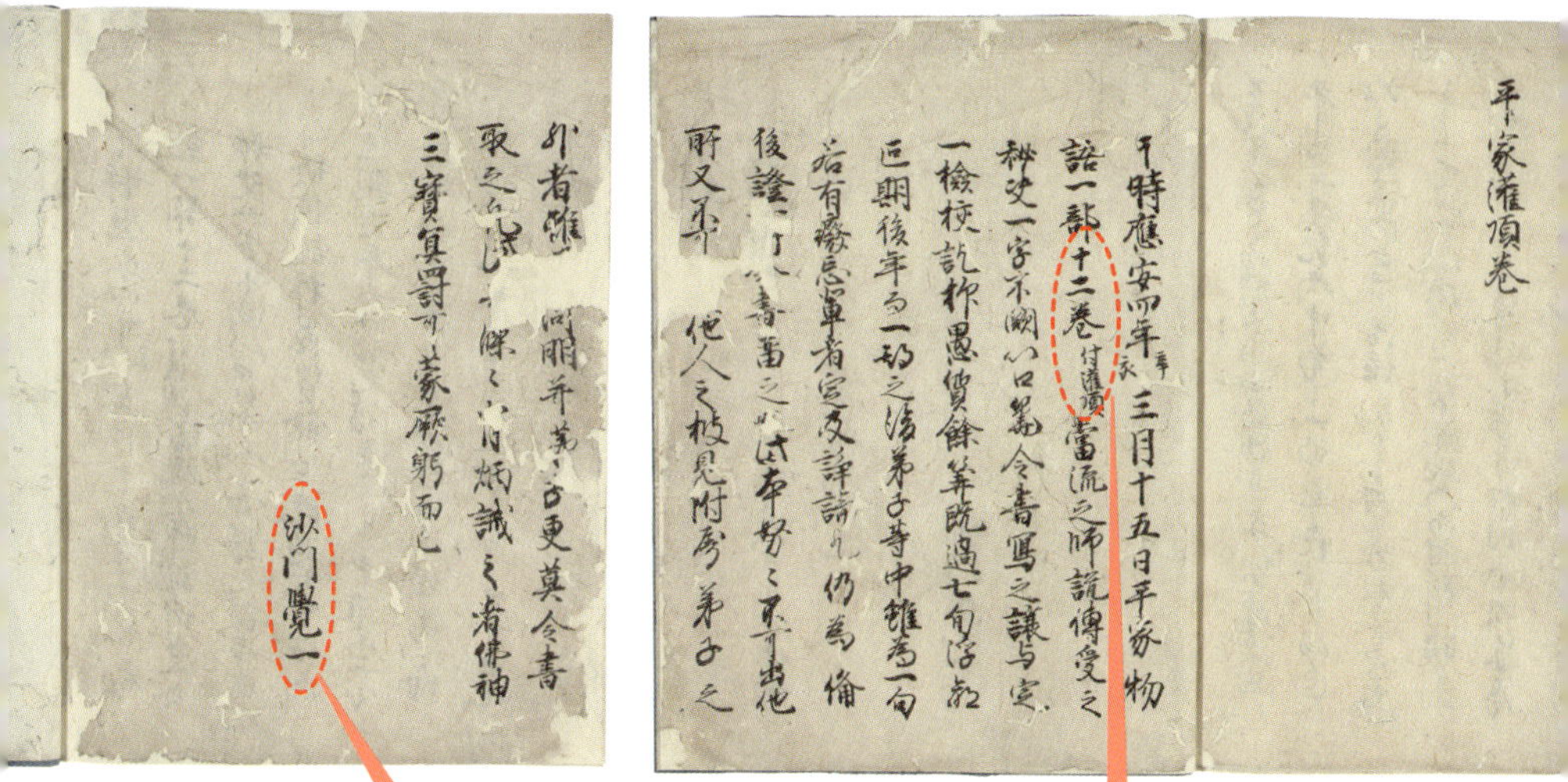

「沙門覚一」とあります。「沙門」は出家者の意。

覚一の奥書。十二巻に灌頂巻を付したことがわかります。

はならない」と記しています。組織のトップとして、この本を流派の証本《しょうほん》（根拠となる本）にしようとしたのです。教科書でお馴染《なじ》みのリズミカルな文章は、こうして作られました。覚一はその3か月後に亡《な》くなっています。

1巻多い？

平家物語は12巻とされています。しかし覚一本には、12巻の後にさらに1巻加わっています。「灌頂巻《かんじょうのまき》」と呼ばれるこの巻は、本来巻十二にある建礼門院《けんれいもんいん》徳子（平清盛の娘、安徳天皇の母）の後日譚《ごじつたん》をまとめて独立させたもので、覚一本の最大の特徴と言ってもよいでしょう。後に出版された平家物語にも、こうした灌頂巻を加えたものが多くあらわれました。覚一本は、中世において最も影響力を及ぼした本の一つと考えられています。

管理を厳しく制限された覚一本でしたが、現在、14種類の覚一本が存在します。そのなかでも、巻一「祇王《ぎおう》」、巻九「小宰相《こざいしょう》」の二つの章段がない龍谷大学本は、最も古いかたちを残すものと考えられ、岩波書店から出版された『日本古典文学大系　平家物語』に採用されました。平家物語には多くのバリエーションがあることも、作品の魅力の一つとなっています。

（浜畑圭吾）

三条西《さんじょうにし》公条《きんえだ》自筆《じひつ》稿本《こうほん》 源氏《げんじ》物語《ものがたり》細流抄《さいりゅうしょう》

ほとばしる熱意と使命感！500年前の『源氏物語』研究

三条西《さんじょうにし》三代、〝文化〟を手に戦国の世を生き抜く

戦国時代の公家《くげ》、三条西実隆《さねたか》（1455―1537年）は当時、和歌の第一人者、古典文学研究（古典学）の権威として、多くの人々の尊崇《そんすう》を集めました。彼からつづく三代によって、歌道と古典学の名門としての三条西家は確立します。

三条西家は大臣となる資格を有する「大臣家」だったものの、経済的に裕福とは言えませんでした。そこで、実隆らは和歌や古典文学を糧《かて》にしました。戦国大名などに対する和歌の添削《てんさく》や、『源氏物語』などの本文書写、注釈書作成に対する謝礼収入が家を支えたのです。乱世を生きる武家にとっても、文化の力には大きな価値と魅力があったのでしょう。

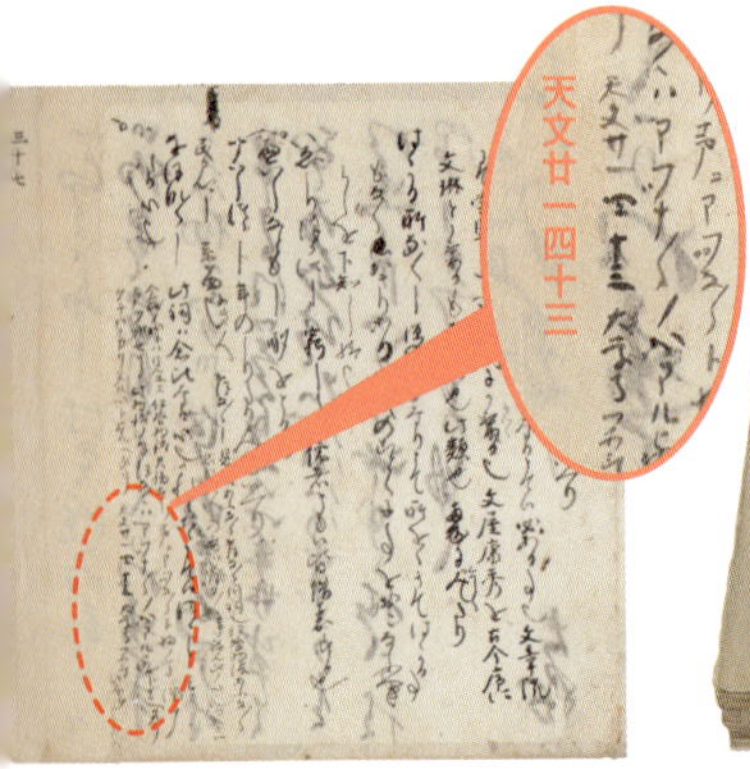

細字で補入されている注釈の末尾に「天文廿一四十三」（天文21〈1552〉年4月13日）との日付があります。

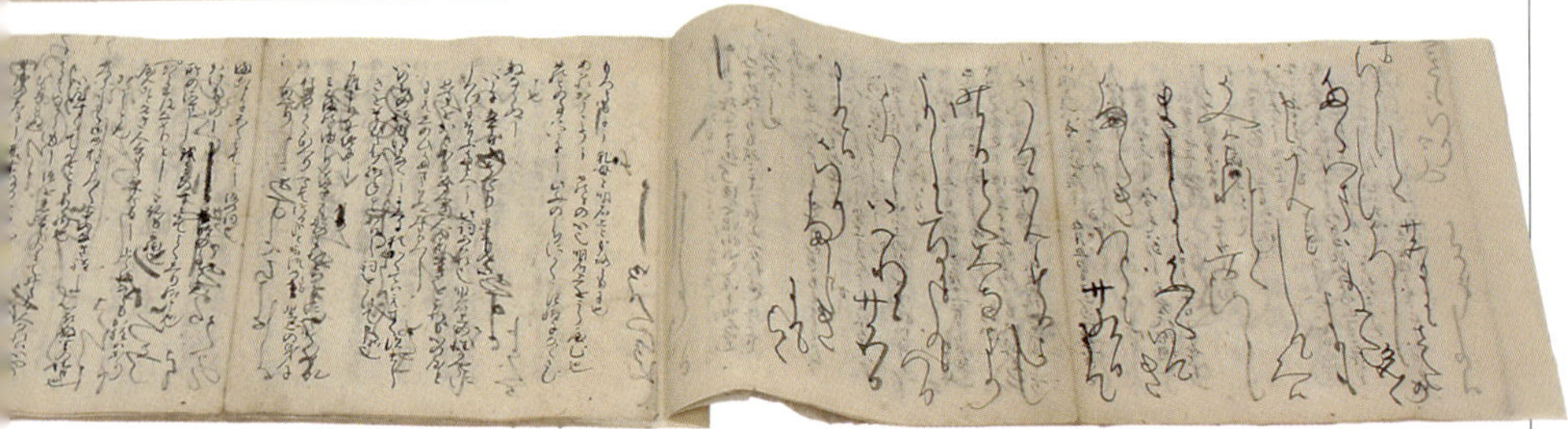

源氏学者・公条《きんえだ》のパッションとミッション

実隆の子・公条（1487─1563年）も、父に学び、父を継いで、一流の文化人として活躍しました。そうしたなか、1525（大永《だいえい》5）年に能登《のと》の守護大名・畠山《はたけやま》義総《よしふさ》から実隆に対して、『源氏物語』注釈書の注文が届きます。そこで、自身のかつての講釈を公条が書きとどめたもの（聞書《ききがき》）をもとに作成することにします。まず公条が下書き（草稿本）を作成し、実隆が手直ししたうえで清書本を完成させたようです。

このとき公条が作成した草稿本こそが『三条西公条自筆稿本　源氏物語細流抄』なのです。この資料からは、『源氏物語』研究に注がれた公条の熱意や三条西家を継ぐ者としての使命感の強さもうかがわれます。じつは公条は、その後何十年も草稿本を手元に置いて、研究成果を書き込むなどしていたようなのです。それが、『明星抄《みょうじょうしょう》』など新たな注釈書を生み出すことになります。

その後、三条西源氏学は公条の子・実枝《さねき》（1511─79年）へと受け継がれます。さらに、実隆の外孫にあたる関白・九条稙通《くじょうたねみち》や、公条の外孫の中院通勝《なかのいんみちかつ》などを経て、江戸時代の『源氏物語』研究の主流を形づくりました。その流れを目立たずに、しかし力強く支えていたのが公条の草稿本だったのです。

オモテもウラも宝の山

とはいえ、これは下書きにすぎませんから、公条は貴重な新品の紙ではなく使用済みの紙の裏を再利用しました。裏返された面に書かれていたものを「紙背文書《しはいもんじょ》」と言います。

紙背文書（九条稙通から逍遥院〈三条西実隆〉に送られた手紙）

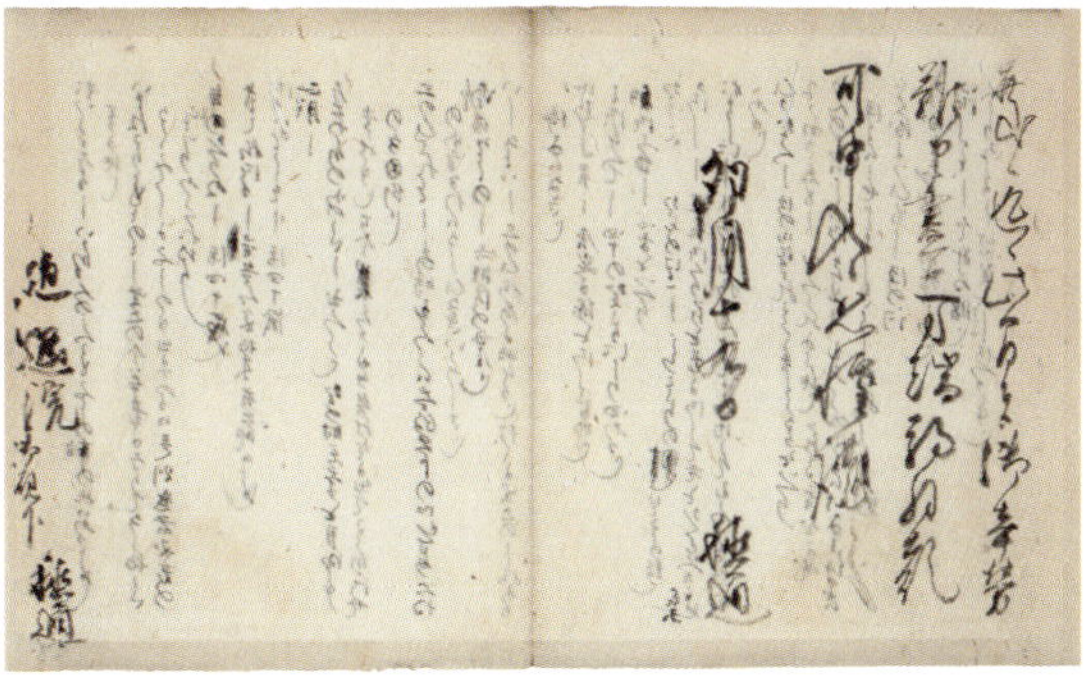

公条が実際に用いたのは、稙通や清原宣賢《きよはらののぶかた》（細《ほそ》川幽斎《かわゆうさい》の外祖父）らから送られた手紙などです。これら紙背文書の研究は、まだほとんどされていません。今後、戦国時代の三条西家や公家社会の実態などの解明に資する貴重な史料として、注目が集まることでしょう。

（安藤徹）

信長公消息《のぶながこうしょうそく》

本願寺と信長、和解までのスリリングな駆け引き

「天下布武《てんかふぶ》」印の捺《お》された信長の手紙

龍谷大学大宮図書館には、戦国の覇者《はしゃ》織田信長から本願寺第11代宗主顕如《しゅうしゅけんにょ》に送られた手紙が収蔵されています。「九月八日」の日付で、信長の署名の下に「天下布武」の4字を入れた長円形の黒印《こくいん》が捺《お》されています。尾《お》張《わり》国出身の信長が「天下布武」印を用い始めたのは、隣国美濃《みの》を併合し岐阜《ぎふ》城主となった1567（永禄《えいろく》10）年のことで、混乱が続いていた京都・畿内に、平穏と秩序をもたらそうとの意志を示すものでした（当時、「天下」は京都とその周辺を指すことが多く、「天下布武」も全国統一の野望を込めたものではなかったようです）。

内容は、顕如から重陽《ちょうよう》（9月9日／菊の節供《せっく》）の祝儀《しゅうぎ》として高級衣料を贈られたことへの礼状です。1570（元亀《げんき》元）年から11年にわたる激戦（石山戦争）を繰り広げた信長と顕如ですが、ここでは互いの友好の証《あかし》として贈答がおこなわれた様子が窺《うかが》えます。

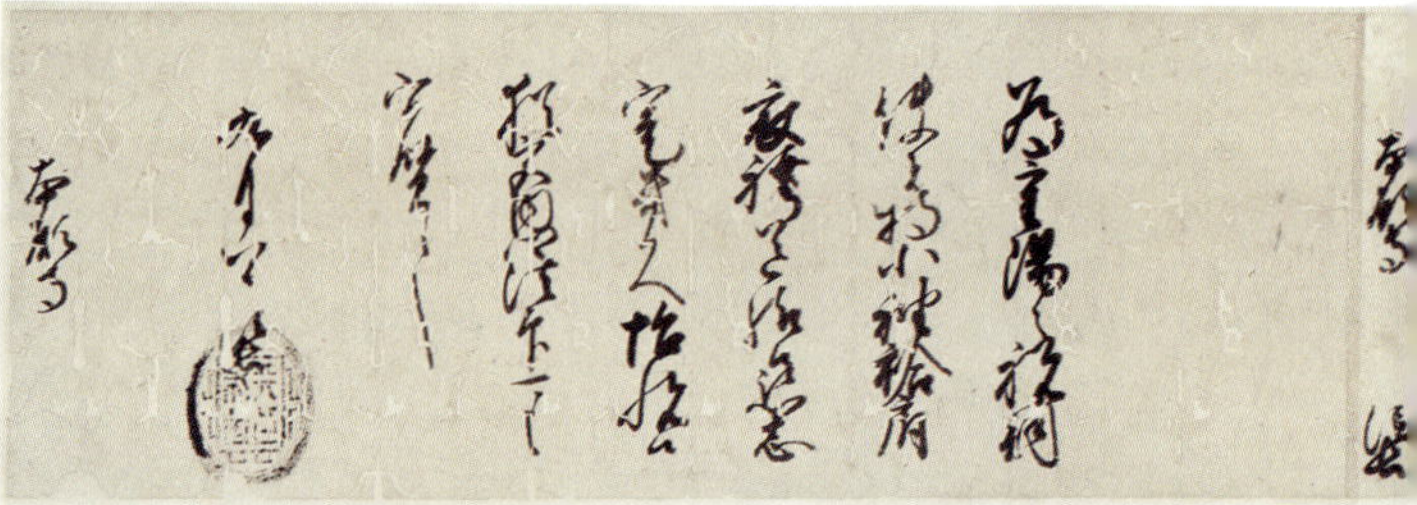
織田信長黒印状（信長公消息）

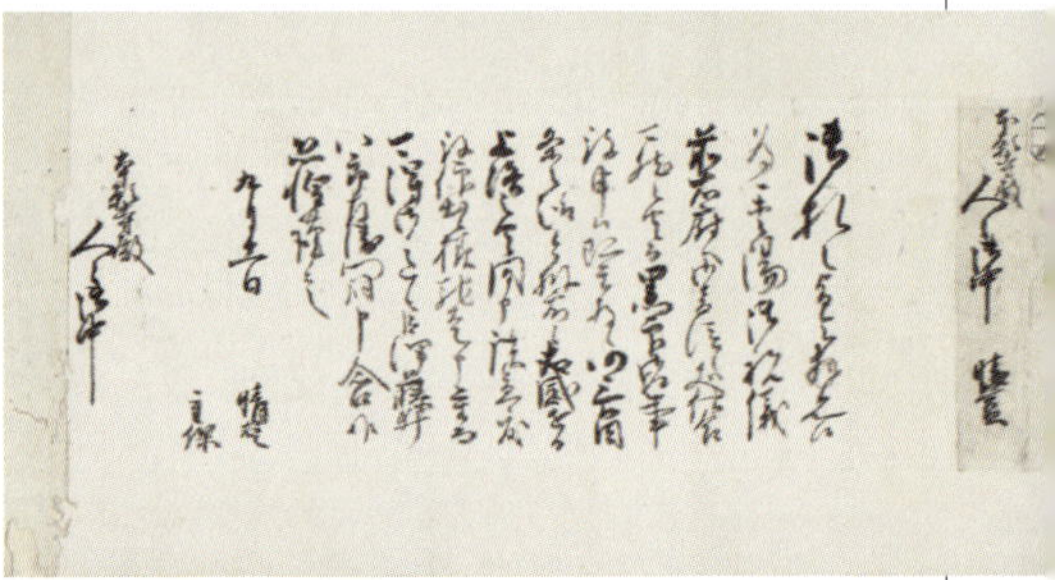
庭田重保・勧修寺晴豊書状写

石山戦争の終結と朝廷

石山戦争は、信長が畿内統一の戦いを進めるなか、本

願寺の所在地であった大坂（のちに大坂城が建てられた場所）を信長に奪われまいとした顕如が、全国の末寺・門徒らに呼びかけておこしたものでした。１５８０（天《てん》正《しょう》８）年に朝廷の仲介で和睦《わぼく》し（勅命講和《ちょくめいこうわ》）、顕如が大坂から紀伊国鷺森《さぎのもり》（現和歌山市）に移りました。しかしそれで終戦とはならず、顕如の子教如《きょうにょ》が大坂の地の明け渡しを拒んで同年８月まで籠城を続けました。本願寺が長年にわたり強力な信長軍と渡り合えたのは、毛利・武田・上杉といった全国の有力な戦国大名と連携していたことのほかに、大坂の地が難攻不落のデルタ地帯であったことも要因と考えられます。

どうやらこの信長黒印状は、石山戦争の戦後処理をめぐる交渉が続くなかで出されたもののようですが、その裏付けとなるのが、９月11日付本願寺宛庭田重保《にわたしげやす》・勧《か》修寺《じゅうじ》晴豊《はれとよ》書状写です。重保・晴豊は朝廷と武家権力（織田政権）の取次役である「武家伝奏《てんそう》」をつとめる公卿《くぎょう》で、この手紙では、重陽の贈り物を信長が喜び、黒印状をしたためたことに言及しています。顕如は贈り物を届けることで、交渉を有利にしようと考えたようです。

重保・晴豊の手紙は、本願寺側が信長に要望していた「三箇条《かじょう》の趣《おもむき》」についても触れており（鷺森本願寺と末寺・門徒らの安全がその具体的内容とみられます）、朝廷が両者の和平を確かなものとするため、具体的な交渉内容に立ち入って重要な役割を果たしたことがわかります。

ともあれ、本願寺との戦争が終結したことで信長はようやく所期の目的であった「天下布武」を実現し、その後は毛利氏ら遠国の大名との軍事対決を本格化させていきます。本能寺の変が起きる１年９か月前のことでした。

（山本浩樹）

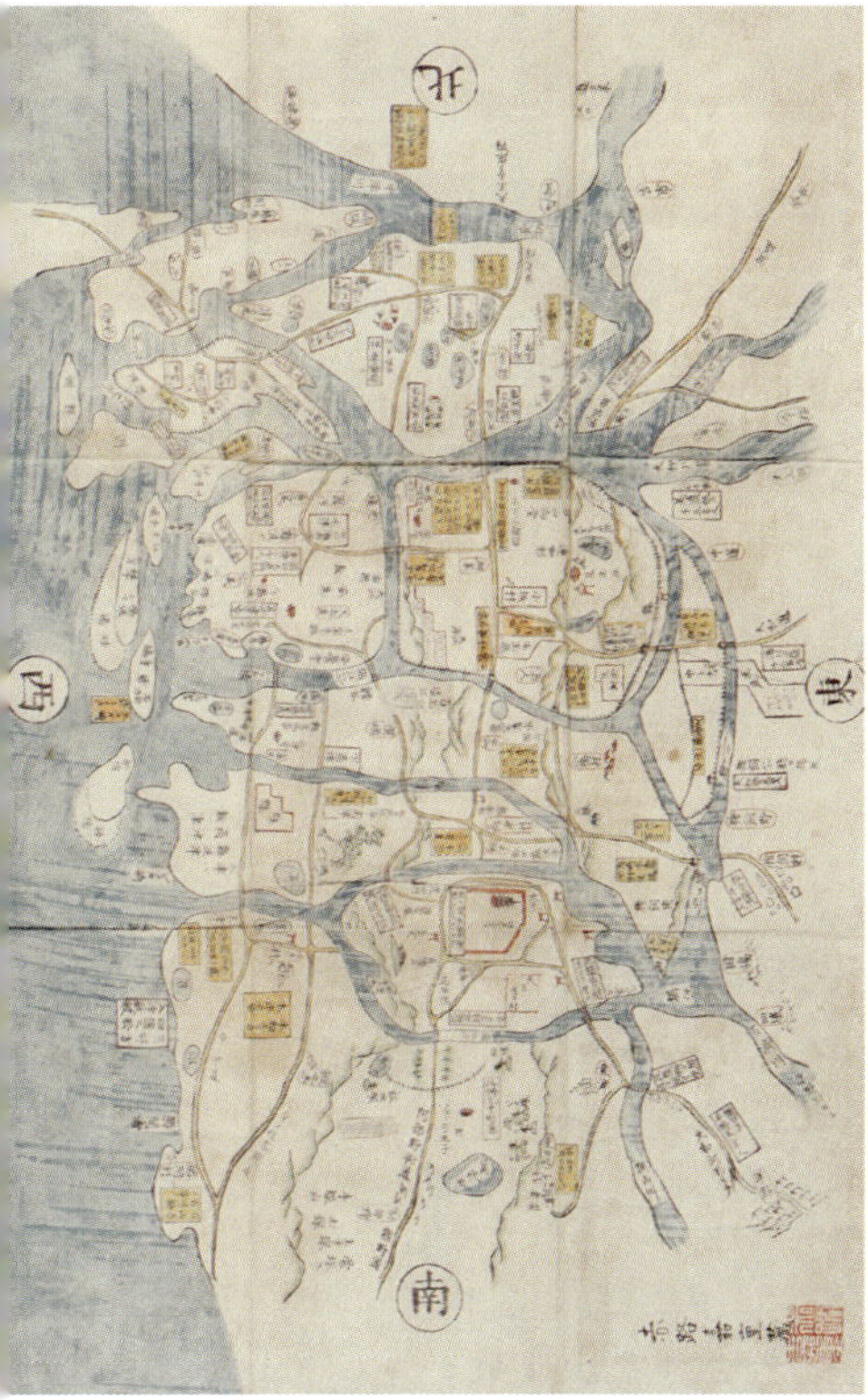

石山古城図
江戸時代に描かれた地図。本願寺方（橙色の囲み）と織田方（白色）の布陣が書き分けられています。

奇妙な日本の姿は、邪馬台国畿内説《やまたいこくきないせつ》の根拠の一つになった

現存する最古の世界地図

『混一疆理歴代国都之図』（以下、『混一図』と略）は、現存する最古の世界地図の一つとして知られています。明治時代に朝鮮からもたらされ、本願寺が所蔵していましたが、後に龍谷大学に寄贈されました。絹地に描かれ、縦151、横163センチメートルあり、下段に記されるその由来によれば、モンゴル帝国・元《げん》朝時代に作られた二つの地図が中国の明《みん》王朝から伝わり、それをもとに1402年、李氏《りし》朝鮮で作製されたといいます。そのため、『混一図』に記されている地名の多くはモンゴル帝国時代のものですが、「混一疆理（世界が一体となったその領域）」あるいは「歴代」という名が冠されているように、時間や空間を超える多様で膨大な情報が盛り込まれており、貴重な歴史文献でもあると言えます。

「混一疆理歴代国都之図」に描かれる日本とアフリカ。

『拾芥抄（しゅうがいしょう）』（中世に成立した百科全書）所載の「大日本国図」。九州が北に描かれ、「行基図」の流れをくんでいます。

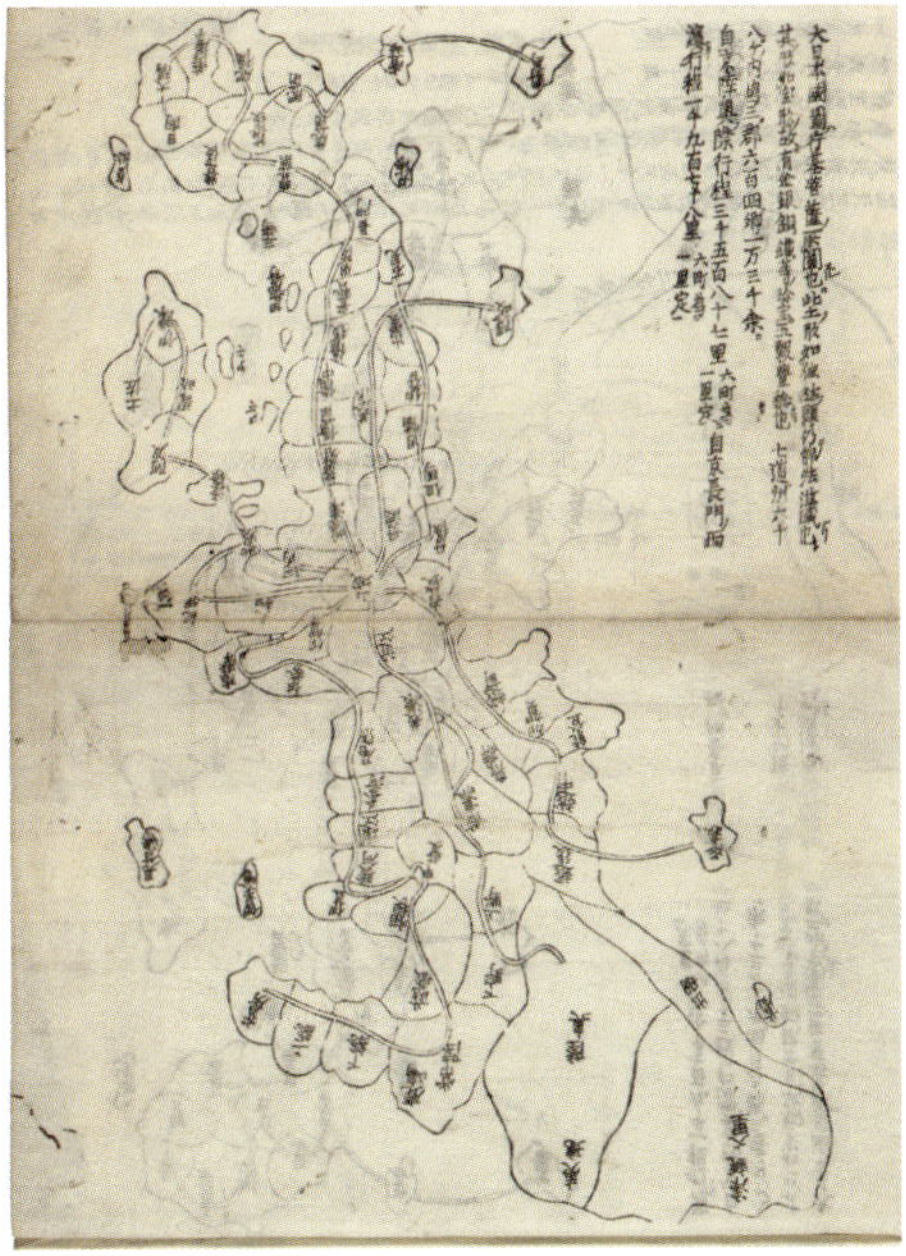

邪馬台国＝畿内説の根拠として注目された

『混一図』に描かれる日本は、九州を北に、南に垂れ下がった奇妙な形をしています。かつて邪馬台国研究者の一部が、古代の中国人は、日本列島の姿をこのように考えており、邪馬台国の位置を『魏志倭人伝《ぎしわじんでん》』が九州上陸後「南へ一月」と記しているのは実は「東へ一月」が正しいと主張し、邪馬台国畿内説の根拠の一つにしたのです。『混一図』が世に注目されるようになったきっかけでした。しかしながらこれは、もとになった二つの地図の日本があまりにも簡略だったので、描き直すことになり、当時、日本から朝鮮に伝わっていた「行基図《ぎょうきず》」を当てはめただけにすぎません。行基は奈良時代の高僧で、彼が作ったと言われる日本図は九州を上に描いています。『混一図』の日本の姿を根拠に、邪馬台国＝畿内説を主張することはできないのです。

喜望峰《きぼうほう》を知ったのはアジア人のほうが早かった

『混一図』の特徴の一つは、海岸線がかなり克明に描かれていることです。背景にはモンゴル帝国時代の海上交易の隆盛がありました。アジア地域の海岸線が詳しいのはもちろんですが、アフリカの姿も現実に近い姿ではっきりと描かれているのがわかります。ポルトガルのバルトロメウ・ディアスがアフリカ最南端の「喜望峰」に到達したのは１４８８年のことでしたが、アジアではそれよりも早く、少なくとも『混一図』が作られた１４０２年には「喜望峰」が知られていたことになり、ヨーロッパの「大航海時代」よりもはるか前に、アジア主導によるユーラシアの海上大交易圏が完成していたことを示しています。このように、『混一図』は、我々に新たな歴史認識を教えてくれているのです。（村岡倫）

地震考《じしんこう》

不安でパニックにならぬよう無料配布された地震対策本

西洋天文学の考え方を身につけた小島濤山《こじまとうざん》

『地震考』（図1）の著者・小島濤山（1761頃―1831年）は、阿波《あわ》（現在の徳島）出身で天文学・暦学・陰陽道《おんみょうどう》を司る土御門《つちみかど》家に仕えた学者です。濤山は小島典膳《てんぜん》や小島好謙としても知られています。彼の経歴の詳細はわかっていないところも多いのですが、成人後に京都に居た兄・武郷を頼り上京し、兄が開いていた私塾を継いで多数の門人にめぐまれ、その後、土御門家に仕えています。

日月の運行を測り、暦《こよみ》を作成する暦術《れきじゅつ》をあつかう土御門家の塾で都講《とこう》（塾頭）となる濤山は1818（文化15）年に『仏国暦象弁妄《ぶっこくれきしょうべんもう》』を著し、『天経或問《てんけいわくもん》』（17世紀後半刊行と考えられる、西洋天文学に基づく中国の天文学書。西川正休《せいきゅう》が訓点をつけた1730〈享保《きょうほう》15〉年の刊行物によって日本で広まりました）に校訂を加えたとも言われています。濤山は西洋天文学に基づく考えをもつ学者でした。

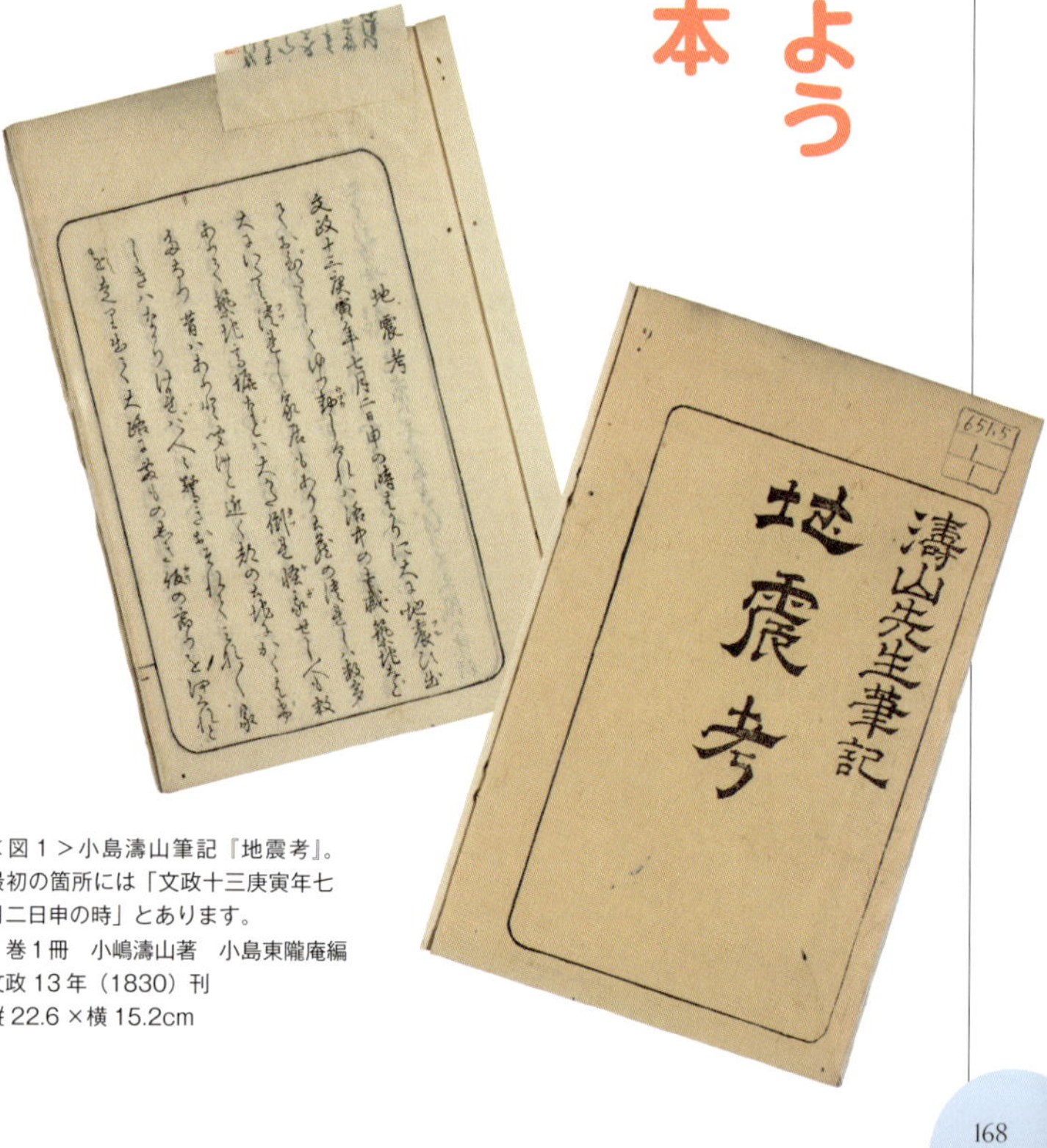

＜図１＞小島濤山筆記『地震考』。最初の箇所には「文政十三庚寅年七月二日申の時」とあります。
１巻１冊　小嶋濤山著　小島東隴庵編
文政 13 年（1830）刊
縦 22.6 × 横 15.2cm

地震後すぐに出版し、人々の不安を和《やわ》らげた

暦にかかわるさまざまな自然現象に関心を寄せていた濤山は1830（文政《ぶんせい》13）年に文政京都地震に遭遇します。7月2日、申《さる》の刻（午後4時頃）に京都とその周辺で大きな地震が起こったのです。洛中洛外《らくちゅうらくがい》の土蔵は大きな被害を受けて、京都での死者は280人にのぼり、「上下動が強く、余震が非常に多かった」といいます。多くの人たちが不安をいだくなかで、濤山は弟子の小島東朧《とうろう》庵《あん》とともに『地震考』を著《あらわ》しています。濤山の著述は7月21日付ですので、不安がる人々を安心させようと急いで執筆したと推測されます。

『地震考』の内容は、9世紀末の『日本三大実録』や13世紀初めの『方丈記《ほうじょうき》』などの文献から過去にあった地震を挙げながら、「かく数々ある中にも皆はじめ大震してのち小動はやまざれどもはじめのごとき大震はなし」として、大地震の後に余震がつづくけれども心配はしなくてよいと説いています。2016（平成28）年の熊本地震からもわかるように、余震につづく「大震はなし」と断定するのは危険なのですが、地震後すぐに刊行された『地震考』は、大地震を前に人々が過度にパニックに陥《おちい》らないよう安心させる役割を担ったことでしょう。

『地震考』は地震の起こる原因や予兆などにも触れています。原因については陽気と陰気による説や『天経或問』にある説を紹介し、予兆については井戸水に濁《にご》りが湧《わ》くことや「気《き》の上昇」によって雲が近くなるように見えることなどを挙げています。こうした本文に加えて、弟子の東朧庵がわかりやすく補足を加えています（図2）。『地震考』は裏表紙に「不与賈人《こじん》」とあり（図3）、売り買いされないものとしていることから、地震を不安がる人々に無料で配布されたと考えられています。

（小長谷大介）

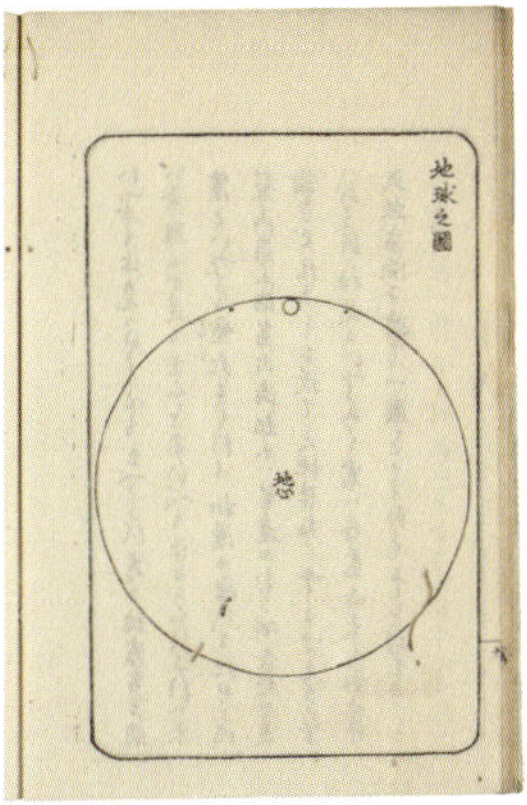

＜図２＞弟子の東朧庵が地震の説明に使った「地球之図」。

＜図３＞裏表紙に記された「不与賈人」。

日本の近代化に貢献「引き札」に見る文明開化

明治の近代化を顕《あらわ》すいろいろな「引き札」

明治時代には経済制度、科学技術（紡績《ぼうせき》や電気機械など）、文化、生活様式などいろんな新しいものが西欧から入ってきました。こうした近代化の波を庶民《しょみん》にも広める役割を担《にな》ったもののひとつが、引き札でした。引き札とは、江戸中期から明治末・大正期にかけて用いられた広告媒体《ばいたい》のひとつで、今でいう「チラシ」、「ビラ」の類です。商品の広告、開店売出しの披露《ひろう》などを知らせるために配られたものを総称して「引き札」と呼んでいます。引き札は、人目を引く、人をひきつける、散らす、配るというところからきています。

国立（国法）銀行条例と第一国立銀行

明治政府は西欧諸国に追いつくために渋沢栄一《しぶさわえいいち》の提唱で銀行制度を移植しました。１８７２（明治５）年に国立銀行条例を発布し、条例に基づいてわが国最初の銀行として創設されたのが第一国立銀行でした。その後、全部で１５３の国立銀行ができました。条例では「国立銀行」となっていますが、国の法律に基づいた国法銀行で、純然たる民間銀行でした。日本には今もその名残を残す数字のついた銀行がいくつか実在します。図１は第一国立銀行が開業したときの引き札で、絵を描いたのは三代《さんだい》広重《ひろしげ》。３枚つづりのものです。

近代紡績業の発祥—大阪紡績（現東洋紡）

大阪紡績は日本で初めて動力に蒸気機関を用いて、１８８３（明治16）年に操業を開始した大規模紡績工場でした。１８８６年にはエジソン式直流発電機で白熱灯を灯して、24時間フル操業し、１万５００錘《すい》の紡績機を装備して、海外の綿製品を駆逐《くちく》しました。図２は、第２工場の開業前に制作されたものです。

文明開化とアンパン

西洋文化が急速に流入してきて、パンも徐々に普及し始めていましたが、明治天皇がアンパンを食されたことで一躍大衆の間に広まり、西洋の食べ物であったパンが日本独特の菓子パンとして庶民の間に定着しました。木村屋は宣伝のために広目屋《ひろめや》（チンドン屋）を使って、巷《こう》間《かん》の人気を呼び、木村屋の名を不動のものにしました。

１８８７（明治20）年、歌舞伎の中嶋座正月興行で当時の人気役者だった初代市川猿之助《えんのすけ》などの名演技が人気を集め、その舞台のフィナーレを描いた錦絵《にしきえ》（図３）の中に木村屋のアンパンが登場し、評判をとりました。引き札は、現在の折込《おりこみ》広告やポスターにもつながっています。日本の広告史研究の上でも重要な役割を果たしてきました。

（藤田誠久）

＜図１＞第一国立銀行開業の図

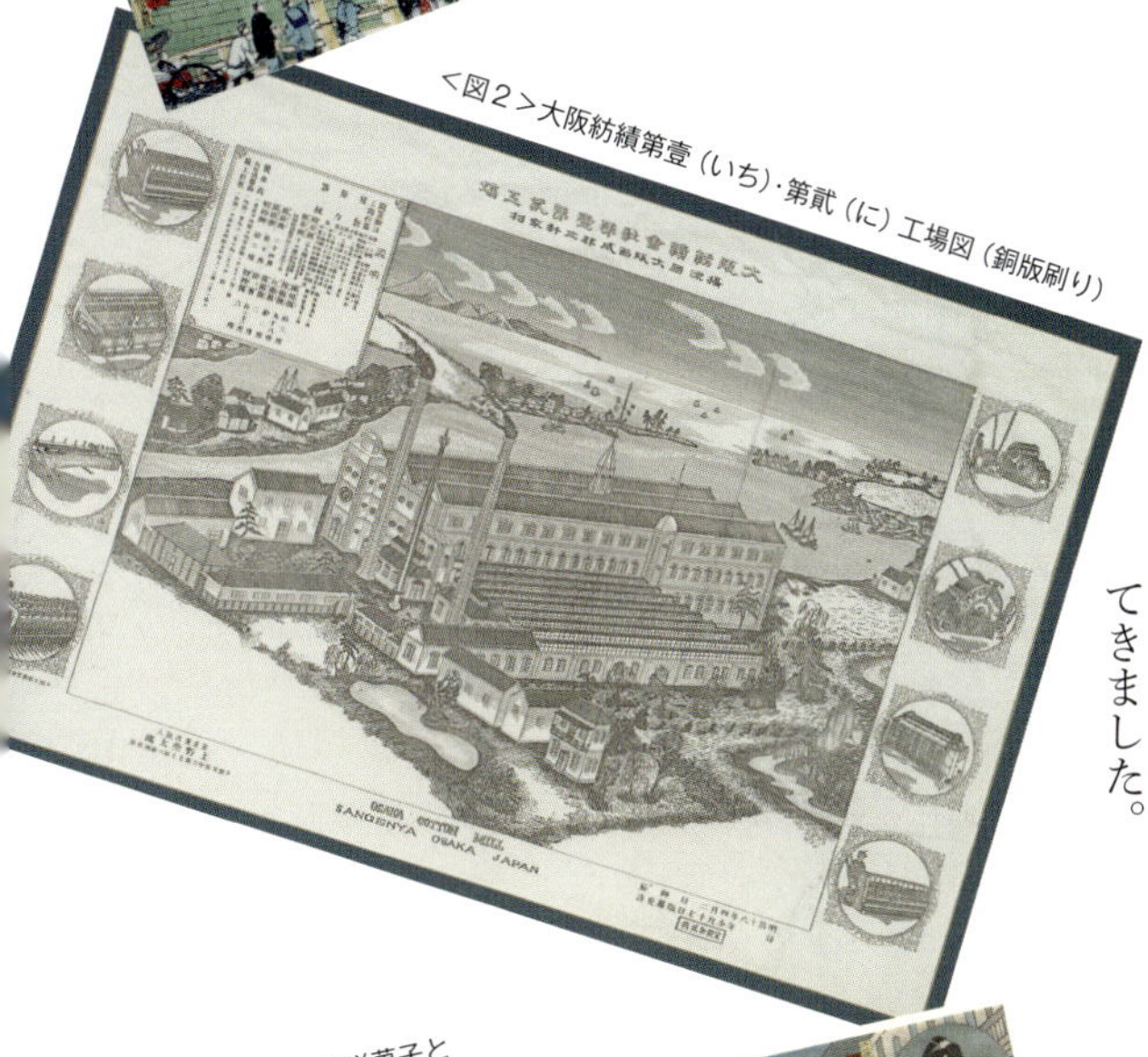
＜図２＞大阪紡績第壹（いち）・第貳（に）工場図（銅版刷り）

＜図３＞右肩上に西洋菓子と木村屋の文字が見える錦絵

時代に逆行してでも、梵暦《ぼんれき》の素晴《すば》らしさを伝えたい

仏教天文学「梵暦」を学びつづけた円通《えんつう》

『仏国暦象編』を著《あらわ》した円通（1754―1834）は、因幡国《いなばのくに》（現在の鳥取）出身の天台宗《てんだいしゅう》の学僧です。円通は7歳で出家して日蓮宗徒《にちれんしゅうと》となりますが、天台宗に改宗して京都の聖護院《しょうごいん》（当時は天台宗）積善院《しゃくぜんいん》にとどまり、その間、土御門《つちみかど》家の河野通礼《こうのみちあや》から天文学を学び、仏教天文学である梵暦《ぼんれき》を研究したといいます。晩年は江戸の増《ぞう》上寺《じょうじ》（浄土宗）恵照院《えしょういん》に移ったというので、宗派にとらわれずに仏教天文学を主軸に研究をつづけた学僧といえるでしょう。

西洋天文学より梵暦のほうが優れている?

『仏国暦象編』の初版刊行年は1810（文化7）年とされますが、当時、日本の天文学はどのような状況に

5巻5冊
円通著
東叡大王府蔵版
縦25.5×横18.0cm

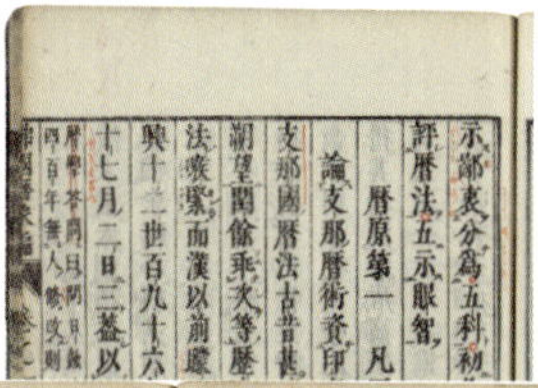

＜図2＞あらゆる暦算天文学はインドに由来することを論じるために、中国の暦術がインドの法を採用したのち整備されたことなどを述べています。（1巻）

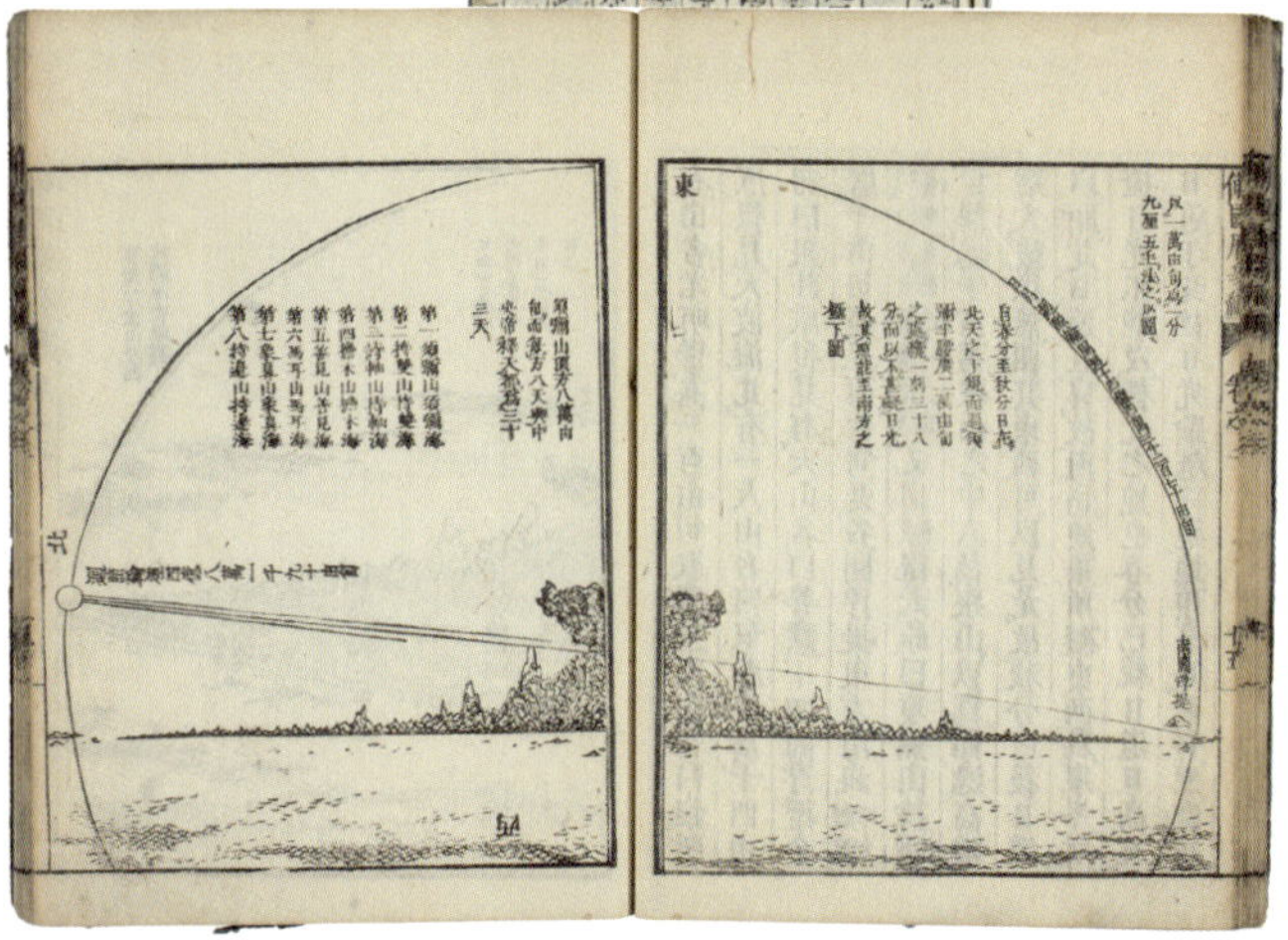

＜図3＞高くそびえる須弥山を中心に天体が巡ることを示す図解。（3巻）

＜図1＞表紙見返しに記された「東叡大王府蔵版」。これは円通が東叡山（寛永寺）の権威を求めたためと考えられています。（1巻）

あったのでしょうか。西洋天文学に基づく中国天文書『天経或問《てんけいわくもん》』が18世紀前半の日本で広まるように、中国を経由して西洋の新しい説などが徐々に日本に入ってくるようになります。一方で、オランダ語の通詞《つうじ》（通訳）たちが西洋科学書を翻訳していったため、新しい天文学と接する機会が増えるのです。通詞たちの翻訳や訳述書には、本木良永《もときよしなが》の『星術本源太陽窮理了解新制天地二球用法記《せいじゅつほんげんたいようきゅうりりょうかいしんせいてんちにきゅうようほうき》』や志筑忠雄《しづきただお》の『暦象新書《れきしょうしんしょ》』などがあります。このように諸説が輸入されたことで、新しい世界観や宇宙観が日本に根づき始めます。

また、儒学《じゅがく》者や国学《こくがく》者たちの多くは江戸時代中期を通じて仏教に批判的な排仏《はいふつ》論を唱える傾向にありました。江戸時代後期になると仏教をとりまく状況は厳しさを増していたのです。こうした状況に危機感をいだき、立ち上がったのが円通でした。円通は梵暦復興を唱えます。仏教天文学を体系的に論じ、仏教に依拠《いきょ》する暦法が他のものよりも優れていることを論証しようと考えたのです。そのために著したのが『仏国暦象編』でした。

時代の過渡期《かとき》、仏教を守るために

仏教天文学では、世界の中心に高山である須弥山《しゅみせん》が位置し、そこから同心円状に世界が広がっています。日月惑星《わくせい》や星たちは須弥山の中腹の周りを巡り、私たちの住む場所は須弥山の外周の海にある中州《なかす》の一つにあるのです。こうした須弥山説に基づくのが仏教天文学です（須弥山説を模《も》した須弥山儀《しゅみせんぎ》は１７４ページで解説）。

仏教天文学を主張していたからといって、円通が西洋天文学を知らなかったわけではありません。それどころか、当時の日本にあって新しい天文学を熟知していた学者の一人でした。円通の議論には、志筑の『暦象新書』や中国・梅文鼎《ばいぶんてい》の『暦学疑問』『暦算《れきさん》全書』などを十分に理解していたことを示す箇所が多く見られます。円通は東洋や西洋の関連文献を広く深く学んだうえで、仏教天文学を唱えていたのです。

日本にすでに緻密な地動説が移入されつつあった時代に、円通はどうして時代に逆行するような仏教天文学をあえて唱えたのか、現代人には理解しがたいですが、新旧の諸説が多く現れる過渡期には先の見通せない不安な状況があり、とくに仏教界に身をおく円通たちにとってはその思いは強かったに違いありません。真摯《しんし》に諸説を学ぶ学僧・円通だったからこそ、それらの説に挑む選択肢《し》をとったのかもしれません。

（小長谷大介）

須弥山儀《しゅみせんぎ》

須弥山《しゅみせん》を中心とした仏教の宇宙観。なんとも精緻《せいち》なからくり装置

地に沈まない太陽と、4つの州

仏教天文学は、古代インド思想の影響を受けた仏教の宇宙観を基にし、世界の中心である須弥山の四方にあるといわれる四大州（東勝身洲《とうしょうしんしゅう》・南贍部洲《なんせんぶしゅう》・西牛貨洲《さいごけしゅう》・北倶盧洲《ほっくるしゅう》）の上を太陽、月などの天体が運行しているととらえていました。太陽は、地に沈むことなく須弥山を中心として1日1回転します。この軌道は季節によって変動し、四大州同時に季節が対応すると説く〝同四時説〟を視覚的に説明する装置が須弥山儀です。

西洋から「地動説」が日本に入ってくると、18世紀後半には天台宗の僧・円通《えんつう》（1754－1834）が仏教の宇宙観を説く大著『仏国暦象編《ぶっこくれきしょうへん》』（172ページ参照）を著しました。それが天体運行の軌道を精査した〝同四時説〟を説く直弟子の環中禅機《かんちゅうぜんき》と孫弟子の晃巌《こうごん》に受け継がれました。

龍谷大学は1906（明治39）年に、須弥山儀、縮《しゅく》象儀《しょうぎ》（176ページ参照）および、環中禅機の蔵書と推察される図書を含む、64部におよぶ仏教天文学書の寄《き》贈《ぞう》を受けました。

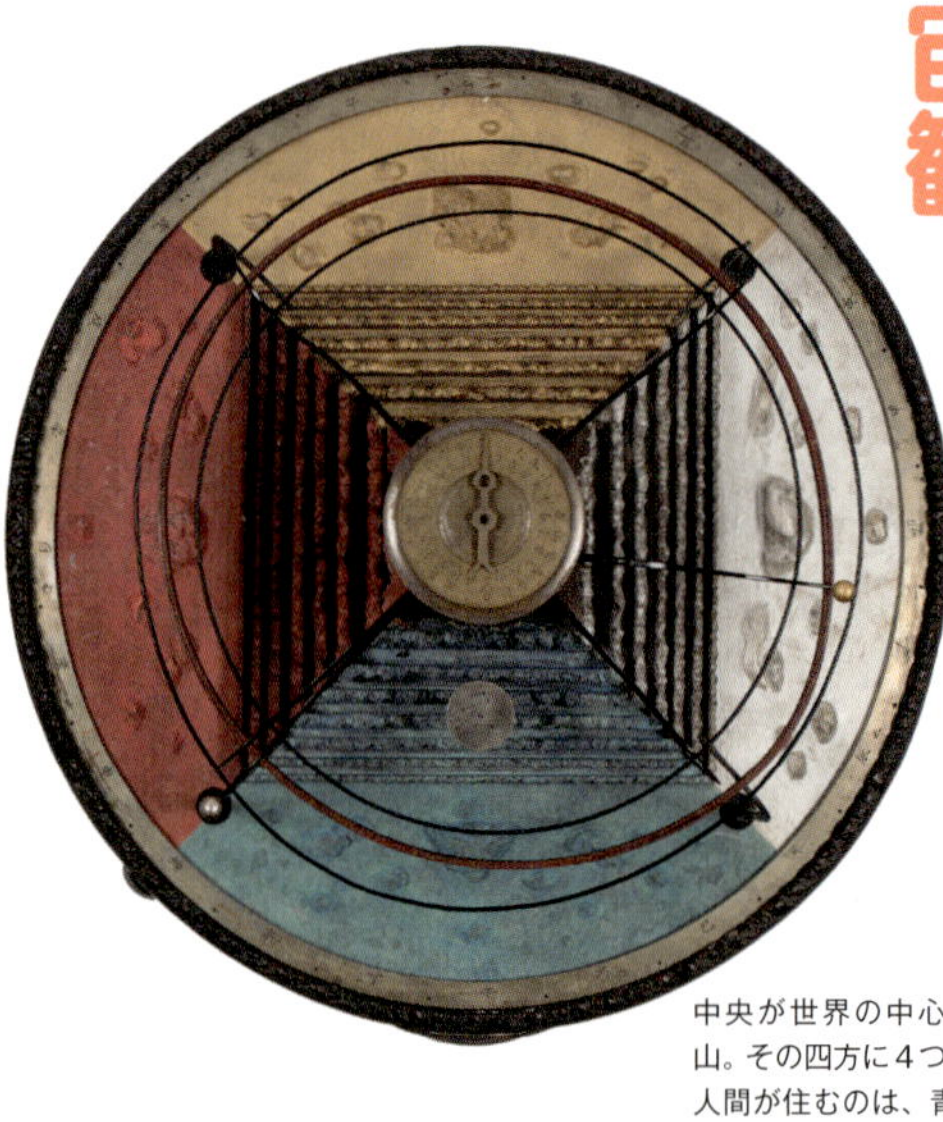

中央が世界の中心である須弥山。その四方に4つの州がある。人間が住むのは、青色に塗り分けられた、南方の南贍部洲と考えられていました。

最上部の須弥山を中心に、太陽や、月などの球形のからくり模型が回転し、同一の動力で、胴正面の和時計も動作します。

田中久重　製作
環中、晃厳　原案
弘化４年（1847年）着工
嘉永元年（1848年）原案図
嘉永３年（1850年）完成
胴体直径 66.5cm
高さ 55.0cm

近年発見された、目盛りが刻まれた赤道環《せきどうかん》

須弥山儀は、発明家・田中久重《たなかひさしげ》が四条烏丸《しじょうからすま》北東に開いた〝機巧堂《からくりどう》〟において製作されたと推測されます。機構部分は、自動割駒式文字盤（胴正面の時計）による和時計、2つの真鍮《しんちゅう》製大型板バネによる動力部、動力出力の平均化を図る水平フュージー、天体運行軌道・駆動歯車など、精緻な金属加工が施《ほどこ》されています。樽《たる》型加工された胴部分、須弥山・四大州が載る天板部の木材加工など、金属、木材ともに高い技術を感じさせる装置です。

近年、須弥山儀の重要な機構の一つである赤道環が発見され、これを須弥界上の2環（黄道、白道／須弥山儀では黒色環）の間に挿入しました。赤道環は、直径41・0センチ、赤色彩色の竹製で、内側に1度刻みの目盛りを360個刻印し、外側の面には、28宿（古代中国で、月・太陽の位置を示すために天球を28に区分したもの）が描かれています。

須弥山儀は、仏教天文学の理解のための実証モデルと考えられます。その動態の記録と保存が必要であり、同時に寄贈された64部の仏教天文学書と連携した研究活用が望まれます。

（岡田至弘）

須弥山儀《しゅみせんぎ》の一部をクローズアップ！日本を中心とした天球儀

からくりは須弥山儀とほとんど同じ部品

縮象儀は須弥山儀（174ページ参照）にあらわされている四大州の中で、人間が住むとされる南贍部洲《なんせんぶしゅう》を拡大したもので、日本を中心にした世界地図を円形平面に描き、日月惑星《わくせい》を配し、強力なゼンマイばね仕掛けで作動する天球儀です。現存するものとしては、これが唯一であり、ゼンマイばね仕掛けや和時計の機構は、須弥山儀で用いられたものと同一の部品が用いられています。

須弥山儀の修復に続き、劣化し剥落《はくらく》しつつあった外装の修復と保存作業を行い、併せて機構部分についても復元が試みられました。

外装で特徴的な台座部分は、青貝螺鈿細工《あおがいらでんざいく》の鰭《ひれ》付きネコ脚。胴部分は下部から風輪（雲）、水輪（波）、金輪、地輪（鉄囲山《てっちせん》）と、黒・朱漆《うるし》による塗り分けと蒔絵《まきえ》による加飾が施《ほどこ》され、精緻《せいち》な工芸技術を駆使しています。

円形平面の世界地図および胴部分上部については、製作当時の色を推定の上、近年復元されました。天球儀部については、須弥山儀と同一の赤道環《せきどうかん》（赤色彩色の鉄環、直径37・0センチ）が天球の北極にあたる部分に接続されています。28宿が描かれている赤道環は平面の世界地図とおおよそ仰角《ぎょうかく》35度を保つことから、現在の京都市内の緯度と一致します。京都から見た、太陽、月、星座の関係を説明する精緻な天文時計ともいえるでしょう。

近年の修復では、外装部の調査を進めるなかで、利用

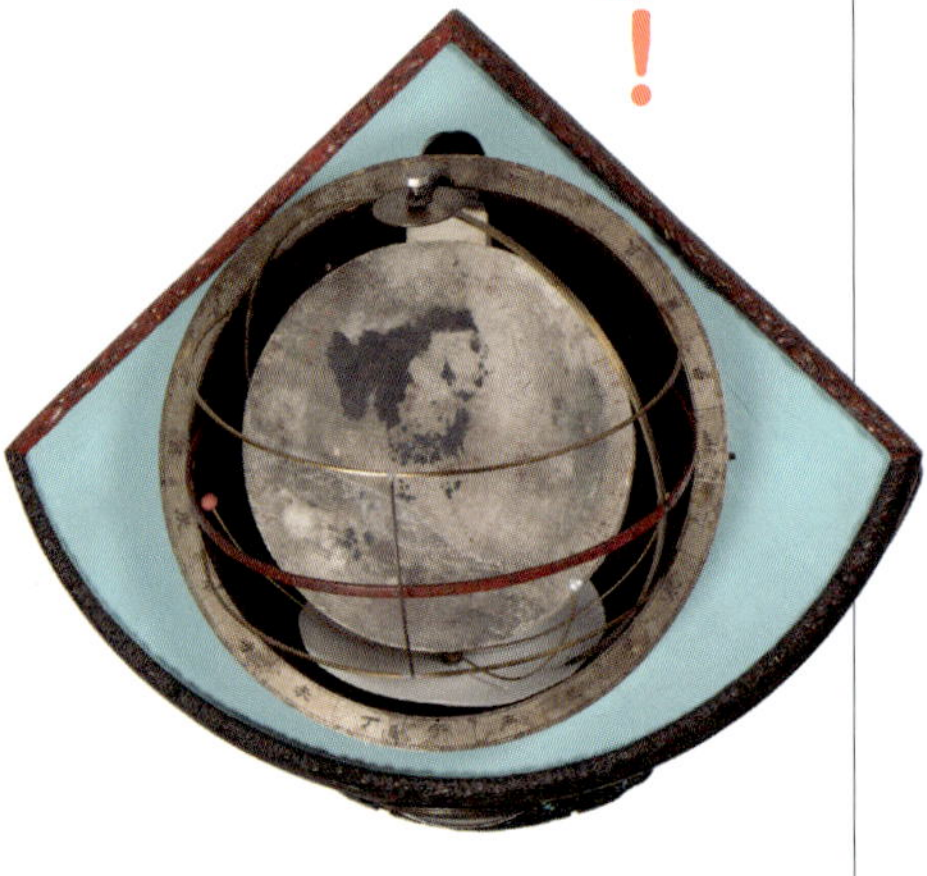

中央には、地球儀を分割し半球状の断面に
日本・京都を中心にした世界図が描かれています。

半球状の世界図の周りを、太陽や、月などの球形のからくり模型が回転し、須弥山儀と同一の機構により、和時計も動作します。

田中久重 製作　環中、晃巌 原案
弘化４年（1847年）着工、嘉永元年（1848年）原案図
嘉永３年（1850年）完成
胴体半径 51.0cm、高さ 21.0cm、天球環上部まで 64.0cm

木材の加工・彩色にあたっても、高い加工技術で作成されたことが確認されました。多くの職工が関与し作成に携わったことが考えられ、江戸末期の洛中《らくちゅう》での加工・工芸技術の粋《すい》を集めたものといえるでしょう。

発明家・田中久重《ひさしげ》、万年時計にいたるステップ

製作者の田中久重は、須弥山儀と縮象儀の完成後、直ちに「万年時計」として名が知られている万年自鳴鐘《まんねんじめいしょう》（国立科学博物館所蔵／国指定重要文化財）の製作にあたりました。１０００点を超える部品で構成され、一度ゼンマイを巻くと1年動くという万年時計は、半球ガラスに覆《おお》われる最上部に縮象儀を展開し、京都から見た太陽、月、惑星の動きを4連のゼンマイ動力で実現しています。本体胴部には、六角柱の各面に〝和時計〟〝24節気〟〝曜日〟〝干支《えと》十二支〟〝月齢〟〝西洋時計〟が配置されています。この完成には、縮象儀製作の経験が生かされたものと考えられ、今後、万年時計の機構部分の継承・比較検討が望まれています。

後年、田中久重は、仏教天文学関連の視実等象儀《しじつとうしょうぎ》（国立科学博物館蔵）の作成を佐田介石《さたかいせき》から依頼され、永く仏教天文学に関与することになります。

（岡田至弘）

デジタルアーカイブコラム❻
Digital Archives Column

暦象新書《れきしょうしんしょ》

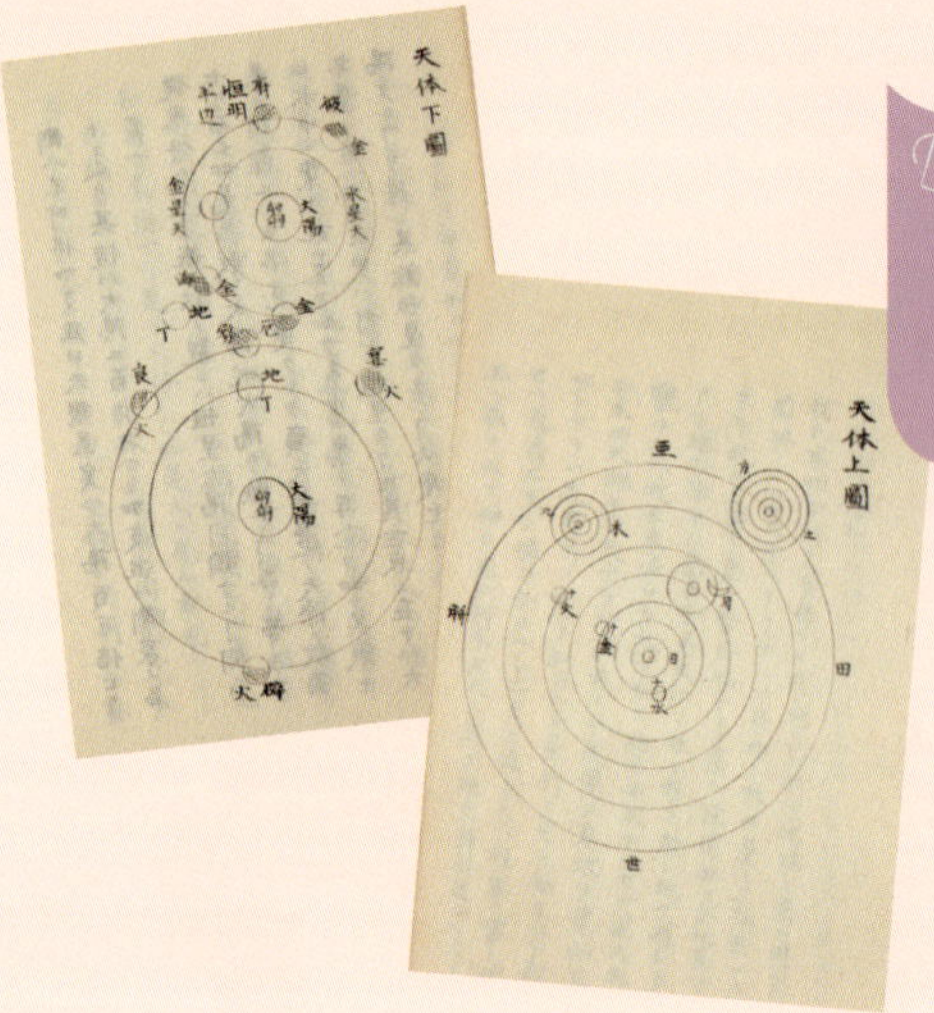

6巻3冊
（英）ジョン・ケール著
（蘭）ヨアン・リュロフス訳
志筑忠雄重訳
江戸後期写本　縦 19.1 ×横 26.7cm

ビッグスケールの自然哲学書

暦象新書の書名から想起される範《はん》疇《ちゅう》をはるかに超え、コペルニクス的宇宙観（地動説）からニュートン力学までを基底においた自然哲学体系を解説した上・中・下編の3部構成の書。原本（1739年出版）は、英国オックスフォード大学の物理学教授のジョン・ケールが、『真正なる自然科学および天文学への入門書』として著し、これをライデン大学の天文学・哲学教授のヨアン・リュロフスが蘭訳（1741年）、その後、長崎出島に入ったと考えられます。志筑忠雄《しづきただお》（1760—1806年）は翻訳と著述を、上編：1798（寛政《かんせい》10）年、中編：1800（寛政12）年、後編：1812（享和《きょうわ》2）年と費やし、〝大気〟〝重力〟〝加速度〟など多くの基本概念と用語を自身の解説と見解を加え、暦象新書として創出しました。

長崎阿蘭陀通詞《オランダつうじ》であった志筑忠雄は、「太陽窮理《きゅうり》了解説」によって〝地動説〟を紹介した本木良永《もときよしなが》に就いて天文学の研究に没頭し、このなかで著された書といえます。

中編の巻末には、〝万延元庚申春入蔵（1860年）看護 力精、参事 吐月〟と本願寺勧学の署名が記され、江戸末期、仏教天文学の対極にある近代的自然哲学体系への受容が示された注目すべき書と言えます。

（岡田至弘）

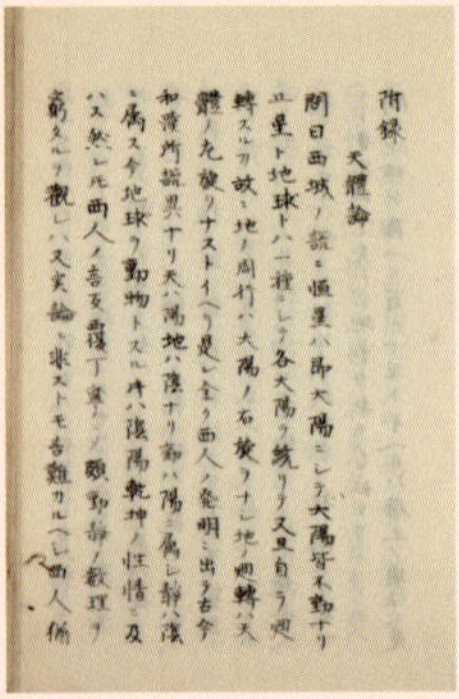

参考文献

14―15頁　釈迦御一代記図会
◇関口正之「読本『釈迦御一代記図会』の仏伝図（北斎画）について」山根有三先生古稀記念会編『日本絵画史の研究』吉川弘文館　721―746頁　1989年◇永田生慈『北斎　クローズアップ』（Ⅰ伝説と古典を描く）　東京美術　2014年◇小峯和明「日本と東アジアの〈仏伝文学〉」小峯和明編『東アジアの仏伝文学』3―64頁 勉誠出版 2017年

16―17頁　涅槃図
◇平塚運一『涅槃古版画集』彰国社 1942年◇中野玄三『涅槃図』（日本の美術268）至文堂 1988年

18―19頁　舎利容器
◇定方晟「アヴァチャ王ヴィイダミトラ32年の刻文」『東方』第7号 123―129頁 1991年

20―21頁　菩薩立像
◇龍谷大学龍谷ミュージアム・読売新聞社編『仏教の来た道―シルクロード探検の旅』2012年

24―25頁　ネパール梵本 無量寿経（光寿会本・榊本）
◇井ノ口泰淳責任編集『梵文無量寿経写本集成』（龍谷大学善本叢書6）法藏館 1986年◇神子上恵生責任編集『梵文大乗荘厳経論写本』（龍谷大学善本叢書14）龍谷大学　1995年

26―27頁　龍蔵本 大蔵経（清蔵）
◇木田知生「龍谷大学所蔵の龍蔵について」『龍谷大學論集』第471号 104―129頁 2008年◇大蔵会編『大蔵経―成立と変遷―』百華苑 1964年

28―29頁　対根起行法
◇矢吹慶輝『三階教之研究』岩波書店 1927年◇西本照真『三階教の研究』春秋社 1998年◇西本照真「三階教写本研究の到達点と今後の課題」土肥義和編『敦煌・吐魯番出土漢文文書の新研究 修訂版』東洋文庫 391―403頁 2013年

30―31頁　興福寺奏達状
◇楠淳證「龍谷大学図書館禿氏文庫蔵『興福寺奏達状』について―『興福寺奏状』の草稿本もしくは今一つの「奏状」」大取一馬編『典籍と史料』（龍谷大学仏教文化研究叢書28）龍谷大学仏教文化研究所 301―360頁 2011年

32―33頁　顕揚大戒論序
◇山口光圓「菅公の顕揚大戒論序と大戒指南抄」『仏教史学』第2巻第1号 25―33頁 1951年◇川口久雄校注『菅家文草　菅家後集』（日本古典文学大系72）岩波書店 1966年◇文草の会『菅家文草注釈』（文章篇第1冊（巻7上）勉誠出版 2014年

36―37頁　愚迷発心集
◇鎌田茂雄・田中久夫校注『鎌倉旧仏教』（日本思想大系 新装版・続日本仏教の思想3）岩波書店 1995年◇多川俊映『貞慶『愚迷発心集』を読む―心の闇を見つめる』春秋社 2004年◇大取一馬責任編集『禿氏文庫本』（龍谷大学善本叢書29）龍谷大学 2010年

38—39頁　清衆規式

◇西谷功『南宋・鎌倉仏教文化史論』勉誠出版　2018年

40—41頁　叡尊文書／叡尊関係資料

◇松尾剛次編『持戒の聖者　叡尊・忍性』（日本の名僧10）吉川弘文館　2004年◇松尾剛次『救済の思想　叡尊教団と鎌倉新仏教』（角川選書272）角川書店　1996年◇和島芳男『叡尊・忍性』日本歴史学会編『人物叢書』新装版　吉川弘文館　1988年

42—43頁　往生要集

◇川崎庸之編『源信』（日本の名著4）中央公論社　1972年◇速水侑『源信』日本歴史学会編『人物叢書』新装版　吉川弘文館　1988年

◇梯信暁『新訳　往生要集　上・下』法藏館　2017年

44—45頁　念仏式

◇佐藤哲英『念仏式の研究—中ノ川実範の生涯とその浄土教—』百華苑　1972年◇佐藤哲英『叡山浄土教の研究』百華苑　1979年

46—47頁　地獄・極楽図絵幅

◇宮次男『六道絵』（日本の美術271）至文堂　1988年◇西田直樹『「仮名書き絵入り往生要集」の成立と展開—研究篇・資料篇—』和泉書院　2001年

50頁　Chotscho

◇龍谷大学古典籍デジタルアーカイブ研究センター・龍谷大学文学部百済ゼミ・大塚オーミ陶業株式会社「ベゼクリク石窟壁画復元陶板」2006年◇龍谷大学古典籍デジタルアーカイブ研究センター「シルクロード壁画復元とデジタルアーカイブシステム」http://www.afc.ryukoku.ac.jp/Komon/bezeklik_HP/index.html

52—53頁　親鸞聖人御書写　涅槃経文

◇教学伝道研究センター編纂『浄土真宗聖典全書』第2巻（宗祖篇上）本願寺出版社　2011年◇赤松俊秀他編『名号・見聞集・断簡』（親鸞聖人真蹟集成第9巻）法藏館　1976年

54—55頁　しんらんき

◇川瀬一馬『古活字版之研究』Antiquarian Booksellers Association of Japan　1967年◇沙加戸弘『真宗関係浄瑠璃展開史序説—素材の時代—』法藏館　2008年

56—57頁　浄土文類聚鈔

◇教学伝道研究センター編纂『浄土真宗聖典全書』第2巻（宗祖篇上）本願寺出版社　2011年◇龍谷大学大宮図書館・龍谷教学会議編『本願寺宗主の向学—写字台文庫を中心にして—』龍谷大学大宮図書館・龍谷教学会議　2014年

58—59頁　黒谷上人語燈録（和語）

◇浅井成海責任編集『黒谷上人語燈録（和語）』（龍谷大学善本叢書15）龍谷大学　1996年◇中野正明『増補改訂法然遺文の基礎的研究』法藏館　2010年◇教学伝道研究センター編纂『浄土真宗聖典全書』第6巻（補遺篇）本願寺出版社　2019年

60―61頁　口伝鈔

◇教学伝道研究センター編纂『浄土真宗聖典全書』第3巻（宗祖篇下）本願寺出版社 2017年◇梯實圓『口伝鈔』（聖典セミナー）本願寺出版社 2010年◇龍谷大学大宮図書館・龍谷教学会議編『本願寺宗主の向学―写字台文庫を中心にして―』2014年

62―63頁　破邪顕正抄

◇教学伝道研究センター編纂『浄土真宗聖典全書』第4巻（相伝篇上）本願寺出版社 2016年◇林智康編『存覚教学の研究』永田文昌堂 2015年

64―65頁　蓮如上人御自筆消息

◇本願寺史料研究所編纂『増補改訂 本願寺史』第1巻 本願寺出版社 2010年◇林智康『蓮如教学の研究』永田文昌堂 1998年

66―67頁　大谷本願寺通紀稿本

◇細川行信編『寺誌・遺跡』（真宗史料集成第8巻）同朋舎出版 1983年◇宮崎円遵『真宗史の研究 下』永田文昌堂 1989年

68―69頁　鷺森含毫

◇龍谷大学大宮図書館・龍谷教学会議編『本願寺宗主の向学―写字台文庫を中心にして―』2014年◇井上見淳「小児往生論の研究（上）名代だのみを中心として」『真宗学』137―138 253―275頁 2018年

70―71頁　〔底本〕真宗法要

◇教学伝道研究センター編纂『浄土真宗聖典全書』第2巻（宗祖篇上）本願寺出版社 2011年◇能美潤史・塚本一真・三浦真証「真宗聖教の流伝と編纂―『浄土真宗全書』の発刊によせて―」『浄土真宗総合研究』第7号 53―80頁 2012年

72―73頁　方便法身尊形

◇信仰の造形的表現研究委員会編『阿弥陀仏絵像・木像 善光寺如来絵伝』（真宗重宝聚英 第3巻）同朋舎出版 1987年◇宮崎円遵『真宗史の研究 上』（宮崎円遵著作集 第4巻）思文閣出版 1987年

74―75頁　九字尊号

◇本願寺史料研究所編纂『増補改訂 本願寺史』第1巻 本願寺出版社 2010年◇宮崎円遵『真宗史の研究 上』（宮崎円遵著作集 第4巻）思文閣出版 1987年

76―77頁　阿弥陀如来立像（厨子入）

◇長谷（張）洋一「康雲銘の阿弥陀如来立像について―浄土真宗寺院の歴史的一側面―」『佛教藝術』第201号 81―102頁 1992年◇中村介英「大仏師康雲―在家に伝来の康雲作木仏の銘文を中心として―」『史迹と美術』第62輯7（第627号）288―294頁 1992年

80―81頁　良如上人御影

◇本願寺史料研究所編『増補改訂 本願寺史』第2巻 本願寺出版社 2015年◇龍谷大学三百五十年史編集委員会編『龍谷大学三百五十年史』通史編上巻 龍谷大学 2000年◇平田厚志編『彦根藩 井伊家文書 浄土真宗異義相論―「承応の鬩牆」を発端とする本願寺・興正寺一件史料―』（龍谷大学仏教文化研究叢書20）龍谷大学仏教文化研究所 2008年

82—83頁　良如宗主自筆かな消息（良純消息其他）

◇大喜直彦「第十三代良如宗主伝—近世本願寺の基礎を築いた宗主—」本願寺史料研究所ＨＰ掲載　２０１２年 http://shiryoken.hongwanji.or.jp/project/series/pdf/syuho_1203.pdf ◇龍谷大学大宮図書館編『良如宗主伝—近世本願寺の基礎を築いた宗主—』２０１１年

84—85頁　学寮造立事　付以後法論次第

◇龍谷大学三百五十年史編集委員会編『龍谷大学三百五十年史』通史編上巻　龍谷大学　２０００年◇龍谷大学三百五十年史編集委員会編『龍谷大学三百五十年史』史料編第1巻　龍谷大学　１９８７年◇平田厚志編『彦根藩　井伊家文書　浄土真宗異義相論—「承応の鬩牆」を発端とする本願寺・興正寺一件史料—』（龍谷大学仏教文化研究叢書20）龍谷大学仏教文化研究所　２００８年

86—87頁　能化法霖絵像

◇井上哲雄『真宗本派学僧逸伝』永田文昌堂　１９７９年◇龍谷大学大宮図書館編『良如宗主伝—近世本願寺の基礎を築いた宗主—』２０１１年

88—89頁　広如上人御影

◇教海一瀾社編『広如上人芳績考』教海一瀾社　１９０２年◇福間光超『親鸞聖人と本願寺の歩み』永田文昌堂　１９９８年◇本願寺史料研究所編『増補改訂 本願寺史』第2巻 本願寺出版社 ２０１５年

90—91頁　明如上人御影

◇森龍吉編『真宗教団の近代化』（真宗史料集成 第12巻）同朋舎出版　１９７５年◇本願寺史料研究所編『増補改訂 本願寺史』第3巻 本願寺出版社 ２０１９年◇龍谷大学三百五十年史編集委員会編『龍谷大学三百五十年史』通史編上巻　龍谷大学 ２０００年

92—93頁　本願寺大教校　慶讃会四箇法要之図

◇二葉憲香・福嶋寛隆編『島地黙雷全集』第1巻 本願寺出版協会（本願寺出版部）１９７３年◇二葉憲香・福嶋寛隆編『島地黙雷全集』第5巻 本願寺出版部 １９７８年

94—95頁　大宮学舎本館

◇本派本願寺執行所編『追遠帖』本派本願寺執行所 １９１０年

98—99頁　反省会雑誌 The Hansei Zasshi

◇赤松徹眞編著『『反省会雑誌』とその周辺』（龍谷大学仏教文化研究叢書35）龍谷大学仏教文化研究所 ２０１８年

１００頁　奈良絵本竹取物語

◇古典籍デジタルアーカイブ研究センター編 龍谷大学大宮図書館２００７年度後期展観、龍谷デジタルアーカイブの世界〝色を見る・量る〟２００７年 http://www.afc.ryukoku.ac.jp/Komon/exhibition/index.html

102—103頁　算用記

◇下平和夫『江戸初期和算書　解説』（下平和夫監修・江戸初期和算選書　第1巻1）研成社　1990年◇佐藤健一校注『算用記—現存する日本最古の和算書』（下平和夫監修・江戸初期和算選書　第1巻2）研成社　1990年

104—105頁　類証弁異全九集

◇曲直瀬道三著・柳田征司解説『類証弁異全九集』7巻　勉誠社　1982年◇龍谷大学大宮図書館編『龍谷大学大宮図書館和漢古典籍貴重書解題（自然科学之部）』龍谷大学　1997年◇新村拓『日本仏教の医療史』法政大学出版局　2013年◇吉田寅『中国プロテスタント伝道史研究』汲古書院　1997年

106—107頁　全体新論

◇松本秀士、坂井建雄「『全体新論』に掲載される解剖図の出典について」『日本医史学雑誌』第55巻第4号　463—497頁　2009年

108—109頁　解体新書

◇酒井シヅ［現代語訳］『解体新書』（講談社学術文庫）講談社　1982年◇片桐一男［訳注］『蘭学事始』（講談社学術文庫）講談社　2000年

110—111頁　舎密開宗

◇宇田川榕菴訳・田中実校注『舎密開宗—復刻と現代語訳・注—』講談社　1975年◇田中実・坂口正男・道家達将・菊池俊彦『舎密開宗研究』『舎密開宗』別冊　講談社　1975年◇芝哲夫「杏雨書屋蔵　宇田川榕庵化学関係資料」『化学と工業』第63巻第7号　556—557頁　2010年

112—113頁　薬性記

◇龍谷大学大宮図書館編『龍谷大学大宮図書館和漢古典籍貴重書解題（自然科学之部）』龍谷大学　1997年◇山田慶児「浅井周伯の養志堂の講義録　松岡玄達自筆本再考」吉田忠・深瀬泰旦編『東と西の医療文化』73—92頁　思文閣出版　2001年

114—115頁　本草摘要講義

◇岡西為人『本草概説』創元社　1977年◇龍谷大学大宮図書館編『龍谷大学大宮図書館和漢古典籍貴重書解題（自然科学之部）』龍谷大学　1997年◇太田由佳『松岡恕庵本草学の研究』思文閣出版　2012年

116—117頁　詞源要略

◇大取一馬「清原宣賢の歌学—『詞源要略』を中心に—」『国語国文』第44巻11号　23—38頁　1975年◇大取一馬責任編集『詞源要略・和歌会席』（龍谷大学善本叢書24）龍谷大学2004年◇和島芳男『中世の儒学』吉川弘文館　1965年

118—119頁　和歌会席

◇大取一馬責任編集『詞源要略・和歌会席』（龍谷大学善本叢書24）龍谷大学2004年◇川平ひとし『中世和歌テキスト論』笠間書院　2008年◇廣木一人他『文芸会席作法書集　和歌・連歌・俳諧』風間書房　2008年◇山本啓介『詠歌としての和歌　和歌会作法・字余り歌—付〈翻刻〉和歌会作法書—』新典社　2009年

120―121頁　古今游名山記
◇『古今游名山記』線装2函12冊　江西師範大学出版社　2009年

124―154頁　大谷探検隊の精華（総論）
◇井ノ口泰淳責任編集『大谷探検隊将来西域文化資料選』（龍谷大学創立三百五十周年記念）龍谷大学　1989年◇龍谷大学学術情報センター大宮図書館編『書と表現の跡』（仏の来た道2003 大谷探検隊100周年記念・西域文化研究会50周年記念「シルクロードの文化と現代科学」）、龍谷大学学術情報センター　2003年◇龍谷大学龍谷ミュージアム・読売新聞社編『仏教の来た道―シルクロード探検の旅』2012年◇龍谷大学龍谷ミュージアム・産経新聞社・京都新聞編『チベットの仏教世界 もうひとつの大谷探検隊』2014年

124―125頁　コータン語 ザンバスタの書
◇Emmerick,R.E., Book of Zambasta,London:Oxford University Press,1968.◇西域文化研究会編『文部省科学研究費総合研究報告 西域文化研究　第4　中央アジア古代語文献（別冊）』法藏館　1961年◇京都国立博物館編『特別展覧会 シルクロード文字を辿って―ロシア探検隊収集の文物―』2009年◇龍谷大学龍谷ミュージアム・読売新聞社編『仏教の来た道―シルクロード探検の旅』2012年

126―127頁　ウイグル語訳 天地八陽神呪経
◇小田壽典『仏説天地八陽神呪経一巻 トルコ語訳の研究』法藏館　2010年

128―129頁　カローシュティー文字木簡
◇蓮池利隆・市川良文「龍谷大学図書館蔵のカローシュティー文字木簡について」『東洋史苑』第50・51合併号　1―39頁　1998年◇赤松明彦『楼蘭王国―ロプ・ノール湖畔の四千年―』中公新書　2005年◇Salomon, R., Indian Epigraphy, oxford, 1998.

130―135頁　朱地連珠天馬文錦・朱地連珠鳥形文錦・白地連珠闘羊文錦・紺地文字入三日月文錦（共通）
◇百済康義・森安孝夫・坂本和子「大谷探検隊収集西域文化資料とその関連資料」『龍谷大学佛教文化研究所紀要』第35集　41―109頁　1996年◇龍谷大学龍谷ミュージアム・読売新聞社編『仏教の来た道―シルクロード探検の旅』2012年

136―137頁　伏羲女媧図D
◇総論参照

138―139頁　トカラ文寺院出納文書（亀茲語寺院小麦支出文書）
◇慶昭蓉・荻原裕敏「大谷探検隊将来トカラ語資料をめぐって（1）」『龍谷大学佛教文化研究所紀要』第50集　25―49頁　2011年◇慶昭蓉「第一次大谷探検隊在庫車地区的活動―従探検隊員日記与出土胡漢文書談起―」王振芬・栄新江主編『絲綢之路与新疆出土文献：旅順博物館百年紀念国際学術研討会論文集』北京・中華書局　369―435頁　2019年◇井ノ口泰淳「大谷探險隊將來「覩貨羅語文書寺院出納記録」について」『印度學佛教學研究』5―（2）182―185頁　1957年

140―141頁　ラサ鳥瞰図
◇総論参照

142―143頁　西夏文 六祖壇経

◇総論参照

144―145頁　青龍（給田文書）

◇大津透、野尻忠、稲田奈津子「大谷文書唐代田制関係文書群の復元研究」『東洋史苑』第60・61合併号 35―74頁 2003年◇片山章雄「大谷探検隊将来断片資料の追跡をめぐって」『龍谷大学仏教文化研究所紀要』第48集 192―212頁 2009年

146―147頁　李柏尺牘稿

◇片山章雄「李柏文書の出土地」『中国古代の法と社会』（栗原益男先生古稀記念論集）汲古書院 161―179頁 1988年◇片山 章雄「李柏文書（538B）の冒頭部分―李柏文書覚え書（1）」『吐魯番出土文物研究会会報』第65号 1―3頁 1991年◇荒川正晴「西域長史文書としての「李柏文書」」白須淨眞編『大谷光瑞とスヴェン・ヘディン ―内陸アジア探検と国際政治社会』勉誠出版 213―234頁 2014年

148―149頁　敦煌本 本草集注

◇総論参照

150―151頁　デルゲ版 チベット大蔵経

◇総論参照

152―153頁　菩薩頭部

◇龍谷大学龍谷ミュージアム・読売新聞社編『仏教の来た道―シルクロード探検の旅』2012年

154頁　天山植物標本

◇北村四郎「大谷探検隊採集新疆省天山植物」『植物分類 地理』40巻1―4号 103―106頁 1989年

156―157頁　公卿補任

◇斎木一馬『古記録の研究』下（斎木一馬著作集2）吉川弘文館 1989年◇湯川敏治「中世後期における『公卿補任』書写活動―龍谷大学大宮図書館蔵、山科言経校合『公卿補任』を交えて―」『古代史の研究』第15号 50―67頁 2009年

158―159頁　類聚古集

◇上田萬年校訂・佐佐木信綱解説・小島憲之再刊解説、索引編者臨川書店『類聚古集』全5冊（本文篇1―4、索引篇）臨川書店 1974年◇秋本守英責任編集『類聚古集』影印・翻刻篇上・下、索引篇（龍谷大学善本叢書20）龍谷大学 2000年

160―161頁　平家物語

◇大津雄一・日下力・佐伯真一・櫻井陽子編『平家物語大事典』東京書籍 2010年◇武久堅『平家物語成立過程考』桜楓社 1986年◇浜畑圭吾『平家物語生成考』思文閣出版 2014年

162—163頁　三条西公条自筆稿本 源氏物語細流抄

◇伊井春樹『源氏物語注釈史の研究　室町前期』桜楓社 1980年◇宮川葉子『三条西実隆と古典学 改訂新版』風間書房 1999年◇安藤徹責任編集『三条西公条自筆稿本 源氏物語細流抄』（龍谷大学善本叢書25）龍谷大学 2005年

164—165頁　信長公消息

◇奥野高廣『増訂織田信長文書の研究』下巻 吉川弘文館 1988年◇神田千里『一向一揆と石山合戦』（戦争の日本史14）吉川弘文館 2007年◇金龍静・木越祐馨編『顕如—信長も恐れた「本願寺」宗主の実像—』宮帯出版社 2016年

166—167頁　混一疆理歴代国都之図

◇藤井譲治・杉山正明・金田章裕編『大地の肖像 絵図・地図が語る世界』京都大学学術出版会 2007年◇宮紀子『モンゴル帝国が生んだ世界図』日本経済新聞出版社 2007年◇三谷真澄編『「世界」へのまなざし』（龍谷大学アジア仏教文化研究センター・文化講演会シリーズ②）法藏館 2017年

168—169頁　地震考

◇川上正史「小嶋濤山先生傳」『龍谷史壇』第28号 37—49頁 1941年◇日本学士院編『明治前日本物理化学史』日本学術振興会 1964年◇石原侑「小島好謙『地震考』について」『徳島科学史雑誌』No.9 32—35頁 1990年

170—171頁　引き札（日本最大級の社史コレクション 長尾文庫）

◇内川芳美編『日本広告発達史』電通 1976年◇株式会社木村屋総本店社史編纂室編『木村屋総本店百二十年史』木村屋総本店 1989年◇第一銀行八十年史編纂室編『第一銀行史』第一銀行 1957年◇東洋紡績株式会社社史編集室編『百年史（上）』東洋紡績 1986年◇増田太次郎編著『図説 近世日本広告史』日本図書センター 2014年（増田太次郎編著『引札 絵びら 錦絵広告：江戸から明治・大正へ』誠文堂新光社 1976年 復刻版）

172—173頁　仏国暦象編

◇安丸良夫編『近代化と伝統』（大系仏教と日本人11）春秋社 1986年◇渡辺敏夫『近世日本天文学史（上）—通史—』恒星社厚生閣 1986年◇武田時昌「釈円通『仏国暦象編』の中西宇宙説批判」『同志社大学理工学研究報告』第47巻第4号 36—41頁 2007年◇岡田正彦『忘れられた仏教天文学』ブイツーソリューション 2010年◇宮島一彦「仏教天文学と『佛國暦象編』訳注の作成」『大阪市立科学館研究報告』第27号 75—84頁 2017年

176—177頁　縮象儀

◇山田慶兒「龍谷大学大宮図書館所蔵縮象儀—図・説および模型—について」『日本研究』(16) 59—71頁 1997年◇下出祐太郎 他「龍谷大学図書館所蔵「縮象儀」の漆工芸技法について」日本文化財保存修復学会 第36回大会 2014年

178頁　暦象新書

◇三枝博音編『天文・物理學家の自然觀』第一書房 1936年

執筆者・編集委員

執筆者

執筆者（五十音順・所属は2019年5月末日現在）
執筆分担は、各担当分解説の末尾に氏名を示した。

安藤　徹（あんどう　とおる）龍谷大学文学部日本語日本文学科　教授
石川　知彦（いしかわ　ともひこ）龍谷大学龍谷ミュージアム　教授
市川　良文（いちかわ　よしふみ）龍谷大学文学部歴史学科　准教授
井上　見淳（いのうえ　けんじゅん）龍谷大学社会学部コミュニティマネジメント学科　准教授
岩井　俊平（いわい　しゅんぺい）龍谷大学龍谷ミュージアム　准教授
岩田　朋子（いわた　ともこ）龍谷大学龍谷ミュージアム　准教授
打本　和音（うちもと　かずね）龍谷大学　非常勤講師
江南　和幸（えなみ　かずゆき）龍谷大学　名誉教授
大谷　由香（おおたに　ゆか）龍谷大学文学部仏教学科　講師
岡田　至弘（おかだ　よしひろ）龍谷大学理工学部情報メディア学科　教授
岡本　健資（おかもと　けんすけ）龍谷大学政策学部政策学科　准教授

小野嶋　祥雄（おのしま　さちお）龍谷大学　非常勤講師
亀山　隆彦（かめやま　たかひこ）龍谷大学　非常勤講師
木田　知生（きだ　ともお）龍谷大学　名誉教授
橘堂　晃一（きつどう　こういち）龍谷大学　非常勤講師
楠　淳證（くすのき　じゅんしょう）龍谷大学文学部仏教学科　教授
慶　昭蓉（CHING Chao-jung）／荻原 裕敏（おぎはら　ひろとし）訳　龍谷大学世界仏教文化研究センター客員研究員・京都大学白眉センター　特定准教授
後藤　康夫（ごとう　やすお）龍谷大学　非常勤講師
小長谷　大介（こながや　だいすけ）龍谷大学経営学部経営学科　教授
鈴木　徳男（すずき　のりお）相愛大学人文学部日本文化学科　教授
高田　文英（たかだ　ぶんえい）龍谷大学文学部真宗学科　准教授
龍溪　章雄（たつだに　あきお）龍谷大学文学部真宗学科　教授
谷口　綾（たにぐち　あや）独立行政法人日本スポーツ振興センター 秩父宮記念スポーツ博物館　学芸員
中西　直樹（なかにし　なおき）龍谷大学文学部歴史学科　教授
西谷　功（にしたに　いさお）龍谷大学　非常勤講師
丹村　祥子（にむら　しょうこ）龍谷大学龍谷ミュージアム　リサーチアシスタント
能美　潤史（のうみ　じゅんし）龍谷大学文学部真宗学科　准教授
野呂　靖（のろ　せい）龍谷大学文学部仏教学科　准教授

浜畑　圭吾（はまはた　けいご）高野山大学文学部　准教授
早島　慧（はやしま　さとし）龍谷大学文学部仏教学科　講師
樋口　健太郎（ひぐち　けんたろう）龍谷大学文学部歴史学科　准教授
藤田　誠久（ふじた　のぶひさ）龍谷大学　名誉教授
藤原　正信（ふじわら　まさのぶ）龍谷大学文学部歴史学科　教授
三谷　真澄（みたに　まずみ）龍谷大学国際学部国際文化学科　教授
村岡　倫（むらおか　ひとし）龍谷大学文学部歴史学科　教授
村上　明也（むらかみ　あきや）龍谷大学　非常勤講師
安井　重雄（やすい　しげお）龍谷大学文学部日本語日本文学科　教授
山本　浩樹（やまもと　ひろき）龍谷大学文学部歴史学科　教授
吉田　慈順（よしだ　じじゅん）龍谷大学　非常勤講師
和田　恭幸（わだ　やすゆき）龍谷大学文学部日本語日本文学科　教授

編集委員

安藤　徹（あんどう　とおる）龍谷大学文学部日本語日本文学科　教授
岡田　至弘（おかだ　よしひろ）龍谷大学理工学部情報メディア学科　教授

小長谷　大介（こながや　だいすけ）龍谷大学経営学部経営学科　教授
龍溪　章雄（たつだに　あきお）龍谷大学文学部真宗学科　教授
藤田　誠久（ふじた　のぶひさ）龍谷大学　名誉教授
藤丸　要（ふじまる　かなめ）龍谷大学文学部仏教学科　教授
藤原　正信（ふじわら　まさのぶ）龍谷大学文学部歴史学科　教授
三谷　真澄（みたに　ますみ）龍谷大学国際学部国際文化学科　教授
安井　重雄（やすい　しげお）龍谷大学文学部日本語日本文学科　教授

時空を超えたメッセージ　龍谷の至宝

二〇一九年七月一二日　初版第一刷発行
二〇一九年一〇月三〇日　初版第三刷発行

編　者　龍谷大学創立380周年記念書籍編集委員会

発行者　西村明高

発行所　株式会社　法藏館
京都市下京区正面通烏丸東入
郵便番号　六〇〇―八一五三
電話　〇七五―三四三―〇〇三〇（編集）
〇七五―三四三―五六五六（営業）

編集・造本　金木犀舎
印刷・製本　中村印刷株式会社

ISBN978-4-8318-6255-6 C1015